听，涛的故事

严英俊　主编

编写人员

喻雷群　寿桔丹　王卫华　洪　赟

徐家文　罗　莎　王红红　魏汝芳

雷巧红　王丽云　占桔林　裘炯涛

朱美云　车菊燕　曾春桃　傅林仙

孙雨晴　胡小华　严英俊

安徽师范大学出版社

·芜湖·

责任编辑：潘　安

装帧设计：瑞天书刊

图书在版编目（CIP）数据

听，涛的故事 / 严英俊主编.—芜湖：安徽师范大学出版社，2019.1
ISBN 978-7-5676-3601-9

Ⅰ．①听… Ⅱ．①严… Ⅲ．①小学语文课－课堂教学－教学研究
Ⅳ．①G623.202

中国版本图书馆 CIP 数据核字（2018）第 108831 号

TING，TAO DE GUSHI

听，涛的故事

严英俊　主编

出版发行：安徽师范大学出版社
　　　　　芜湖市九华南路 189 号安徽师范大学花津校区　　　邮政编码：241002
网　　址：http://www.ahnupress.com/
发 行 部：0553-3883578　5910327　5910310（传真）　E-mail:asdcbsfxb@126.com
印　　刷：虎彩印艺股份有限公司
版　　次：2019 年 1 月第 1 版
印　　次：2019 年 1 月第 1 次印刷
规　　格：787 mm×1 092 mm　1/16
印　　张：16
字　　数：323 千字
书　　号：ISBN 978-7-5676-3601-9
定　　价：58.00 元

写在前面

严英俊

杭州听涛小学开办三年了。老师们勇于实践，勤于思考，陆续有一些研究教育教学的文章获奖或发表。如今，我们把它们编辑成册，交付出版，为的是收集我们一路走来的艰辛与欢喜，纪念我们"在一起"的美好时光。如果你不小心读到，我除了感谢，还是感谢。

这些文章分为两大类：一是随笔，有感而发、有事即记，或评析课堂教学，思考教学得失，或回望成长历程，讲述教育教学故事；二是论文，或表达教育观点，阐释教学理念，或针对遇到的问题，提炼实践中行之有效的策略与方法。严格地说，这些文字还算不上真正意义上的研究文章，我们只是在用自己擅长的方式，书写一点小感悟，表达一份小心情，提出一个微观点……它们难免浅、弱，可能欠缺理论的高度，也缺少缜密的论证。

但我喜欢它们。不仅因为它们自然朴素，真诚温暖，更重要的，这是有情节的文字，它们见证了听涛教师的欢然相聚与深情相拥，叙说了听涛故事的简约灵动与激情昂扬。在我眼里，它们浸润着教师执着事业的情怀，透露出教师自我发展的期许。当然，我更希望它们是一粒粒种子，继续扎根沃土，不断沐风栉雨，一起迎接阳光，欢呼成长。但愿你也喜欢听涛的这些故事。

我总是对老师们说，我们要做一个真正的听涛人。但我们至今仍没有对听涛人的特质和品格下过定义，我想，需要我们自己去寻找，去生成，去凝聚，去实现。现在我斗胆写下个人对听涛人精神和品格的理解和希望，那就是：执着，热情，敏锐，向上，兴奋，沉稳，总是带有满满的信仰与梦想。

我一直在为成为一个真正的听涛人而努力着。我们一路携手。

听涛，是一个有故事的地方。我们带着最纯粹的感情，把自己融化在里面，又把它们记在心里，诉诸笔端。我相信，许多年以后，乃至年岁老去，我们依然可以清晰地描述这时，一颦一笑、一举一动，娓娓道来，一声轻叹，一阵欢笑。

目 录

一主二助三诊式研修促新教师专业成长的实践研究

严英俊　寿桔丹

一、现实问题

杭州听涛小学创办于 2014 年 8 月，目前 64 位在职教师中，三年内新教师有 35 位，占了 54.7%，接下来三年里，每年还会有 10 位以上的新入职教师。改变传统的培训形式，实施着眼教师个体发展的校本研修，加快新教师的专业发展速度，是推动学校的课程改革的迫切需求。

（一）解决我校校本研修问题的有效方式

目前的培训，以讲座为主要形式，关注群体的集中研修，忽略个体的自主研修；培训内容上，强调通识的培训内容，重视知识性，倾向理论性，忽视个体需求的内容；培训过程中，重视自上而下的灌输，忽视了教师真正的成长是在自己的教学实践中寻求解决问题的办法，简化专业成长的过程；培训主体上，突显专家的零星指导，专家指导中存在着话语霸权，凭自己的主观意愿设计培训内容，弱化教师的个体反思。

（二）创新我校提升新教师专业成长的路径

主要有三个特点：①尊重主体的需求：私人订制。从教师发展的内驱力出发，根据专业的需要，设置个性化的成长规划和愿景。基于教师的个性，挖掘特长，符合教师的需求，又作为一种知识的拓展，能力的提升。②遵循成长的规律：步步推进。遵循教学规律，优化新教师专业成长过程。先规范课堂，再汲取优秀课例的优势，打造课堂亮点，最后在"一课三备""一课三磨"中提升教学能力。③多元成长的路径：成功阶梯。主体参与，多角度助力，以自我反思为主，设置引导与助力部门，利用同伴互助和专家介入的"二助"策略，实施个性化培训服务；利用研修部落，多社区群伴，进行微型研修。

二、践行：一主二助三诊式培训方式的实践

（一）一主：自我问诊

一般采用自我反思式和先试后学式的研修形式。教师对自己在教育教学实践的行为进行回顾、反思，通过录音、视频等记录第一手教学资料，以写教学日志、教学叙事和教学案例等方式，对自身值得肯定的地方或存在的不足做出判断，分析得失，探究原因，改进教学方式。

1. 照镜子式的自我反省

一种方式是，要比照规范知不足。首先确定新教师应达到的教学能力水平，然后通过对自己教学过程的观察、比较，从而找到问题存在的方面。对于新教师来说，课堂不需求新创意，而先要规范课堂。教学环节是否规范，如语文课的"听涛六步走"，教学时间的分配是否合理，教师语言是否语言简练、明确。教师通过对照规范，明确自己的优势，了解自己的不足。另一种方式，需转换角度寻问题。新教师自己回放教学实录，发现问题。转换角度，从课堂教学中抽身出来，作为一个观课者客观地反观自己。

2. 知不足后明方向

教师明确自己所具备的专业发展准备程度和自我发展能力，同时，需考虑学校的愿景与发展规划、教育的发展及教师专业的发展趋势，在最适合的领域或空间谋求个人的最大发展，设计出自己的行动方案。从学校层面，制定教学管理规范，设定新教师成长序列：提升课堂管理能力—精炼教学语言—教学目标评析—课堂风格形成。从个人层面，坚持每月写一篇相关的教学叙事或案例。从问题入手，以小课题的研究为支点，以主题研究课展示，专题讨论，适时调整研究策略。

3. 微格诊断思对策

自我调整的过程，记录关键事件，再微格诊断深入肌理，了解自己，对问题进行深层次的分析，找出产生的原因，提出解决的对策。我们常采用两种方式：①借助影音，寻找设计与现实的差距。在日常的教学中，抓住课堂中懵懂的感觉，拨开迷雾，直面问题，判断问题发生的领域、难度，寻找问题产生的根源进行自我诊断。②迁移发现，寻找自身与他人的差距。就教学结果进行比较，分析不同结果产生的原因，具体分析专业技能的掌握程度对教学结果是否产生了影响，除了针对自己的教学采用比

较法，我们还可以将自己的教学和其他教师的教学相比较。

自我问诊伴随着教师成长的全过程，是教师成长的内在诉求，教师从看似没有问题处去发现问题，从问题成堆处去聚焦问题，在教学实践中去解决问题。

（二）一助：同伴会诊

同伴会诊时，以真实的课堂教学情境为对象，主要采用辩课、磨课、汇报课、小微课等研课方式，通过制定适合的观察量表，参与听课的同伴教师分项目记录授课教师的言行，帮助授课教师梳理教学的框架、思路，尝试提出解决策略，重新设计教学过程或教学环节，改进教学行为。

1. 靶心定向式

新教师入校初，教研组对新教师进行问卷调查、访谈、座谈、课堂观摩等，了解共性问题，聚焦靶心，定向施策。有以下步骤：①定靶点：宏观处发现问题。对刚入职新教师的课前备课、课堂实施过程、教学氛围和效果做出综合的考量，对教师的自身素质、教学文本的理解分析、重难点的把握、教学实施能力做出初步的评价，发现优点，指出不足。②找路径：设计主题研究方案。选择目前需解决的问题或得到改善的方面，结合教师自身发展的意愿，同伴帮助其制定一个切合实际需要的研究主题，然后围绕这个主题开展课堂研究。③聚焦点：定向施策巧发力。在课堂观察中，以课例研究为载体，运用课堂观察量表，进行观课。聚目标，聚语言，聚意图，聚成效，观课者就观察到的现象与问题，与教学效果相联系，通过对教师的教学语言、教学意图、学生课堂表现、教学效果的检测，反观教师的教学行为。

2. 师徒协约式

新教师入校一两个月后，学校通过网站、海报展示校教学名师的名片，介绍他们教学实践、德育工作、科研能力等方面的成绩和当前的研究课题和攻关项目；由新教师提出申请，从趋同的角度选择导师；再由"学养工程"小组成员结合新教师的教学特点，考虑双方意愿，结成师徒，签订师徒协议，明确师父的"三带"和徒弟的"三学"；实施个性化的目标设计，开展基于主题的协同备课、思评交合、师徒同台等互助活动。每学期进行师徒结对的专项考核。每学期结束时，实施捆绑式评价。

师徒协约式，是一以贯之的追踪型的互助研修。同质化的选择，激发了新教师成长的内需；分步实现阶段性目标，指向更为明确；彼此了解，点对点指导，遵循个性化成长的规律；捆绑式的评价，团队的目标更为一致。

3. 结网认知式

由拥有共同志趣或研究主题的教师组建的研修部落，可跨越学校、区间，借助网络的跨时空和灵活便捷的特点，利用教师闲暇零散的时间，开展观点分享、实例展示、沙龙讨论等方式形成认知的微型研修。学校层面的研修社群主要以拓展性课程群为载体，由骨干教师负责其中一个项目，新教师根据自己的兴趣特长和能力申报项目，最后作为项目组成员参与其中。以学校故事园课程为例，总课程下分设三个子课程，每个课程又有不同的方向。以微课程为单位的项目组活动中，组长组织团队设计微课程方案，制定教学环节步骤，组织学生实践活动，做好过程性评价的记录，定期研讨，交流教学反思，修正课程设计方案。

4.专题汇报式

通过主题讲座的引领、课堂教学的践行、课后探讨的剖析、以提高课的方式加以展现。讲座，是为了让新教师了解各种课型的教学步骤。以学校语文特色发展探究为例：首先，由我校省语文名师严英俊校长做"学校语文特色之路"的专题讲座，制定了各个学科的规范课堂要求及流程。在课堂践行环节，组织观察课和"同课异构"的诊断课，观课教师从教学目标、教学方式、教学效果等方面进行细致地观察、记录。其次，研讨剖析，由观课组成员，从各个角度发表观点报告，分析不同教师教学的不同。最后，授课教师再从组内骨干教师中以该课型的规范的方式重新设计教案，开设展示课或提升课。

（三）二助：专家"门诊"

专家基于课堂的真实教学情境，以常态教学课例研讨为切入点，融理论熏陶与实践磨砺于一体，以课堂点评、讲座的方式从根源上剖析主题，提出相应的对症措施，指导教师在课堂情境中学习运用理论观点分析解决现实问题的方法，使教师获得全新的教学视界。

1.首席领雁式

专家单纯地对教师进行评价，提供一些教育理论知识，不一定能改变教师的教育观念。因此，我们组建了3～5人的项目学习小组，由"学养工程"领导小组的成员担任首席领雁，负责确定项目主题，设计项目方案，实施项目研修。

2.专家门诊式

以情境教学和案例研讨的方式，从问题切入，对新教师的个性问题进行点对点的点拨和提升，对共性问题和亟待解决的问题进行主题性理论引领，实现理论与教学的对接。

具体的操作流程为：

（1）梳理问题，特邀专家

通常，具体细化的问题，如教师的课堂语言、课堂组织等，通过同伴互诊能够解决，但教学理念与教学实践的对接，是同伴问诊无法解决的。新教师在教学设计时，更多地关注上什么内容，怎么上，往往忽略了教学目标的制定，不知道教学要达到什么目标，更不知如何评价教学效果。基于共性问题，我们进行了重点突破：理念引领下的教学目标的制定与实施，再邀请相应的专家进行指导。

（2）聚焦目标，直击"病灶"

教师将自我问诊和同伴互诊中难以得出明确意见和解决策略的部分，以情境教学方式加以呈现。首席领雁和专家门诊，基于具体的教学情景，围绕目标，直击问题，指出教师的教学症结。某老师执教《最大的"书"》一课时，专家对于教学目标的设定、教学内容的选择的诊断切中要领，改变集中在课文内容理解的"教课文"，探索语言文字运用的"教语文"，在目标的制定中，需解决"学会"了什么语文知识或语文学习方法？在听说读写能力方面接受了哪些训练？

（3）优化目标，对"症"下药

经过专家的再次指导和教研组同伴的商讨，最后我们基于原有目标的分析修正了教学目标：一是目标整合优化，二是目标的表达准确和明确，三是教学目标要体现学生的能力发展。专家指导下的教学目标的确立，建立在科学的教学理念上，建立在对学生原有认知和学习需要的分析上，建立在对教材的准确把握上。如此以来，做到明确、具体，易操作，坚持一课一得，指向学生能力的提升。

（4）微课录播，复诊跟进

很多研训中，专家点评作为一种总结性的活动，点评结束，活动也就结束了。没有后续的实践和研究跟进，专家的指导就不能落实。因此，专家指导活动结束后，授课教师需根据专家建议修改教学设计，并进行课堂实践。对于专家指出的问题处，录播"微课"，整理文字实录，呈现片段的或完整的教学过程，再与专家进行网上沟通和交流，将研究进行下去。

（5）形成特色，走向课程

同一主题的"模课"，能快速帮助新教师掌握一类文本的教学。在语文组骨干教师的《称赞》的拓展性课程示范课，《从现在开始》展示课到青年教师执教《狮子和鹿》，在童话课教学的这一系列的研究课之后，由校语文名师从本源上厘清：这一类课文怎么教？与别的课文的区别在哪里？他从教材中童话所在的比重证明低段童话教学的重要性，基于课标对童话体教学的要求，结合童话本身的要素和特点，以骨干教师的示范课《称赞》为例，给出了童话教学的建议。

听，涛的故事

三、"拾级渐进式"的校本研修评价系统的建构

（一）建立教师个人成长档案

一学期一次的"一课三磨"的集中研修，重点解决教师的一个方面的问题；期初期末的"展示汇报课"，考察新教师的进步，跟踪式的问题突破；新教师入校后一月，根据自己专业背景、学科能力和发展意愿，制定个人三年计划，分步实施，定期考核达成情况。

（二）基于各角度的多维评价

学校制定新教师考核方案，结合技能竞赛、教学比武、月随笔、学期论文等多方面，由教师自评、同伴互评、导师"佳"评、学校核评的多维评价，评选出"校级教坛新秀"。

"一主二助三诊式"研修，促进了我校新教师的专业自信、教学专业能力的提升、教学专业发展的区域认可度。在研修过程中，逐渐形成了自我反思式、先试后学式、靶心定向式、师徒协约式、结网认知式、首席领雁式和专家门诊式等不同形式的研修形式和拾级渐进式的评价方式，逐渐探索需求触发，问题驱动，比对促悟，反思搭桥，同伴助推，多线共进的"一主二助三诊式"的校本研修范式。

（此文为 2015 年杭州市教师教育重点课题成果报告缩减版，获杭州经济技术开发区第三届教科研成果三等奖）

一篇课文教学内容的选择与确定

严英俊

小学语文教学有几个本源问题："教什么""怎么教""为谁教"等等，讨论中有一个声音："教什么"比"怎么教"重要。意思是说，小学语文应该"教什么"值得审视、研究。"教什么"（即教学内容）的问题仍需讨论，这多少让人感叹。

试着分析造成这种局面的原因，我认为至少有这些：

1. "教无定法"被误读

这是一条路人皆知的教学准则，听着似乎很有道理，其实普遍被误读。被误以为，怎么教都可以。于是，就有了教什么都无所谓的做法。教，是无定法，条条大路通罗马。关键是这个"罗马"是什么，在哪里。搞不清这个前提问题，没有了前行的目标，教学就没有了准确的方向，就可能事倍功半，可能南辕北辙。

2. "多元解读"被误解

一个文本，你这样读，他那样读，你读出了悲伤的哈姆雷特，他读出了仇恨的哈姆莱特，从阅读的角度说，这没有问题。但不管你读出什么，作者的写作目的是什么，编者把这个文本编入教材，编入这一册教材，编入这一个单元，他的意图是什么，这其实是有某种定论的，即希望学生从中学到什么，是事先有所考量的。多元解读，不是随意曲解文本的幌子，更不是肆意教学的借口。

3. "文本对话"在误事

我们都知道，阅读是读者与文本对话的过程，而阅读教学是学生、教师、教科书编者、文本之间对话的过程。其间，加入了教师和教材编写者，尤其是教师这一个特殊的读者，他有别于普通的阅读者，教师读一个文本，担负着为教学服务的目的，所以他有别于一般的阅读，注定不能随心所欲。因为教师的参与，学生的阅读取向，与文本的对话过程，很大程度上受制于教师的引导方向，做好了，可以无限接近文本作者的本意；做得不好，可能是另一种南辕北辙。

4. "各取所需"在误导

当下的许多公开课，为了搏人眼球，一味求新求异求变化，于是出现了种种乱象，同一篇课文，有了很多不同的处理。教学内容需要根据学生实际，有适当的取舍，但不能因为求新求异，完全另辟蹊径，各搞一套。

关于"教学内容的选择与确定"，是时下语文教育界讨论的热点，很多有识之士也提出了颇有见地的引人深思的见解。这些论述，高屋建瓴，理论性很强。但是笔者总觉得操作性不强，难以贴近一线教师的教学实践。

其实，语文教学内容有宏观意义、微观意义之分。宏观的，回答的是语文学科到底应该"教什么"，即语文教学的内容，这是一个很庞杂的问题。但微观的，解决的是一篇（组）课文应该"教什么"，即课文的教学内容，笔者以为这不是一个很复杂的问题。

我们知道，选择和确定教学内容，要考虑如下因素：（1）课程标准；（2）学习目标（年段、单元）；（3）学习起点；（4）具体课文的特性等。笔者认为，还有一个更重要的因素：编者的编写意图。

在一篇文章还没有被编入教材时，如果我们需要拿它作为学生的阅读训练材料，教师在确定教学内容时可以有广阔的选择余地，甚至可以如王荣生教授所言："我能教什么就教什么，我愿教什么就教什么，我想教什么就教什么。"因为，每一篇经典的文章，可教的内容、值得教的东西的确很多。

但这篇文章一旦被编入教材，成了"这一册""这一单元"的"这一篇"，它就附加进了教材编写者对文章的理解和价值取舍，这篇文章就成了教材编写者用来承载"语文课程目标"的媒介，它不再是一个可以"任性"的文本。

因为，教材的编写者从选择文本开始，到组成教学单元，再到编写每篇课文的助学系统，都体现了编者对文本核心价值的认识和教学元素的筛选。也就是说，教材编写者已经依据课程标准，兼顾教材的整体体例，考虑文本体式和学生的基本学情之后，确定文本应该承载的教学价值，并在教材的助学系统里有选择地呈现了这些教学价值。"这一册""这一单元"的"这一篇"，它所要担负的学习引导作用是相对固定的，也就有了教学必须遵循的基本内容。从教学的角度讲，教学的基本内容就相对固定了。

所以，我认为，教师只要把握了教材编写者的编写意图，准确地了解文本的核心教学价值，借助于教材的助学系统，就能基本确定一篇课文的教学内容。

教材编写者的意图体现在哪里？——单元前的单元导语、课文前的连接语、课文中的学习提示（气泡图）、课文后的思考与练习。我认为，这些就是教师选择一篇课文"教什么"的依据。

例如，教学《落花生》（人教版五上第四单元），教师就可以借助课文后安排的思考与练习题来确定其主要的教学内容。

课文后的思考与练习是这样的：1.分角色朗读课文。说一说课文围绕落花生讲了哪些内容。2.抄写第十自然段，再说说花生最可贵的是什么，和同学交流自己的体会。3.下面这两句话有什么含义，你是怎样体会到的？和同学交流交流（两句话略）。然后，有一个小练笔：作者由落花生领悟到了做人的道理，你从身边的事物中领悟到了什么？试着选择一种事物写一写。

基于这些，笔者这样安排本课的学习内容：①朗读课文，说说课文围绕花生写了哪些内容。②从"谈花生"中，我们知道了花生的哪些好处？其中，花生最可贵的是什么？抄写第10自然段。③重点研读父亲说的话，理解父亲的话的含义，并了解父亲说道理时采用的方法。④了解借物喻人的写法，试着学习这种写法写一种身边的事物。

这样的教学内容选择，直接依据就是课后的思考与练习。这些内容已经较好地囊括了《落花生》这篇课文要学习的主要内容。

再如《花钟》（人教版三上第四单元），课文后面安排了三道练习题：

1.我要多读读课文，还要把喜欢的部分背下来。2.我能用自己的话说一说，为什么不同的植物开花的时间不同。3.课文用不同的说法来表达鲜花的开放，我们来填一填，再体会体会。

我们以它们为依据，确定本课的教学内容如下：①朗读课文，说说课文每一段写了什么。②课文用不同的说法来写鲜花的开放，体会这样写的好处；背诵课文第1自然段。③读懂第2自然段课文，用自己的话说一说：不同的植物开花时间不同的原因。④交流自己观察过的一种花的开花特点。

正如上述两例，我认为，教材的助学系统，尤其是课文后面的思考与练习，值得我们去关注，因为它是解读文本的钥匙、设定目标的凭借、选择内容的依据。

（原文发表于《教学月刊》2015年第5期，有删改）

从课文中学习基本的表达方法

严英俊

阅读教学的内容，我认为至少有如下几点：（1）了解、体会文本的内容和主旨；（2）品味语言，交流阅读感受；（3）积累典型语言；（4）学习基本的表达方法。

之前的某些阅读教学，我的感受是：（1）了解、体会文本的内容和主旨，所花时间过多；（2）品味语言，交流感受，办法不多；（3）积累语言，侧重于读背，偏向于应考；（4）学习基本的表达方法，研究不多，效果不佳。

说学习基本的表达方法研究不多，有两个层面的意思：（1）没有意识或关注不够。按传统，凭经验，以前怎样，现在依旧，习惯于走老路，以致教学没有相应的设计，课堂没有相关的环节。（2）没有办法或办法不多。有意识了，知道学习语言文字运用很重要，但感觉无从着手，不清楚要做哪些，从哪里做起，也不知道怎么来引领学习活动。实际工作中，我们关注更多的还是字词和句子，即学习构词方式，仿照例子句子等，对课文有特色的表达方法关注不多，或者说，关注的办法不多。

怎么来学习基本的表达方法？课文中哪些表达方法可供我们学习？怎么在教学中渗透基本表达方法的关注、了解、揣摩和感悟？这是一直困扰着我们的课题。人教社郑宇老师曾有专题发言：阅读教学要立足用好教材。她说，从语言习得的角度看，有两种语言现象特别值得关注：一种是有规律的语言现象；另一种是"陌生化"的语言现象。

我们来读这段话："严监生喉咙里痰响得一进一出，一声不倒一声的，总不得断气，还把手从被单里拿出来，伸着两个指头。……众人看严监生时，点一点头，把手垂下，登时就没了气。"（人教版五下《人物描写一组》）

临死前的严监生，"还把手从被单里拿出来，伸着两个指头"，他的两个指头代表什么意思？我们读了课文很容易就能知道。知道了，还可以做些什么？——感悟课文的写法。它的写法到底有什么特别之处呢？

有老师这样教：（1）严监生的两个指头代表什么意思呢？读读课文，找到依据。

10

（2）课文不是直接写赵氏，而是先写了一大段的其他内容：众人的猜测；请你按"谁、怎么猜"填写下面的表格。（3）讨论：为什么要这样写？即"为什么要写一大段旁人的猜测，而不直接写赵氏说的话？"

课文不是直接写赵氏说的话，而是先写了众人（大侄子、二侄子和奶妈）的猜测。为什么要这样写？这样写有什么好处？学生不一定能说明白这样写的好处，目的是提醒学生关注这样的写法。一提醒，学生发现了，"如果直接写赵氏说的话，直接把原因写明，就没意思了"。这表明，学生开始了解这种铺垫写法的特点了，领会到这样间接衬托的作用了，这对学生的习作提高是大有益处的。

关注之后，推及其他。我们会发现，类似的写法，普遍应用于文章的写作。

如《落花生》（人教版五上），父亲说：谁能说说花生的好处，接着写姐姐说，哥哥说，最后写了我说。为什么不直接写我说，或者先写我说？道理与不直接写赵氏说是一样的。

还有，如《为中华之崛起而读书》（人教版四上），魏校长让诸生说说为什么而读书。课文先写有的说，有的说，还有的说，最后，再写周恩来怎么说。同样的提示：为什么不直接写周恩来怎么说？这样写有什么好处？

我们知道，作文之法关键一点是：制造情节。这样的写法值得关注和学习。

再如《画家与牧童》（人教版二下），课文这样写：围观的人看了，纷纷称赞。"画得太像了，画得太像了，这真是绝妙之作！"一位商人称赞道。"画活了，画活了，只有神笔才能画出这样的画！"一位教书先生赞扬道。"画错啦，画错啦！"一个牧童挤进来喊着。这声音好像炸雷一样，大家一下子都呆住了……

前半文在写戴嵩如何画画，众人在如何称赞他画画得好，突然——"画错啦，画错啦！"一个牧童挤进来喊着。这声音好像炸雷一样，大家一下子都呆了……这是转折，这一转，转出一片新天地。众所周知，文章的情节推动有重要一法：风云突变。教学中，我们如果引导孩子关注这些，并经常强化，从而形成意识。

进入高年级，我们总在为学生的作文写不好而犯愁，我的一个基本的思考是，阅读教学中，课文学习时，引导学生关注表达方式，学习有特点的写法，尤其是段落的、全篇的。揣摩课文的表达方法，对阅读教学有利，对习作教学也有利。

读写结合，是传统、有效的语文教学方法。重点在结合。怎么结合？读是基础。读出什么？学习基本的表达方法是重要内容。读出了方法，才能运用这种方法练写，才能更好地完成读与写的结合。

（原文发表于《语文教学与研究》2015年第23期，有删改）

整合与变革：小学德育作业路径设计的思考与实践

喻雷群

一、解困途径：德育作业或许可行

学生眼中的德育：老师给我们讲了很多道理，我们都懂，可是遇到问题时却不知怎么做？尤其是在家里和社会上，有些老师说不能做的事情（如闯红灯），很多大人都在做，让我们很困惑！

教师眼中的德育：现今的学校德育工作任务非常繁重，健康教育、安全教育、禁毒防癌、公民教育、感恩爱国、传统文化……教师在德育与学科教学间寻找平衡点，如果不进行梳理整合，就会出现低效、单调、反复、随意等弊端，同时德育工作中还存在一种"5+2=0"的校内外合作欠缺问题。

家长眼中的德育：德育很重要，学业更重要，德育在时间允许的情况下要加强。学校如果布置太多德育作业，会让我们也很有压力。尤其是孩子不能独立完成的任务，需要家长做，这会让形式大于内容，不能达到德育真正的目的。

如上述与德育密切相关的对象所言，小学德育确实存在实效性低的困惑。究其原因，除了德育任务重外，师生对德育目的的认识以及德育活动中内容多而杂，方法少而旧，针对性不强等也是低效的成因。对此，我们尝试用"德育作业"这个载体推进学校德育工作，试图用"德育作业"点燃德育活动的"活力小火苗"，让学生能主动、积极地参与德育过程，体会活动的真正意义，养成良好行为生活习惯。

二、设计原则：让学生在活动中体验

（一）针对主体：学生

德育作业的设计应以学生为主体，从学生的角度设计作业的形式，从德育主题中挖掘学生感兴趣的内容开展德育活动。另依据学生主体原则，应针对每个孩子不同的性格特征，能力水平，兴趣爱好，设计多元化的德育作业，让学生自由选择，培养学生独立分析问题和解决问题的能力，从而充分挖掘、开发学生潜在的多元智能。

（二）挖掘本质：实践

实践出真知，在实践中学生能"身有体会""心有所感"，仅用说教等方式不足以真正让学生明白德育的意义。开展丰富多彩的实践活动，通过参观、访问、调查等形式真正让每个孩子都能参与到活动中，在活动中发挥其主动性、创造性，用实践来检验、提高孩子各方面的能力。

（三）体现优势：开放

德育作业的设计和实践不仅仅局限于学校内部，学校要加强与社区、家庭的沟通，打开教育的内容，创新教育的方式，在时间和空间上灵活应变。所以，我们把德育的阵地搬到社区、第二课堂活动基地、农村、田野，把活动的空间移动到互联网上，充分发挥社区、家庭的正面影响，形成校内外合力的良好德育网络。德育作业的设计和实践也随着师生的需要，及时进行调整和深化，不断发展和优化。

（四）达成目的：实效

学校布置的德育作业必须是可操作的，在内容和形式上是依据学生身心特点设计的，学生可以操作的，实实在在的。内容上要统筹安排，不能过多，要"精"，让学生有精力真正去做好。不能随意，要根据学生的年龄身心特点有序排列，不重复不浪费时间。形式上不求"大"和"花"，让学生通过不同形式的活动和体验真正达到教育目的即可。

三、路径设计：整合德育资源，变革德育载体

（一）整合：让德育作业内容更丰富

多元化的德育作业，希望能调动起学生各个感官的作用，突破单一的说教模式，摒弃脱离学生生活实际的德育内容，挖掘协调散落在各个领域的德育资源。

1.结合学科教学开展

"品德与生活""品德与社会"系列品德课程为德育作业提供了良好的认知实践基础，教材的编写充分考虑了学生的实际特点和需求。

德育作业也可融合其他学科资源，找准契机，有效整合，会让学科教学与德育工作呈现双赢局面。

2.结合节假日活动开展

节假日是孩子进行实践活动的好时机，学校在布置德育作业时充分挖掘节假日的人文内涵，寻找学生实践操作的落脚点。

如春节，它是我国最盛大、最热闹的一个古老传统节日。如何让传统节日焕发出时代的光彩？我们布置了"寻找身边的传统文化"为主题的寻访活动。在寻访中孩子们学习包饺子，给家里写对联，为亲朋好友送祝福，了解关于"年"的传说，学生各方面的能力都得到了锻炼。

3.结合校外资源开展

校园是学生生活的一部分，家庭以及社区在学生的成长过程中有着十分重要的作用和影响。因此，家庭资源和社会资源也应是德育资源中重要的一部分。现在的孩子不缺父母的关爱，但孩子跟父母之间的问题不容忽视。不懂沟通和交流，不会用行动去表达对父母的感恩和爱，对父母亲不理解，而部分家庭错误的教育观让孩子养成以自我为中心、孤傲的性格。那么，如何让亲子之间进行更好的沟通和交流，我们布置了"我当一天妈妈""给父母洗脚"的实践作业，布置了"对父母说心里话"的书信作业，用不同的方式让孩子理解父母，感恩亲情，学会表达和交流。

德育作业资源的整合利用，能最大程度让学生在学校、家庭、社会各种环境下都有实践的机会，在不同的时间段都有活动的机会，更全面地进行德育的渗透和内化。

（二）走变革之路：让德育作业形式更活泼

德育作业的设计首先要让学生有参与的兴趣，单一的说教形式、灌输的方法，脱离生活实际肯定不在受学生欢迎之列。同时要充分考虑学生的身心发展特点，小学生对新鲜事物充满好奇，希望得到他人的肯定和表扬，希望能接受挑战，容易模仿别人，容易受成人的影响。所以，德育作业的设计，变革作业呈现及完成形式很重要。

1.作业可选择

每个学生都是独一无二的个体，因家庭环境的差异、个性的差异，他们的发展也各有不同，教师应使每个学生在自己的基础、不同起点上得到最优发展。而他们对于道德的认知、对事物的感悟、对价值的认同都有不同的观点和想法，因此，德育作业设计要考虑分层，要让不同层次的学生都能摘到属于自己的"果子"，获得成功的体验。

2.作业需合作

合作是新课改的理念之一，合作学习不仅要完成德育任务，更重要的是在合作的过程中逐渐培养他们对集体、对生活的认同感、归属感，而这些感受最终将会升华为强烈的社会责任感，同时可以帮助、促进德育中的"弱势群体"，从而达到德育互补的效果，这一切都是在合作过程中萌发并形成的。

3. 作业多开放

如在布置"如何合理使用压岁钱"这个作业时，学生可以自主选择完成的方式，自由决定作业呈现的方式。在汇报作业时，有的孩子通过学习家长每天记账的方式来安排压岁钱的使用，有的孩子制定了压岁钱分配表，合理支配，有效使用压岁钱；还有的以小组的形式将压岁钱集合在一起，为班级筹集绿化资金，自己购买绿色植物，与商家讨价还价，与家长一起购置班级流动图书架……

4. 作业网上做

网络时代，德育作业也应适应时代需求，跟上社会发展节奏。除"网上祭英烈"等活动外，学校还积极打造微信公众平台，利用微信平台宣传布置德育作业，利用平台对德育作业的开展进行讨论、研究，在平台上简洁、便捷地晒出"德育成果"。

四、成效与结论：主题作业提升了德育实效性

（一）从学生发展看

学生的自主意识得到增强。在德育作业的选择和活动中，自主选择内容和形式，自我评价，自主展示。

学生的社会责任感增强。在德育作业资源整合中更多融入社会元素，让学生真正走入社会，感受社会，体会公民的责任和义务，社会责任感在活动中得到增强。

学生的合作探究精神增强。德育作业强调用合作探究的方式进行，在完成作业的过程中学生直接参与其中，通过合作明白团结一心的力量和重要性，体会到每个角色的意义，在遇到问题时通过讨论、研究等方式培养了合作探究的精神。

（二）从学校发展看

构建家校德育共同体。家校之间、社会与学校之间因为德育作业而紧密联系在一起，通过德育作业实现了资源共享，让三方互相了解，互相支持。

初步形成了以德育作业为载体的德育模式，提高了德育的实效性。

（原文发表于《学周刊》2017 第 8 期，有删改）

基于小学德育课程整合的教学设计与实施研究

——以"友善"教育为例

喻雷群

一、思考：德育现状，如何脱困

德育的重要性无需赘言。但在学校，德育工作任务重，头绪多，教师疲于应对，德育工作很繁琐，有时还很"烦人"。

原因其实很明显：一是布置德育工作的"婆婆"多。上级教育主管单位的各部门、各科室都在下达指令、布置任务，非直接主管学校的其他单位、机构，都希望通过学校，借用"小手拉大手"的方式，把教育活动延伸至千家万户。

二是实施德育工作的"多条线"。德育处、少先队，每个部门只组织自己的德育活动，教学处、教研组只负责自己的品德课教学，同样的内容在重复低效地进行，学生在课堂上习得的德育认知找不到课后的实践平台，在单纯的德育活动中只为活动而活动，知只为了知，行只顾自己行，知行不合，多条线，几张皮，忙且乱，以致收效甚微。

二、设计：梳理内容，整合出发

德育内容繁复，活动形式生硬，评价机制落后，严重制约着学校德育工作的实效。学校德育课程改革迫在眉睫。如何摆脱困境？问题的答案在"整合"，整合教育教学内容，链接教学与实践，努力做到知行合一。如何做好"整合"的文章，我们进行了探索和研究，并且以学校主题德育——"友善教育"为例。

我们初步做了如下的整合设计：从学生发展需要和课程实际出发，围绕某个主题，以品德课程为基础，全面整合学校的主题德育活动，努力促使学校德育处、教学处、品德教研组、年级组、少先队、班主任在主题活动中实现最大限度的融合。

首先以品德课为基础，在品德教研活动中梳理出品德课程中关于"友善"的教学内容。基础性课程"品德与生活""品德与社会"中，已有不少涉及友善主题的内容。如一年级的《我喜欢我们班》、二年级的《如果我是他》等，是友善主题在各年段的具体化。梳理出相关内容后，进行合并和重组。同时对友善教育的目标进行合并和重组，确立适合各年段孩子的教学目标。围绕教学目标梳理少先队中队活动课和地方课程中关于"友善"的内容，如少先队中队活动课《中队是我家》等，根据内容的相关性、活动形式的相似性等原则，对课程内容进行整合。

接着进行课堂实践，遵循"从生活中来，到生活中去"的理念，打造德育课堂新模式"生活课堂"，让学生在课堂上习得德育知识，讨论实践方案等。

在此基础上将实践讨论方案付诸实践，结合相关联的德育活动、少先队活动、德育资源，积极开展"友善"主题的综合性实践活动。如此，课内和课外紧密结合，让学生的品德养成过程知行合一，达到最佳效果。

三、实施：多维整合 探究"友善"

基于对各教材中相关内容教学目标的分析和梳理，重新制定友善主题下的教学目标，并践行于课堂，实施于德育主题活动中，利用学校环境布置、德育少先队阵地营造友善氛围，宣扬友善。通过整合德育课堂、德育活动，利用德育资源让学生知友善、行友善、扬友善，着力培养学生的友善品质。

（一）整合德育课堂

整合品德相关课程，丰满课堂，同时聚焦教育主题，改变课堂模式，让学生的课堂生活化，链接课堂内外，为实践做好充分准备。

1. 目标整合

品德教研组围绕学生发展核心目标，确定年段的阶段目标，并从中整理出"友善"主题的相关课程进行合并融合。在此基础上，德育处少先队在相应教材中整理友善相关课程进行融合。

如二年级"品德与生活"第三单元与友善主题密切关联，目标是让孩子学会在集体中如何友善交往，此目标与"人·自然·社会"中的教学内容《校园里的红绿灯》《告别恶作剧》、少先队活动课中的《我们的中队和小队》《民主参与选队长》《我为中队出份力》《中队是温暖的家》所要达成的目标基本一致。相似的内容进行合并重组后，确定目标：（1）认识自己的优缺点并喜欢自己；（2）能发现别人的优点并赞赏；（3）学会体谅并用积极的心态交往；（4）愿意在集体中生活、做事，并能感受到快乐，学习集体生活的原则。

2. 内容整合

同样以二年级第三单元为例，依据教学目标，对原先重复散落的内容重新进行合并归类，如我们将品德课中的《如果我是他》与"人·自然·社会"中的《告别恶作剧》结合进行教学，相同指向的内容进行合并，达成学会体谅并用积极心态交往的教学目标。因此整个教学内容进行板块式的调整：（1）我眼中的自己，我眼中的他人——了解自己，欣赏他人。（2）"如果我是他"情景表演——换位思考学友善。（3）队长竞选——学会合作。（4）我为中队出份力——商讨活动计划，小队活动。通过这样的整合，让同主题的教学变得更有实效。

3. 课堂实践

"理想的课堂是以孩子的经验和兴趣为基础，并为未来生活做准备的。"杜威这么认为。课堂内容的选择紧紧围绕教学目标，我们研讨德育课堂新模式"生活课堂"——从生活中来，到生活中去。包括三个板块：一是课前准备，二为课堂研讨，三是实践指导。

课前准备主要让孩子通过小组的方式开展主题调查、寻找资料、参观访问等活动，这个过程重在指导学生如何开展这样的调查和资料汇总。

如三上品德课堂《我家的故事》，请孩子们回家采访自己的父母，了解自己家中的一些温暖、奋进的亲情故事，指导孩子如何采访自己的父母，采访完怎样记录整理资料内容。采访中，有的孩子想办法用录音记录，有的自己整理成一个完整的故事，有的用图画的形式来记录，效果不错。

课堂研讨中注重转变教学方式，以学生生活为基础，将教学内容还原为生活中的场景，通过情景的创设，让学生与生活对话，与自己对话，与同龄人交流对生活事件的看法。如二上品德《如果我是他》中：环节一，听老师讲《东东的伤心事》这个故事；环节二，"体验表演"，与"东东"共情，并续演故事；环节三，现实中，你遇到过这样的事吗？你是否曾经不小心做过伤害同学的事，现在你是怎么想的呢？环节四，再遇难题，小组讨论解决方式。通过课堂学习能用心去体验受挫时的心理体验，明白与人交往时要体谅别人的心情。

课后实践指导重在引导学生用友善之心去对待身边的人和事，在课堂上指导学生通过讨论、做活动方案等形式筹划友善行动。如三年级的"友善游记"活动，课堂上学生就这个即将开展的活动分组讨论，出谋划策，制定"我与自然"之环保创意行动。

（二）德育活动整合

从课堂到课外，认知与实践需要紧密结合起来，才能真正内化学生的道德品质。通过品德课堂的教学，孩子们对"友善"有了自己的认知，如何外化为行为，我们联合德育处、少先队，对友善实践活动进行整合。

1. 言行一致——校园友善小天地

讲友善故事。结合学校育人特色和学生的兴趣点，借助故事对学生进行友善教育。广泛开展友善故事的搜集，搜集身边的亲人朋友、老师同学、陌生人等，人与人之间的友善故事，寻找身边人与自然的友善小事。结合节假日，倡议孩子们用手机相机去捕捉"最美瞬间"，将发生在身边的友善场景定格，并进行展览。搜集完毕，将看到的、听到的、拍到的"友善"用文字的形式进行梳理，面向全校开展"友善故事"的征集。利用"国旗下讲话""红领巾之声"等平台进行"友善"故事的校园传播，每周一个友善故事，由一位搜集整理者亲自讲述。后期，进行录制友善故事，上传学校微信公众号。让友善故事不仅在校园传播，更要在每个家庭每个关心孩子成长的人心中传播。一个多学期以来，发生在家里、学校里、公共场所的许多友善故事已深入孩子心中，友善的种子在生根在发芽。

做友善使者。友善故事广为传播的同时，学校也及时为孩子们提供实践的平台。开展"小小志愿者"活动，小志愿者们在"校园爱心角"帮助同学们找回丢失的衣物，管理小黄帽的借还，雨天为缺伞的同学提供借伞服务；小志愿者们更用自己的耐心和爱心，变身"行为规范引导员"，带领一年级新入学的孩子学习学校一日常规，从上下楼梯的规范，到安静就餐，以及文明用语的使用。

2. 知行合一——校外友善大舞台

校园是一方孕育美好品质的摇篮，社会更是孩子锻炼实践的沃土。"小小志愿者"走进社会，用假日小队的形式与同伴一起开展各种系列友善活动。

"我爱我家"——对家人友善，懂得感恩。三年级的孩子通过"今天我当家"活动，体验父母的辛苦。利用感恩节的契机，对父母说感恩的话，为父母做自己力所能及的事，学习并实践怎样对待自己的亲人。

"我和大家"——友善对待其他人。四年级的孩子的实践活动是关心小区这个生活中的大家庭。小志愿者们为小区清理环境，发放环保宣传单，帮助社区分发垃圾分类专用垃圾袋，擦亮小区边上的小红车，为大家服务。

"我与自然"——友善对待自然，倡导人与自然和谐相处。一二年级的孩子走进植物园、动物园，不踏草坪，不摘花草。在用完餐后及时收拾垃圾，进行垃圾分类。

听，涛的故事

了解珍稀植物和濒临灭绝的动物。

（三）德育资源整合

散落在校园中的德育资源也可以通过整合充分利用，为学生营造良好德育氛围，潜移默化地让孩子去感知这个世界的友善，这个世界需要友善。

1. "友善长廊"诉友善——静态感知

教室内、各班对应的走廊、校园长廊，这些原本不会说话的墙，成了"友善使者"。在这些墙裙上，同学们搜集了发生在自己身上的、身边的、名人的友善行为，友善故事，友善格言，并分主题进行布置。孩子们可以在一年级墙裙区域了解要友善对待身边的公物相关内容，怎样友好与"课桌椅"等其他公共设施相处；在二年级区域感受动物们的可爱，了解濒危的小动物，提醒每位同学要友善与小动物相处，动物是我们的朋友；三年级区域的"我与自然"主题墙裙，与大家分享了孩子们在保护自然环境中的友善之举，呼吁自然是我们的家。

2. "德育小课"辨是非——动态链接

每周四中午的德育小课，大队部的同学们就会进行讲故事辨是非活动。通过广播向大家讲述一个与友善有关的案例，案例中的主人翁以学校的吉祥物来担当，通过如"这样开玩笑对吗？""你好，谢谢，对不起，今天你说了吗？"向大家讲述生活中遇到的"友善"问题，让孩子们分辨明晰哪些是真友善，哪些行为又会在不经意中伤害了你的同学或朋友。

3. "友善故事"暖人心——榜样力量

每周一的升旗仪式，都有同学在主席台上为全体同学讲述身边的友善故事。这些故事真实发生在身边，校园里"紧急"时刻从同桌手中接过的橡皮，在遇到问题时老师关心的眼神，同学帮忙拿回落在操场上的外套；回家路上同学间相互提醒安全同行，公交车上主动给有需要的人让座；小区里的奶奶主动拾起地上垃圾，出游路上遇到好心的指路人，等等，都被孩子们充满善意的眼睛发现了，并装进了心里。

学校的德育课程的整合只为提高德育工作的效度，真正让学生学有所获。以品德课程为基础，整合学校德育资源、家庭社会资源，用知行合一的方式，让学生的道德认知真正变成道德行为。从德育效果看，孩子们变得友善了，校园更和谐了，师生关系、亲子关系更融洽了，这样的整合既减轻了德育工作的强度，又增强了德育的实效性，我们将坚持走好德育整合之路。

（此文获杭州经济技术开发区第二届德育论文评比三等奖）

猴孩子的故事

喻雷群

清晨的阳光倾泻在操场上，洒落点点金光。在泛着青绿的草坪中闪耀，在高高的看台上跳跃，在矗立的教学楼间游戏，水池边有它闪光的影子，篮球场有它动感的身影，连高高在上的喜鹊窝也享受它的爱抚。

从办公室到教室的这一路，充满着春的气息，我忙里偷闲地享受着这般美好。当带着青草和阳光气息的春风拂过，我忍不住闭上眼睛……

"都是你的错！""你们都欺负我！""你们都是坏人！"一串带着哭腔的嘶声力竭的"控诉声"就那么不合时宜地钻进我的耳朵。是谁呢？不用问，不用猜，一定是我们班的小睿——那个有着特别清亮眼睛的，长得白白净净，理着时髦发型，穿得十分帅气的小男孩儿。快速走到教室，果然看到眼前的他怒气冲天，课桌已经掀翻在地，对着一旁的同学大喊大叫，并且动手开始撕本子。"住手，小睿！"我上前呵斥住他。听到我的声音，他停止了动作，用他惯有的委屈的眼神望着我，重复地唠叨："都是他们不好！""老师，都是他们的错！"

这样的情景一个月会有好几次，这样的孩子在我的教学生涯中也时有出现。他们很特别。

与"皮猴"过招

刚工作那几年，班里有个男孩，个子小小，坐在最前排。上课的时候，他的屁股时常离开凳子，搭班的老教师说就像抹了油一样。课堂上看到的好像是一只"猴子"，一会儿出神地望着其他孩子，一会儿跟铅笔橡皮耗上了，一会儿钻到桌子底下看蚂蚁……就是没一会儿把心思放在书本和我的身上。"东东，你想不想好好学习了？你成绩都差成什么样子了？你想过以后怎么办吗？你怎么那么不听话呢？"我苦口婆心，他顽劣依旧。屡次说教屡次失败后，我被深深地打击了。见到他，我就笑不起来，板着脸。看见他调皮的时候，恨得牙痒痒。心里不服气：怎么就治不了这只猴子？后来我用了"撒手锏"，找来了他的父母，将孩子的"罪行"一一详细阐述，结果他爸妈在办公室里就"劈头盖脸"地把他骂了一通。在父母训话的时候，东东尴尬地站在办公室一角，刚开始还不时用眼神偷偷向我求助，为了让他长长记性，我都假装没看到。据说，回家后还被揍了一顿。第二天上课果然"认真"了不少，我还挺得意。但是，孩子看到我慢慢就不再那么亲热了，不再老远就喊我，不再用明亮的眸子看着我。甚至有一次，明明面对面地向我走来，一看到我这"猴子"竟然低着头往楼梯转角绕路走了。我有些失落，但心底又升起一种感觉，是一种胜利感，这个家伙终于开始对我有畏惧感了。

这是当初我认为的成功，压倒式的成功。

小猴子回来了

后来，我怀了宝宝。虽然只兼了语文课，但是一天下来身体的疲劳还是显而易见。那时的班级里有许多特别懂事的女孩，当我上楼梯时，碰见我的孩子会主动帮我拿电脑包。课间，有孩子会贴心地送上一杯水。课上，我享受着孩子认真聆听的神情，我知道他们是不想让我太累了。这个时候的温暖是流淌着的。

那天下班有些迟了，我慢慢地下楼准备回家。"啪"的一声，手中的文件袋掉在了台阶上。左手电脑，右手水壶。我决定先放下这些，慢慢弯下腰拾起文件袋。当我吃力弯下腰时，一个熟悉的声音响起："老师，我来！"我抬起头，果然是东东。这个男孩已经长高了不少，但在课堂上还是忍不住调皮，只是在我望向他的时候会马上停止，将头埋进书本里。我的心里很不是滋味。

"老师，给！"文件袋递到了我的面前，还没等我说什么他就打算转身离开。"谢谢你，孩子！"我的声音不是很大，但我相信他一定听到了。此时的东东回过头来，亮亮的眼睛看着我，又看看我的肚子，"嘿嘿"轻笑，然后是响亮的"老师，再见！"看着他小猴子似的灵活身影，我心里的一块大石头似乎悄然落地。好欣慰，这只小猴子似乎回来了！在我还不知道怎样表达我对他的情感，在我不知道怎样打开我和他之间这扇心门的时候，他用他的纯真和善良那么简单地把门打开了。

课间我在跟孩子们开着玩笑，请他们帮忙给我肚子里的宝宝起名字，大家叽叽喳喳地说个不停。这时，一旁的东东冒出来，说："老师，叫'心心'吧！""真好听，你怎么想到的？"我问。"心心，就是关心的意思！"他不好意思地朝我看了一眼，然后就飞快地跑开了。此刻的我明白他的意思，我的内心激动不已。

摸摸我的肚子，我在心里说：孩子，就算你是小猴子，也是妈妈的孩子。抬起头，看着飞快跑开的东东，我想说你们也是我的孩子。谢谢你，给我重新走进你的机会。

蹲下身，摸摸我的"猴孩子"

前年，到了新学校，遇见了不一样的"猴孩子"。这个孩子在上课的时候不写作业，会跑出座位拿别人东西，会突然唱歌，会把所有问题都怪在别人头上，然后大吵大闹。一切在我这里觉得不可思议的举动，在他的世界里却很正常。是的，他就是小睿。刚开始我很讶异，与家长沟通孩子的特别，家长也带着孩子去医院询问，但是最终没有什么效果。我与家长坐下来长聊，一句一句分析中，我了解到这个孩子在家的情况，那就是从小全家的宠爱和包办，让小睿以自我为中心，稍不顺心就拿别人发脾气，遇到一点困难就大喊大叫，为自己找借口。同时，不会处理自己的情绪，更不善于与人交流和沟通。慢慢地，这种"暴风雨式"的表达愈演愈烈。对此，家长几乎束手无策，惯用的结尾方式就是打。知道这些，我更为小睿担心了。

一次，小睿的猴脾气又上来了，在别人的书本上乱画，一旁的女孩子生气得直哭。旁边的同学有的义愤填膺，有的吓得躲到了一边。我也很生气，想要狠狠地骂他，教育他。但这些之前试过，效果反而更差。看着他那气愤的样子，我脑海中浮现出了东东的样子。是的，每个孩子都有一颗柔软的心，我要用正确的方式走近他。于是我决定先安抚再处理。我蹲下身，尝试着用手轻轻抚摸孩子的脸。没想到，他反而安静下来了，用那双大眼睛看着我。是的，对了，就这样，自己的孩子在焦躁的时候我就是这样做的。有时一个拥抱、一次轻轻地抚摸，远比语言的力量来得强大。看到他渐渐平息的神情，这时，我才开始跟他交流。这次后，他还会时不时冒出来"发作"一下，但是我的方式永远是温和的，让他"发作"不起来。我会说："哎呀，摸摸你的脸，我的手都不冷了，谢谢你！"看他在地上打滚时，我会拍拍他的屁股，然后说："谢谢你今天帮忙打扫卫生！"看他追来打去时，我会说："赶紧来帮我擦黑板！"……

"都是他们的错！老师。"小睿的声音又在耳边响起，挂着泪花的眼睛看着我。"还难过吗？"我问。他点点头，我看了看倒在地上的椅子和桌子，对他说："他们也很难过呢，你可以帮帮他们吗？"看着他扶起桌椅，我拉过他的手，开始听他的"申诉"……

虽然他还是那个他，虽然我知道要改变他路还很长，但我看他的时候已不像最初的我那般轻率，那般好胜，因为他只是个孩子，而我是他的老师。

安然度过一节课，下课铃声响起。回办公室的路上，我又不自觉地被园中那些花吸引。山茶、海棠、杏花、李花、玉兰，还有那些叫不上名的草花，都摇曳着自己或粗或细的枝叶，在春风的陪伴下向阳光扬起脸，绽开微笑。

听，涛的故事

　　大课间的铃声响起，阳光下走来一群孩子。洋溢着纯真的笑脸，充满活力的身姿，阳光洒在他们的脸庞，正如朵朵含苞欲放的花蕾。他们个性迥异，有的活泼好动，有的文静内敛，他们各有所好，篮球羽毛球，舞蹈歌唱，朗诵讲故事，跑步跳绳。当然，他们也有自己的特点，有的会活跃过头，让老师上火；有的羞于表达，启发再三还是如蜗牛散步；有的丢三落四，再三提醒还是健忘；有的得意忘形，需要经常泼泼冷水。正如满园的花儿般，有大有小，有早开的，有迟开的，有抬着头积极向上的，也有低着头等待你唤醒的，但是每朵花都有春天，阳光来了，他们的春天就不会遥远。

　　　　　　　　　　　（此文获杭州经济技术开发区第五届教学叙事评比三等奖）

感恩：十岁生日系列活动的设计与操作研究

寿桔丹

一、困境：物质给予与精神关注的失衡

（一）生日成了高消费的聚会

我们对班里的 45 名学生做了有关生日聚会的地点、生日的花费等方面的调查。生日在酒店请客的比例较高，生日费用已经以千、万计，生日会已不限于传统的聚会、吃蛋糕，也不局限于室内，有的还动用了专门的策划公司，其规模远不亚于一场婚礼。父母费劲心思为孩子举办花样百出的高消费生日，让生日变成了浮华的热闹。

（二）生日成了令人却步的攀比会

"该送什么礼物"成了令家长头痛的问题。首先考虑，之前他送了什么礼物给我的孩子，送少了，怕影响关系，送多了，心里不舒服。生日前几日就开始互相打听，别人准备了什么礼物，生怕自己跟不上大部队。生日和生日礼物，本该代表祝福和珍惜的日子，却成了一场攀比会，让人心生负担。

（三）生日成了收礼物的节日

在调查问卷中，"十岁生日，你最想要干什么？"大部分的孩子都希望得到梦寐以求的礼物，吃上最美味的蛋糕，去迪士尼乐园游玩等物质性的收获。可见，孩子对十岁生日的理解停留在"我能得到什么"的层面上，他们没有意识到他们的成长离不开父母的养育，更没有想到十岁到来，心智渐渐长大，成长就意味着承担和感恩。

孩子缺乏感恩之心，也与我们每次生日会上一味的给予有关，让孩子误以为家长所做的一切都是理所当然的。家长没有意识到，精神的关注比盲目的物质给予更重要，忽视了对孩子的感恩教育，孩子没有体会感恩的机会，自然也不懂得如何感恩。

二、设计与践行：在仪式中感念生命，感恩父母

恰逢十岁生日之时，我们设计了一系列的活动，引导孩子去"阅读"生命成长的故事，了解父母养育的不易，懂得感恩，勇于担当。让"十岁生日"告别高消费，放下负担，凸显"感恩"；让十岁生日成为孩子成长的新起点，使生日既有"意思"，更有"意义"。

（一）读访听：喜成长，知辛劳，成长路上常相伴

1. 读相册

在照片分享会上，我们看到了孩子成长过程中的一幕幕：

岚岚跟着父母去黄山，实在爬不动了："看着爸爸背着一大包行囊，满头大汗怎么可能再背上我呢？妈妈一路陪着我也是气喘吁吁，但妈妈还是蹲下做出了准备背我的动作。我知道妈妈也累了，因为她一双手除了刚才休息时在给我揉双腿外，还一直重复地做着擦汗的动作。"

是谁，抓住这精彩的瞬间？是相机前的那个人。是谁，为我们创造了各种各样的机会？是费劲心思的父母。父母，用双手托起我们，帮助我们成长。

2. 访亲人

（1）小小书记员：记录父母一天的工作

我妈妈是长安福特仓库的管理员，每天要清点仓库内的东西，负责货物的出库入库。她6点前起床，洗漱完了后帮我准备早餐，在我6点40起床时，她已经出门了。傍晚，要等吃晚饭的时候才回来，有时候在我旁边看着我做作业，看着看着就睡着了。

（2）小小会计师：算算养育费

让父母罗列出孩子从出生到现在所花费的钱，请孩子做一个统计表，算出总和。不算不知道，一算吓一跳：一个普通家庭的孩子，十年来的基本养育费用，光这十年就已经花费了20万元；有的孩子从3岁开始学舞蹈，4岁开始学走秀，参加比赛，请私教，每期的费用都以万计；自行车买的是三四千元的宝马，iPad每出一款就开始换，每年暑假参加夏令营等等，每年在孩子身上的花费已达四五万元，已抵得上一个普通工人的一年收入了。

（3）小小调查员：了解父母的期望

在回访问卷中，家长有希望孩子成绩优秀的、才艺出众的，有希望孩子早点懂事，自己能处理简单事务的，父母从没想过要从养育孩子中得到回报，无一例外地是对孩子健康、快乐成长的期许。

3. 听故事：育儿辛经，寻找爱的记忆

（1）出生的故事

采访对象：妈妈。

采访内容：怀孕过程、出生时的状况等。

"我是剖腹产出生的，我出生时是 6 斤 1 两，51 公分。妈妈告诉我说，我在妈妈肚子里时，非常好动，喜欢踢妈妈。"

（2）父母印象最深刻的一件事

对父母而言，印象深刻的事情总与孩子有关，他们的心里时刻牵挂的是孩子。孩子的健康成长，是父母心中最重要的期盼。十年中，病了，彻夜不眠地照顾；摔了，心疼地包扎伤口；天冷了，怕冻着，梦中醒来，也不忘看看孩子是否踢了被子。慈母之心，不去细细察觉，哪能知道养育的辛劳呢？

（二）一封信：诉衷情，喜相知，真情告白心相近

写信不受时空的限制，可以给人思考和斟酌字句的时间，充分地将个人的感情融入文字中。亲子之间的真情告白，拨动了彼此的心弦，拉近了彼此的距离。

1. 孩子的心声：不能直接说的话

孩子们逐渐长大，有了自己的私密空间，他们不愿意被父母的缰绳勒绊，不愿意与父母分享他们的故事，亲子之间逐渐形成了厚障壁。此时，孩子们敞开心扉，用他们最质朴的语言表达内心的情感：

爸爸妈妈，自从有了小宝，你们对我的爱不像以前那么好了，我想对你们说：

"大的和小的都是你们的宝宝，你们要对我们一样好，并且给我们的爱都一样多，不能偏心。"

读完信之后，暄暄妈妈再也控制不住自己的感情，抹着眼泪说："我知道有了二宝之后，我经常照顾不到大宝，有时甚至要让她帮我做点事情。今天我听到了大宝的心声，这世上哪有妈妈不爱孩子的。只是'我爱你''我喜欢你'这样的话，我们平时都不会挂在嘴上，没想到不经意的一句话，孩子却那么在意，今天让我明白了，爱就要说出口。"

有时候，父母的辛苦，孩子看在眼中，这是大人认为孩子还小，自己一肩挑起家庭重担。在孩子的心里话中，我分明看到了一颗拳拳之心。妈妈，就让你的孩子为你分担一些吧，这稚嫩的肩膀已经能够担起一些责任了。

2. 父母的回应：没有说出口的话

读完信之后的父母，感受到了孩子的成长，又回过头来反思自己对待孩子的方式，

过往温暖的一幕幕，浸润着真情的文字在指尖流淌。班会课上，父母的信被一封封地读了出来：

> "每当你犯了错误或心情浮躁时，爸爸妈妈都会对你生气，说你、骂你、甚至动手打你，是爸爸妈妈错了，在这里跟你说声'对不起'，其实爸爸妈妈也舍不得打你，每次打了你以后，爸爸妈妈心里的痛远远超过了你身上的痛。"

> ………………

父母用心写就的一封信，在班会课这样的正式的场合，在大家的见证下，让孩子自己大声地读出来，孩子的心受到了震撼，得到了成长。

（三）知感恩：真体验，细呵护，十载养育报恩长

孩子创设一个呵护生命、辛劳持家的体验场，通过角色植入，设身处地地感受父母养育的辛劳。

1. "护蛋"行动：感受生命的脆弱

当我们还在妈妈肚子里的时候，她倍加细心地关爱它。我们就开展了一次"护蛋行动"，把它带在身上，带着它上课，带着它上体育课，用自己的方式保护它，在放学时，只有13位同学的鸡蛋没有破，有的放在口袋里，一个转身就磕破了，有的在面对面跟同学碰到时撞破了，大家纷纷摇头，身上有了一个脆弱的蛋蛋，一切都不能随心所欲，得时刻惦记着它，"护蛋"真心不容易。

2. "怀胎"一日：回到生命开始的时候

为了让孩子们体验妈妈怀胎十月的不易，孩子们做了一个与自己出生时相同分量的沙袋，绑在自己的肚子上，正常生活。绑着这样的大沙袋，学生走路变得蹒跚，上下楼梯更是艰难，走到最后几步，就是拉着扶栏一步一步挪上去的。孩子们在日记中写：

> "好不容易熬到了晚上，这回总该好好休息一下吧。没想到我一躺下，这个沉沉的宝宝压得我喘不过气来。于是，我侧身过去，没想到，'宝宝'拖着我的腰，整个地往侧边去了，时间一长，腰都要断了；趴着吧！更不行了，那宝宝压在我的身下，不被窒息才怪！真是白日不得安、夜里不得眠啊！"

的确，怀胎一日，孩子们就觉得力不从心了；怀胎十月，那是多么不易！真切的怀胎体验，诱发了孩子心中的报恩之情。

3. 角色互换：手足无措的一天

在父母一日工作调查的基础上，针对"家务劳动"这部分内容，制定了工作时间表，进行角色互换。孩子们偶尔有过一次洗碗或煎荷包蛋的经历，哪有如此高密度的"工作"过？对于孩子来说，这是手足无措的一天：

"去菜市场一打听，才知道青菜要 4 块钱一斤，自己喜欢吃的多宝鱼那就是 50 多元一斤的天价了，原以为一张百元大币可以拎回来满满一袋菜，结果三四个菜就精光光了。"

"啊，休息一下，真是累死我了。我偷偷地将手移到电脑前，想玩电脑……啊。'当家的，你去把地拖一下，我来玩电脑。'熟悉的声音，是妈妈。"

平日里习惯于妈妈对自己的照顾，自然就不会想到看似平常的一日有多么的不易。历经了自己惨淡收场的当家体验，才明白父母对这个家的付出，"我要长大，长大后才能多为妈妈分担"的情绪在生发、滋养。

（四）亲子会：识默契，同庆生，知恩念恩誓报恩

经过了前期的活动预热，我们选择了"母亲节"这一个特殊的日子，把十岁生日系列活动推向高潮：

1. 心相吸：亲情默契大考验

（1）摸一摸，找找亲人手

每轮活动，我们请出五对亲子，蒙住对方的眼睛，不能发出声音，只通过摸对方的手，看谁先找到自己的亲人。

"我女儿小时候摔了一跤，手掌根这里有一个很小的疤。"

父母们对自己孩子身上的每一寸肌肤都了如指掌。

"我第一次这么仔细地摸妈妈的手，没想到她的手这么粗糙，要不是妈妈找到我，我都不知道这是妈妈的手。"

悦悦不好意思地说。

孩子的每一处细节和点滴的改变都在父母的眼中，可孩子们没有如此近距离的关注过父母，何尝想到皱纹会爬上父母的额头，银丝会从黑发中突围，曾经轻柔地抚摸着他们的双手又怎会龟裂、老茧丛生呢？

（2）问一问：彼此知多少

在问题抢答环节，由主持人提出一个问题，首先由孩子抢答，家长把答案写在白板上，双方答案一致的获胜。经过前期的调查，大部分的孩子能回答出父母的生日和工作，但父母的喜好、生活琐事等方面知之甚少，而在交换问答后，情况却完全不一样。

孩子生活或学习上显而易见的问题，如孩子的生日、最喜欢的颜色、最喜欢吃的菜、最喜欢读的书、最要好的朋友等等，家长了如指掌；但是问到最开心的事、最难过的事，父母们面露难色，也看出父母们对孩子的心理的关注有些欠缺。游戏结束后，孩子们纷纷表示，对父母的了解太少，以后要多关心他们。

2. 赛才艺：角色互换同忙碌

亲子会上，才艺比拼的内容并不是琴棋书画，而是日常生活中再简单不过的琐事。首先，我们创设了早上起床、吃饭、出门的情境。活动时，我们进行角色互换，妈妈吃东西，孩子要完成一系列的工作，妈妈背着书包冲向终点，先到达者获胜。特别是在不影响妈妈正常"吃饭"的前提下，难度大大增强。尽管妈妈竭力配合孩子完成动作，但是大多孩子显得笨拙，红领巾系了好多次，就是不成功。当看到妈妈顺利冲向终点时，孩子抹去脸角的汗水，长吁一口气，说："以后我宁可早起五分钟，也不要那么别扭地让妈妈为我做这些事了。"

3. 送礼物：爱要大声说出口

（1）颁奖辞："微角度，看父母"

回忆父母与自己相处的点点滴滴，找找父母身上最闪亮的地方，给家长送上自己做的一份贺卡，并写上贴切的颁奖辞。在全班同学的见证下，读着自己写的颁奖辞，将这份小小的礼物送给父母：

"巧手奖"：妈妈，您常用那双温暖的手，为我拭去我们的脸上泪水；电闪雷鸣的夜里，轻拍着我的背，让我安心地入眠；夏天，你拿扇子为我赶走炎热；冬天，你用冻疮的手，为我洗衣；这双手浓缩着抚育儿女的每一个日日夜夜。

"独具慧眼奖"：妈妈，您常说，我是您最满意的作品，我觉得真合适，您真是太有眼光了。您真是伯乐啊！

有的颁奖辞文采出众，有的深情款款，奖项众多：心灵手巧奖，体贴入微奖，不厌其烦奖……父母的优点被一一地挖掘出来，孩子们对父母的了解更加深入了。

（2）大拥抱：全角度的贴合

"感恩的心，感谢有你……"《感恩的心》慢慢回旋，心中的暖意缓缓流淌，孩子们走到父母跟前，深深地鞠躬，真诚地喊："妈妈，谢谢您，我爱您。""爸爸，谢谢您，我爱您！"此刻，没有矫情，没有虚伪，孩子们大声地喊出平时隐藏在内心深处没有说出口的话，扑进父母的怀里，有的孩子开始小声地抽泣，有的似回到了孩童时代，在温暖的怀抱中得到幸福。

（3）成长的宣言：请您相信我

平息了心情，在主持人的带领下，孩子们在插着十岁生日的蛋糕前，许下最庄严的心愿，在孩子们澄澈的眼神中，响彻校园的誓言中，我相信，父母的爱已在心中，感恩的心正在滋生。

在以"感恩"为主题的十岁生日系列活动中，孩子通过各种渠道了解了自己的成长故事，明白了父母施恩不图报的无私付出，识恩知恩，设身处地体验父母养育十年的辛劳。通过感恩活动、亲子会等系列活动，在孩子纯净的心灵上，种植感恩，期待收获关怀、仁爱、宽容。播下感恩的种子，让孩子敏感于一切美好的事物，并心怀感激；长大后，他们必将以开阔的胸怀、坦荡的心境应对生活中的平坦坎坷，回报养育他们的父母、师长和生长的这片土地。

（此文获杭州经济技术开发区第二届德育论文评比一等奖）

启·探·展：乡情主题教育活动的设计与实施

寿桔丹

家乡是看得见的祖国，是学生血脉中最亲密的地方，是发展学生情感的丰富源泉。学校需开展乡情教育，让学生参与实践、体验生活，感受生活中的自然和文化环境，拉近学生对故土的情感，激发学生对家乡、对祖国的依恋与热爱。

一、现实背景

当"家"离开"家乡"时，人们对"家乡"的情愫各有不同。客居异乡，甚至出生于异乡的人，远离家乡的土地，在一个文化底蕴不深的新城区，又不能充分融入新的文化，乡情意识淡然。

（一）久离故地，乡情认知缺乏

在三下"品德与社会"《生我养我的地方》一课教学时，学生在介绍家乡时说，他的家乡在安徽，那里有著名的黄山。当我追问家乡还有哪些特色的东西，孩子就支支吾吾，说不上来了，原本的课堂变得沉寂。

这与孩子的成长经历有关：我校学生均为随迁子女，从幼时或出生时，就离开家乡，很少回到家乡，亲近家乡。很多学生对家乡了解甚少，不知道家乡的特产，不了解家乡迷人的传说、谚语、风俗习惯。他们对家乡的情感是模糊的。

（二）暂居新城，乡情认同不足

在《走进社区》一课教学时，我让孩子去调查如今生活的"家乡"。调查前，我们罗列了问题，如开发区是怎么形成的，下沙有什么特产，自己的"家乡"有哪些习俗等。调查结果，学生只了解到下沙是由滩涂形成的，因为附近就有一个围垦公园，里面有一些资料的介绍，其他的不知从何下手了。

开发区是一个新兴城区，本身的文化底蕴薄弱，本地居民占比极少，孩子接触不到了解下沙的人，传统文化难以传播；外来文化的冲击，也使得当地文化被忽视和埋没，孩子们与当地乡情是疏离的。

（三）课程教学，乡情主题凸显

乡情主题教育在课程教学中占了很大的比重，在"人·自然·社会"《我与杭州》中尤为明显，旨在让学生在参与实践、体验生活，感受生活中的自然和在文化环境中感受乡情。这些内容相互融合，可以进行整合。同时，利用孩子血脉故土中的乡土资源，设计序列活动，开发多元的乡土资源，以主题式综合学习的方式让学生进行实践体验，引导孩子认识家乡，了解家乡，认同家乡，激活爱乡情愫。

二、乡情主题教育活动的设计与实践

乡情主题教育是学生通过探寻家乡环境中富有文化底蕴、具有教育意义的自然和人文景观等乡土资源，在教师引导下，以主题式综合学习的方式进行实践体验活动。教师要帮助孩子确定活动主题，精心引导，指导学生进行通过调查、参观、访谈等实践体验，探寻饱含乡情的乡土资源；教师搭建多元平台，学生在展示交流乡土资源的过程中，感受乡土文化的独特魅力，升华爱乡爱国的情感。

（一）乡情主题教育活动的设计

对于我们的学生而言，家乡有两层内涵：故乡和如今生活的"新家乡"，乡土资源就有两大范畴：故乡乡土资源和"新家乡"（本区域）乡土资源。开展乡土文化的体验活动，需要教师帮助学生组建任务型团队，引导学生瞄准乡土文化中的点，设计切实可行的活动方案，以利于后期活动的开展。

1.组建任务驱动型团队

根据学生家乡的地域或研究主题，帮助孩子组建区域性团队和主题式团队。在对同一班级或不同班级学生家乡籍贯调查的基础上，形成以地域为第一条件的区域性团队。他们有相同的自然资源和相近的人文风俗，团队合作有利于全面深入地挖掘本地的乡土资源。在前期预设的乡土文化主题的基础上，将学生的研究主题进行归类，形成主题式团队。如，学生寒假前特别感兴趣的是家乡的年文化，因此，这部分学生可以"年文化"的研究主题来组建主题式团队，探究不同地域年文化的异同。

听，涛的故事

2.设计切实有效的方案

乡情资源探究活动地点不全在本区域范围，活动时间多为学生回乡之时，因此活动的预设和分工显得尤为重要。在具体活动前，要制定活动的可行性方案。

（1）瞄准乡土文化中的点

在大主题下，教师引导学生设计活动主题导图。一个大主题可以分成几个板块，而每一个板块又可以细化成若干个板块，小主题可分组分次完成。

（2）设计活动方案

首先，范例先行。教师提供一份成功的范例，引导学生了解活动方案的基本要素和格式。第二，小组讨论，共同策划，初步制定活动计划。教师要放手让学生按照各自所选的主题，采用先分工，再通过看课外书、上网、访问等方式自行搜集材料。第三，小组介绍自己的活动计划，小组之间互相提出修改意见，教师随机指导，在此基础上，小组修改、确定活动计划。

计划中，学生充分考虑了主题活动可以从哪几方面入手，具体有哪些资源可以利用？用什么方式获得更好？组内人员怎样分工？会遇到什么困难，怎样取得支持等。有的小组建立了即时通讯群，如微信群、QQ群，以便随时交流活动情况，根据实际调整活动方案等。

（二）探：挖掘乡情主题活动资源

乡情教育是要让学生全身心地进入到乡土资源中，去挖掘、体验，感受。结合假日活动和德育作业，让学生去了解家乡优美的胜景、历史悠久的建筑、古今闻名的人物、独特的节日习俗以及历史变迁，在品乡韵、寻乡史、聆乡事、解乡俗、悟乡变中挖掘家乡丰富历史文化内涵，感受家乡、了解家乡的自然和人文环境，感悟丰富深厚的乡蕴。

1.品乡韵，赞家乡之美

山河壮美，每个人的家乡都有引以为傲的风景。桐庐的瑶琳仙境，有全国诸洞之冠的美誉，学生从石洞的规模、洞穴地貌、洞中石景等方面，概括了溶洞幽、深、奇的特点，通过查找资料，了解溶洞的形成原因和历史；锦山秀水的千岛湖，烟波浩渺，江水清澈，学生从天屿鸟瞰千岛湖全貌到参观新安江发电站，从追溯千岛湖的成因，寻找为新安江水库建设而沉没水底的狮城和贺城，了解到当年的人们为响应国家号召，背井离乡，大批迁徙的壮举。

2.寻乡史，感历史之久

通过查找资料和实地考察，寻找家乡的人文古迹。寻找一个地域的历史，学生查找了书籍，搜索百度信息，还有的去了当地的文化部门翻阅县志、参观当地博物馆。除了文献的记载，古代遗留下来的建筑、器具更是最生动形象的历史表征。有"东南邹鲁、礼仪之邦"之称的徽州，白墙黛瓦的徽派建筑，沧桑斑驳的城墙，威严犹在的府衙、曾经富庶一方的徽商大宅院乃至文人案头的一方古砚，都是学生了解古老的徽州历史的真实印记。

3.聆乡事，抒崇敬之情

现实中最鲜活的莫过于人物，乡土历史人物书写了辉煌的乡土历史。孩子们制定了家乡名人采访计划。通过查找资料，了解家乡从古至今的名人，选择采访对象，进行任务分工，经过讨论，罗列采访要点，预设采访中会遇到的困难，思考解决的办法。通过采访，孩子们了解老一辈的生活，从而感受他们的生活历程，为有这样的家乡人而自豪。

4.解乡俗，扬纯朴民风

乡俗是学生正在体验着的一种千百年来传承下来的、与众不同的生活。饮食习惯不同，喜甜爱辣，婚丧嫁娶，步骤繁琐，无不体现着地域特色；同一个节日，如端午节，家家户户都要插艾草、包粽子、吃粽子等，但各地有各地不同的风俗习惯。鼓励学生参与这些过程，了解这种民风民情，去充分挖掘、体味、感受乡俗的地域性特点。

5.悟乡变，倾自豪之情

对比家乡的老照片，寻找照片上的异同，通过走访、调查等，从家乡的交通、住房、饮食等物质层面和文化娱乐、人口素质等精神文化层面考察，从而感受家乡的变化。追寻变化的原因，家乡人的勤劳和聪慧。

（三）展：乡土资源启乡情

学生展示乡土资源成果时，教师要设计各种活动，为学生搭建舞台，充分挖掘的乡土资源，选取乡味浓厚的内容作为德育活动的直接素材，生成教育活动。

1.绘地图，我的家乡在这里

借助"我绘我家乡"，开展地图拼贴活动。学生把自己的家乡从地图上剪下来，并按照一定的比例放大，每组孩子按比例绘出自己省份的形状，在地图的背面写上家乡的介绍。学生上台介绍完自己的家乡，就把家乡的地图贴在教师准备的地图轮廓中，最后组成中国地图，天南地北成一家。

2.巧布置，主题区域微家乡

利用学校特色区域，通过结构游戏，建构"家乡的风景、家乡的建筑"，凸显家乡特色。我们设立乡土资源展区，学生可以在展厅内摆放能代表家乡特色的物品。投放物品主要有四类：（1）实物类：如温州的孩子体现渔民的生活，用渔民捕鱼用的网布置墙面，旁边放上补网用的梭子和渔网线，用来晾晒鱼干的网纱。（2）拼搭类：如"福建组"的孩子网上购买了3D纸模型搭建"土楼"。（3）陶泥类："安徽组"用陶泥制作的古城墙增添了古徽州的浓浓历史味。（4）图片类：温州组在"认识家乡的鱼"栏目中，用图片介绍了各种各样的鱼。这些材料组合投放，构成了别有韵味的微家乡。

3. 细品尝，特色美食汇舌尖

在儿童节之际，举办家乡美食节。节前，教师组织孩子做好了前期准备工作。首先，落实各区域的负责人，组织最有特色的家乡美食，确定提供的美食名称。其次，链接家长资源，帮助学生准备材料，教会孩子怎样制作美食，并在美食节当天提供技术指导。再次，学生共同参与，从准备材料、制作、装盘、确定价格、如何宣传售卖等合计商量。最后，统一发放美食节购物券，供学生去各区域购买品尝。家乡美食节当天，各区域活动鲜明的主题，夺人眼球的标语，最有特色的美味小吃和热闹的活动场面，让孩子置身在特色美食街中。

结合特殊节日，举行亲子美食节。端午节包粽子活动，学生了解了端午节的由来，念着关于端午节的古诗，学着包粽子，煮粽子，吃粽子，体味端午节传统文化。

4. 诚相邀，请到我的家乡来

一系列的探究、展示活动，是丰富"内存"的过程。我们举行了"请到我的家乡来"主题班会。一是制作家乡宣传片。介绍家乡的风景名胜区，结合视频重点介绍其中的一两个，配合语言进行描述，让大家欣赏家乡的美丽风光。二是互赠明信片。学生用自己画的家乡作品作为明信片的画面内容，在卡片的反面，写一封邀请信，用最简单的语言赞美家乡，诚挚地邀请好友游美景，品小吃，观民俗，体验家乡独特的乡土风情。

丰富、互动、有效的活动把大自然和社会融合到乡情主题教育中去，充分挖掘多种乡土资源，积淀教育资源，优化了学校德育的教育模式。在接受浓郁的乡土气息、深厚的文化底蕴的浸染中，从而使他们的思想感情与家乡联系得更切实、更紧密。同时，乡土资源的展示也可成为地方课程的拓展课程，学生接触到更多的地域文化，领略祖国文化的博大广袤、源远流长，获得深厚真诚的情感体验。

（原文获杭州经济技术开发区德育论文评比一等奖，

发表于《杭州教育》2017年第3期，有删改）

录补改：提高第二学段学生对话描写能力的策略研究

寿桔丹

第二学段的学生能够用简单的语言叙述一件事，但是往往缺乏描写，忽视人物对话的描写。有的通篇没有人物的对话描写；有的对话描写很单调，不能让人感受到说话者的心理；有的对话描写不恰当，人物对话不符合人物的身份、性格和当时的环境。如何让学生笔下的人物开口，说出契时宜、合身份的话？教师要聚焦文本中的对话描写，引导学生关注人物对话描写的巧妙之处，通过记录生活中的对话，丰富对话描写，变换对话的形式等策略，提高学生对话描写的能力。

一、录对话：直面生活，提取对话片段

曾经发生过的或正在发生的事，都是与学生的生活相联系的，蕴含着学生丰富的人生体验。教师引导学生录下自己觉得有意思的对话，并有意识地重现对话，想象画面，感受说话者的情绪和个性。

（一）记录生活中的对话

第一，直录对话。细化时间，扩展空间，借助电子媒介手段，记录学生在家校、路上亲历的或听闻的，感受最深的对话片段。第二，原音复现。孩子挑选自己认为最有趣，最想跟大家分享的对话，并借助照片，用自己的话说清"对话"，尽量描述当时各人的态度、情绪等。第三，记录"对话"。孩子结合录话者的讲述，适当想象对话人的神态、动作，记录下自己印象最深的对话片段。

（二）在情境中演绎对话

对生活中的镜头稍纵即逝，有些看似平淡的事情，用上"扩音器"，在众人面前

呈现出来。

（1）创情境。教师用语言描述一个生活情境，如妈妈去市场买菜。讲清情境发生的时间、地点、人物、用叙述性的语言描述情境中的对话。

（2）演情境。以小组为单位，还原情境，讨论情境中的人物会做什么、说什么，生生合作，表演情境。

（3）说情境。让孩子们说一说，表演的孩子是否把妈妈与卖菜阿姨之间讨价还价的一幕表现出来了，动作、神态是否恰当，提出自己的意见。

（4）录情境。孩子结合情境表演和自己的想象，进行对话片段的练习。

（三）补对话：把握细节，丰满人物个性

在对话描写中，如果把说话人的动作和神态描写出来，就能增强立体感，"录音机"就变成了"录像机"。因此，我们要与人物的身份、个性相联系，观察人物的动作、神态"补"对话，塑造出那一个独特、鲜活的人物。

1.挖掘经典，习得言语方法

在经典的文学作品中，人物的对话描写反映人物内心世界，直接彰显人物的性格特征。三上《陶罐与铁罐》中，对话描写让我们深切地感受到铁罐的傲慢：

"你敢碰我吗？陶罐子！"铁罐傲慢地问。

"我就知道你不敢，懦弱的东西！"铁罐说，带着更加轻蔑的神气。

"住嘴！"铁罐恼怒了，"你怎么敢和我相提并论！你等着吧，要不了几天，你就会破成碎片，我却永远在这里，什么也不怕。"

教师在引导学生关注"傲慢""轻蔑""恼怒"等神态描写的词，通过品读、表演，进一步感受它们的内心，体会课文具体而传神的描写方法。

人物所说的话都反映了他们的立场，显现着人物的身份。什么人说什么话，对话要符合他的身份、地位、年龄、经历、学识，以及当时特定的环境。这就要求学生在日常生活中多注意观察和思考，不仅要留心人物说了什么，还要想想他为什么这样说。

2.学用相融，迁移言语个性

在进行对话描写时，我们可以补充动作神态的提示语、添加标点符号等方式，来进行专门的语言描写训练，在读写结合中，迁移言语个性。

（1）动作神态丰富形象

在一次日常习作中，一个孩子写了一件事：小明迟到了，他来到了教室门口，喊道："报告。"老师问："你为什么来这么晚？"小明回答说："我生病了。"老师说："你进来吧，赶紧回到座位上。"对话本身没有问题，但是，迟到的小明是什么神情，老师是什么态度，要联系当时的情景，运用动作、神态去补充。

严厉的老师形象：

小明走到教室门口，轻轻地喊道："报告！"

"你怎么迟到了？"<u>老师扭过头，盯着他，严厉地问。</u>

"我生病了。"小明低下头，小声地说，"刚才去医院了。"

温和的老师形象：

小明走到门口喊道："报告！"

"你怎么迟到了？"<u>老师走过去，抚摸着他的头问。</u>

"我生病了。"小明捂着肚子，皱着眉头，低声说，"刚才去医院了。"

"知道了。"<u>老师温和地说</u>，"要是不舒服，及时告诉我。"

第一处中，"扭""盯"的动作描写让我们感受到老师对小明迟到极为不满，"严厉"的神态更是直接表现了老师的严厉形象；第二处中，老师"抚摸"的动作，慈爱的形象跃然而出，"温和"一词点明了教师和善、温柔的形象。人物品质具有稳定性，表现出外在的动作神态，从而决定了他的语言表达方式。

（2）标点符号增内蕴

在对话描写中，有一些人物的感情是无法用语言来表达的，这时候就可以借助标点符号，来呈现人物的语气、语调，使语言符合当时的语境和人物心情。

例如，三年级上册《灰雀》一课中，列宁发现灰雀不见了，询问那个抓走了灰雀的男孩时，男孩说："没……我没看见。"此时，他的内心是忐忑的，怕列宁知道责怪他，想隐瞒真相，复杂的滋味都在这省略号中。

在学生的习作中，出现这样一个句子：

小明垂头丧气地走在回家的路上。他的书包里装着那份打满叉叉的试卷。一到家，妈妈问："这次的考试卷子发下来了吗？"小明不敢正视妈妈的眼睛，低着头说："还没有。"

从"垂头丧气""不敢正视"可以看出小明的心虚的心理，然而，"还没有"这句话并不能体现出他的心理。如何用语言体现出他的心虚呢？让学生明白，省略号就可来揭示小明心中的忐忑：小明不敢正视妈妈的眼睛，低着头说："还……还没有。"标点符号表情达意，淋漓尽致而不用一词，含蓄委婉又不用一语，但却能给人以丰富的想象和长久的回味。

（四）改对话：合情应境，丰富对话形式

不同性情的人会有不同的言语方式，还会受到时间、地点、场合、人物心情等因素的影响。因此，教师在指导学生进行对话描写的修改时，力求对话描写符合人物的身份，契合特殊的情境，适当地改变语言的形式，盘活对话描写。

1. 合身份，各人说各话

《一件小事》的习作训练中，有同学写了这么一段话：值日时，两位拖地的同学用拖把当"武器"互相"攻击"，最后把墙壁弄脏了。围观的同学议论纷纷：

同学一说："你们把墙壁弄脏了！"同学二回答："没事，我们不会告诉老师的。"同学三不同意："不行，你们还是去老师办公室吧！"这时候，值日班长来了，说："这是你们干的？不像话！跟我走！"

这段对话中，人物形象不够生动、立体。教师引导学生先将每一个人物的性格特点写出来，再根据这个人的性格和身份，为"他"设计语言：

同学一："嘿嘿，你们把墙壁弄脏了，这下该倒霉了！"这是幸灾乐祸的人。

同学二："没事，这就我们几个，没人知道是你们干的！"这是不诚实的人。

同学三："我看你们还是去自首吧，老师会坦白从宽、抗拒从严的。"这是诚实的人。

同学四："你们在干什么？是你们俩把墙壁弄脏了？跟我去办公室吧。"这是正直、负责的值日班长。

如此，人物语言描写凸显出人物的性格特点，言简意赅地表现出更丰富的内容。成功的语言描写，需要具体、生动、形象，精确而凝炼，体现个性化。

2. 应情境，各境生各语

对话描写是由事而生的，只有在具体的事件中，才能表现出人物的特点。也就是说，人物的语言要有明确的中心，有目的的对话，才能使对话描写凸显人物性格。如：小明的钢笔不见了，他肯定非常着急，他会怎么说？

上课时，他翻遍了书包，又在抽屉里摸索着，嘴里喃喃地说："钢笔呀钢笔，你跑哪去了，快出来呀！"

下课时，他把书包翻了个底朝天，又把抽屉里所有的东西都捣鼓了出来，大声叫："我的钢笔不见了！我的钢笔！你们见到了吗？各位大神帮忙找一下！"

同一个人在不同的情况下所说的话是不同的。因此，对话描写必须把握好特定的场景和情境，指导学生明确当时的"语境"，弄清环境和人物之间的关系，使人物语言符合此时此刻的情绪，读来"如见其人"。

3. 调次序，变换化多样

为了使描写更加生动活泼，可以使用不同的表达形式，对话描写的提示语可以在前，可以在后，可以在中间，也可以把提示语省略。三上《小摄影师》一文中，提示语的位置变化显著：

　　小男孩摆弄了很久很久，说："一切准备停当。"

　　"是个小男孩吗？"高尔基问。

　　"是的。"小男孩站起来，鞠了个躬，"请让我进去吧！"

　　读读：三个句子，发现了什么；标标：圈人物，画语言；说说：提示语前、中、后；说说：标点符号的变化；议议：为什么不都用一种方式来写对话？聊聊：不同形式的人物对话，让文章读来富有变化。

　　通过这样的教学，孩子了解到提示语的变化而带来的语言形式的多样。提示语在中间，拉长了语言的时间感，同时动作、神态、表情揉于语言之中，对话时的情景感更加清晰。在人物的对话持续进行时，省略说话人的身份、神态、动作，也可以给对话描写留出更多的空白点。

　　4.换"说"法，是说不用说

　　孩子习惯于用"说"开启人物语言。但"说"字，表意过于笼统，缺乏艺术表现力，所以我们要引导学生寻找更符合人物心理性格的"说"的替代词。

　　《巨人的花园》中，巨人与孩子的对话没有一处用到"说"，用类似说的词语来代替——"喂！你赶快滚出去！"巨人大声斥责。或者省略了"说"，代之以巨人"很生气"，"巨人又发脾气了"。学生积累大量"说"的同义词后，就可根据不同的语境使用不同的提示语。如：

　　小强这次没考好，爸爸批评他，可他很不服气，还<u>振振有词</u>："谁都有失手的时候，一次没考好，也不能说明什么啊！"

　　很多时候，还可以不出现类似于说的词，而是用人物的动作、神态、心理和语言特点来代替。例如：

　　妈妈突然上前，一把抓起我的作业本，猛地拍在了桌子上："都几点了！还没做完！"

　　"都几点了！还没做完！"妈妈的眼中满怀关切，满脸忧心。

　　对话描写不单单是人物的对话，而是要写出人物说话时相应的表情与动作，既可以加强对话的表达效果，又可以表现人物的思想性格。为了使对话形式更活泼，还可以交替使用不同的对话形式，改变提示语的位置甚至省略提示语。当然，如果读者能从人物的语言中体会到是谁说的话，也可以把提示语省略。

　　进行对话描写前，要先确定描写的目的，围绕目的选择恰当的语言，并运用神态、动作描写丰富对话，写出个性。最后，再推敲合适的标点符号、提示语的位置等。在此过程中，教师要在文本阅读教学中有意识地关注言语的形式，进行习作迁移，既关注言语的形式，又注重言语的内核，注重指导和训练，从而提高学生对话描写的能力。

（原文获 2016 年杭州经济技术开发区教学专题论文评比二等奖，

发表于《教学月刊小学版（语文）》2017 年第 6 期，有删改）

以自制字卡为载体的识字游戏的设计与实践研究

寿桔丹

一、研究缘起

（一）问题聚焦

识字教学是第一学段的教学重点，大多教师课堂识字采用"认读"的方式。认读识字效率低，识字反馈无举措，看似热闹的识字课，你读我读大家读，细究之下，问题很多：

1.识字被动局限，检测形式单一。识字教学教师教—学生读—教师查，形式单一，特别是课外识得的汉字，没有展示的对象，久而久之，学生失去了自主识字的兴趣。

2.学生起点不一，教学分层不易。处于同一年龄层次的学生，有的学生识字量大，普通阅读已无障碍，而有部分孩子基本没有基础，识字教学要真正基于学生的起点进行教学，难度很大。

3.识字缺乏兴趣，回生现象严重。低年级孩子乐于接受形象直观的内容、自己感兴趣的东西，记得快，忘得也快。识字需不断重复，费时又费劲，势必会影响学生学习的积极性。

（二）我的思考

对低年级的孩子来说，只有喜欢，才会"主动识字"，引导孩子能够独立主动地去识字，用孩子喜闻乐见的方式巩固识字，探求出既减轻学生负担又提高识字质量的方法。于是，我尝试着引导学生搜集课本中和课外生活中的汉字，自己动手制作汉字卡片，以卡片为载体，设计各种游戏，寓教于乐，让孩子在快乐的游戏中学习、巩固，进行识字积累。

听，涛的故事

二、识字游戏的设计和实践

在进行识字游戏前，要选择识字内容，根据不同的游戏形式，选择不同的材料，制作不同的字卡；学生自己或在教师、家长帮助下，设计游戏规则，利用零散时间，如课前五分钟、午间休息时间和其他课余时间进行游戏，在形式多样的游戏识字过程中，不断地激发学生的识字兴趣，积累、巩固识字，提升识字效率。

（一）自制字卡：游戏材料的制作

基于学生的差异，根据学生的学习起点，着力课内，放眼课外，关注生活中的常见字，把自己认为难的，容易错的字，通过直接裁剪、拍照打印、尝试书写、修剪涂画的方式，借助于质地较硬、不易损坏的材料做成字卡，以达到反复利用的目的。

在具体的制作过程中，将自己书写的简单的字或生活中认识的较难的字剪下来的字粘贴在圆形磁铁或方形磁片上，做成磁性字卡；用吹塑版制作大小不一的同心圆底盘和转盘，做成转盘式字卡；卡纸裁剪成与扑克牌差不多大小的长方形纸片，贴上收集来的字，做成扑克牌式字卡。

（二）识字游戏的设计与实践

字卡制作好之后，教师以磁性字卡、转盘式字卡和扑克牌式字卡为载体，与学生共同设计各式各样的游戏，如图1：

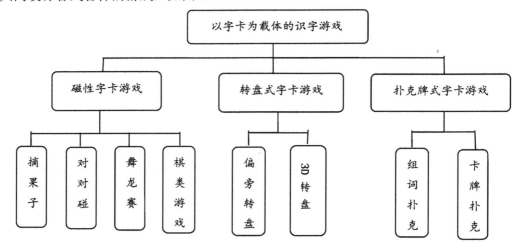

图1　识字游戏的结构框架

根据不同的识字目的，我们设计了多种类型的识字游戏：磁性字卡游戏主要指向单字的学习，"摘果子"游戏鼓励学生从生活中收集汉字，通过组词、说字故事的方法，巩固课外识字；"对对碰""棋类游戏"解决易错字和难字，在单字不断复现的基础上，进行一定的归类；"舞龙赛"则是在认识汉字的基础上，学会组词，巩固语文园地中的"顶针式"的接龙练习。转盘识字指向字的结构，"偏旁转盘"通过换偏旁的方式，进行归类识记，"3D转盘"是在此基础上，增加了偏旁搭配的随机性；扑克牌式的字卡游戏则是鼓励孩子在组词游戏中巩固生字。在每天的学习准备时间，教师组织学生活动游戏。从单个的字的重复出现，到词的组合、句的拼接，分类识记，难字巩固等层层深入，在游戏中快乐识字。

1.基于"磁性字卡"的识字游戏

（1）集字拼图游戏

首先，创设情境小动物背果子的情境，让孩子动手画一画，写上自己小组的名字。最后，将动物的图片进行塑封，将图片简单固定在磁性白板上。游戏时，孩子每天一颗"果子"，送给小动物，即根据既定规律，每天集一字。一周下来，就可以让孩子们动手摆一摆，小"果子"摆出大花样，进行创意组合大比拼。然后，让孩子说说我的"果子"，讲讲果子的故事，进行"字源"解说。讲一个字变成了一个识字的故事，变成了孩子课外生活的一件趣事；接下来，由字到词，找找好朋友，由词到句，串一串糖葫芦。教师必须要有意识地引导孩子将孤立的字置于词语、语境当中，并且在理解的基础上加以运用。可以用这个字说一句话或编一个简单的故事，要夯实语言的基础。

（2）"对对碰"游戏

同一个班级的孩子们的活动范围相近，认知水平相近，因此字卡的字会有重复。教师特意引导学生通过"找朋友"的游戏，一边唱歌，一边找到自己的字的"双胞胎兄弟"。孩子找到的"双胞胎"往往不止几组，可以将这些"双胞胎"集中起来，正面朝上，打乱顺序，让字卡散乱地置于白板上。按照字的难易程度，设置不同的记忆时间，翻转字卡，让学生根据记忆，学生轮流去翻字卡，进行"对对碰"游戏。

（3）舞龙大赛

学生识记汉字是在特定的词串或语境中的。因此，教师通过创设类似的游戏，让学生去追溯词语，还原语境，巩固识字。全班学生分成若干组，每组派一位学生选择一个字，放置于磁性白板上，其他的学生用自己的字卡接上前面的字，组成词语；之后，再将这个字作为下一个词语的首字，继续接龙，比一比，哪个组的龙舞得又长又好看。

（4）棋类游戏

根据比较熟悉的棋类游戏，去制作新的"飞行棋""迷宫"等，并且自己制定游戏规则的识字游戏。首先，我拿来了两幅飞行棋，让孩子观察，我们怎么样才能把普通的飞行棋改成我们的字卡游戏。然后，把游戏规则改成与识字有关的内容，如设置的一些奖励和障碍换成难字或易错字，可以用占格字组词、讲故事、背古诗，把商定好的游戏规则贴在棋盘的反面，棋盘设计者可以向参与者讲解游戏规则。

2.基于"转盘式字卡"的识字游戏

（1）偏旁转转盘

归类识字是低年级组群学习的一种重要方法。二年级上册语文园地四中，"我的发现"就是对泡、饱、跑、袍、炮的归类学习，引导学生发现不同的偏旁，字义也不一样，渗透形声字的构词特点。于是，我们引入了偏旁转转盘，即：由一个基本字，作为转盘，不同的偏旁分别位于地盘上，随着转盘的转动，就能与不同的偏旁构成新字。

【案例1】借助转转盘，趣味识新字

（一）认识偏旁

1.今天转转盘带来的是哪些部首朋友呢？（出示：氵、饣、足、扌、衤、火）

2.认识它们吗？谁来说一说？

3.重点认识"饣、足、衤"。

4.了解偏旁与意义的关系。

（二）出示共有字，进行组合

有一个字和它们六个偏旁都是好朋友，它就是——包。现在我们和包宝宝一起转转盘找偏旁，小朋友们睁大眼睛看，不要看错了哦！

PPT 出示：转盘口诀:

"包"字跟着转盘转，转呀转，转呀转，转来个（氵），摇身一变成了（泡），（有水把茶泡），（泡茶）。

"包"字跟着转盘转，转呀转，转呀转，转来个（　　），摇身一变成了（　　），（　　　　），（　　）。

…………

这堂课中，教师运用转转盘的方式，将学生引入偏旁和字的奇妙组合中，仿佛"包"字经过了一场奇幻的游历，当来到不同的偏旁王国时，就拥有了新的生命。通过转转盘，不仅学习了一串词，同时跟着转盘口诀说一说，随词识字，由字认词，并把字放在了语境当中，既记住了字形，又明白了意义。

（三）3D 转转盘

随着孩子识字量的增多，转盘游戏不再局限于同类识字，我们对转盘进行改进。

第一次改进：

1. 在纸上画 3 个大小不等的圆，并将 3 个圆剪下来。

2. 将 3 个圆的圆心重叠在一起，用铆钉固定同心圆的中心，平均分成 8 等份。

3. 将近期学到的合体字分解成两个部分，分别贴在三个同心圆的各个等分部位。

4. 在转盘的反面写上游戏规则。做成后如图 2。

第二次改进：

在第一次改进的第二步之后，剪一些塑料薄膜片，并用透明胶把塑料薄膜片固定在同心圆等分后每个格子内，再将收集到的合体字剪成两个部分，插入塑料薄膜片内，如图 3。

图 2　3D 转转盘　　　　　图 3　循环式 3D 转转盘

当转盘转动停了之后，孩子们就可以找一找朋友，看看，谁转出来的字最多，谁就可以获胜。但是，当孩子们用这个转盘玩一段时间后，发现了转盘上的字都已经熟悉了，难道还要重新再做一个转盘吗？那显然太麻烦了，我们设计转盘时本就有反复使用的原则，怎么样才能实现更换呢？于是，我们对 3D 转盘进行了上述改进。

如此一来，当学生通过游戏熟识了转盘中的汉字以后，只要更换字卡即可进行新一轮的游戏。

3. 基于"扑克牌式字卡"的识字游戏

（1）可识字组词的扑克牌游戏

每张牌正面的中间都写着一个大大的汉字，并注有拼音。每张牌上的字都不一样，背面是空白的。在牌的边角上，就是普通扑克牌"红桃方块"的位置上，写着该汉字的缩小版，这样，把扑克牌叠成扇形，自己还能看的到自己的字牌。

游戏时，按照人数，平均发牌。开始出牌了，第一个人把自己认为最不可能组成词的牌打掉，其他人看打牌人出的牌是否可以与自己手中的牌组成词语，如果可以组词，就可以叫牌，把自己手头的那张牌打出，同时可以再出一张"废牌"，最后，看谁手里的牌最少，谁就获胜。

按照字卡式扑克牌游戏的基本规则，孩子们还会补充自己的规则。比如，在谁先出的问题上，他们不再使用黑白配的方式，而是随笔抽取一张牌，按照字面的笔画来数数选择首轮出牌的人；也有各自抽一张，比笔画多少的；还有比谁说出的同偏旁的字多的。

（2）套牌式卡牌游戏

无论何种游戏，每张卡牌上都会有表述规则的文字，描述卡牌的使用条件和效果；每种游戏都要求玩家拥有一套自己设计的套牌，牌手需要在大量的卡牌中挑选一定数量的牌，相互配合以赢得游戏；卡牌的使用需要一定的条件；在出牌的时候，要选择自己套牌中的最有用的牌，使其产生某种效应，以达到胜利的目的。扑克游戏一段时间后，孩子们不再满足于单纯的字卡，于是，我尝试着让孩子去做做卡牌式字卡，增加一些机会牌、陷阱牌，让游戏变得更有趣。

孩子把卡牌游戏简单化了以后，运用到了卡牌式字卡游戏中，依据识字方法来制定游戏规则。当制作好卡片后，我们可以不断地变换规则，分化出多种玩法。

三、研究成效

活动过程中，学生搜集资料、体验生活、精彩剪贴，学会了留心生活，将识字的触角伸向各个角落，积累感悟中积少成多，也提高了动手操作能力。当他们参与或主持识字游戏的设计和实践时，逐渐学会用各种各样的巧妙办法，独立探索、大胆想象，在发现中激发了创新能力。

（一）促进学生的识字能力

教师引导孩子在生活中识字，拓宽识字舞台，促进了学生的识字能力。自主游戏，转变了学生的学习方式。学生的问题意识更为强烈，遇到一个生字，学生会思考怎样记住这个字，可以设计出怎么样的游戏来帮助大家识字。从搜集字源、制作字卡、识字游戏的过程中，孩子满怀着"我是游戏设计者"的信念，在整个活动中兴趣盎然，积极性非常高。同时，扩大学生识字量，推进课外阅读。识字量的提升，逐渐扫除了孩子的部分识字障碍，他们能够阅读浅显的寓言、童话、儿童故事，享受着阅读的乐趣；能够诵读童谣、儿歌和浅近的古诗，展开想象，获得初步的情感体验，从而感受语言的优美。

（二）构建识字游戏的资源库

1. 游戏类型多样化

从图、棋、牌多种游戏角度，设计出一系列指向单独识字、词语识字、归类识字的识字游戏。

2. 游戏方式多样化

识字游戏突破了时空的限制，游戏不再局限于课堂而是从课堂走向课余。识字游戏也不受游戏人数限制，可以是单人玩，也可以是多人玩。同时，我们在进行游戏的过程中，只要稍微改变规则，就可以玩出更多的花样。

3. 游戏主体个性化

制作字卡前，要引导学生立足课本，留心生活中的汉字，独立地收集、整理汉字。游戏过程是一个积极主动的建构过程，尊重了学生的学习需求、能力差异。游戏者依据自己的个体特点，识字能力弱的可以选择简单一些的字卡，识字能力强的可以挑战难一点的游戏，选择自己喜欢的游戏方式，凸显了学生差异性，具有个体性。

（三）形成一套有效的游戏机制

在进行字卡游戏的设计与实践过程中，需通过一定的激励措施，学生能够饶有兴趣并持久地参与到字卡制作与游戏活动中来。

1. 展示机制

学生设计的字卡或游戏，评选"精品奖""妙手奖""创意奖""进步奖"等多种奖项，同伴的赏识，让学生更能品尝到成功的味道。

2. 激励机制

根据游戏参与者的多少，进行游戏热度值的评价，每月一次游戏热度排行榜，依此评选出"最具人气奖""最佳创意奖""最受欢迎奖""领先潮流奖"，并颁发奖状。

3. 交流机制

根据字卡循环使用原则，孩子们的游戏字卡是可以拍卖或交换的，字卡拍卖的同时，也就转让了游戏的设计和规则。举行一次"卡片交易会"，通过示范交易、自由交易、师生交易等方式，激发学生继续制作识字卡片的兴趣。

（本课题报告获杭州经济技术开发区第二届教科研成果评比一等奖，此文为缩减版）

指尖上的字卡

寿桔丹

　　早起，晨读。窗外如丝的细雨，如蛛丝一样细，如棉线一样长。在淅淅沥沥的雨声中，糅杂着孩子们稚嫩的拼读声。带过两轮一年级，澄澈、天真，孩子们就像一朵朵美丽的浪花，让人分外珍惜。可是，我分明在孩子们的生字拼读中，听出了平淡的乏味。这蹦跳的孩童，又怎会满足于机械的认读？尽管，我尽最大的努力，带拼音读，去拼音读，个别读，同桌读，集体读，开火车读，变化着读，但是，孩子们仍如霜打的花，昂不起娇艳的脸庞。烦躁、焦虑袭上心头。

　　上课时，我随手把生字卡片送给了上课拼读正确的孩子。中午时，有孩子来告诉我，很多孩子在教室里玩字卡。我很好奇，我跑到班里一看，学生有的跪在地上，有的蹲在地上，还有的整个身体都趴在地上玩卡片。他们玩得这么开心，这么入迷，连我的出现都没有察觉。此时，早已是雨过天晴，满天的清新气息沁入心脾，雨水洗涤过的绿叶闪着熠熠的光。忽然，一个想法在我脑中倏然出现。

　　孩子们那么喜欢字卡，为什么不让孩子们自己去做一些字卡，引导他们去设计一系列的游戏，让他们在游戏中快乐地识字呢？于是，我尝试着引导学生搜集课本中和课外生活中的汉字，自己动手制作汉字卡片，以卡片为载体，设计各种游戏，让孩子在游戏中学习、巩固，进行识字积累。

从生字卡片到自制字卡

　　挑选哪些字来做字卡呢？我把这个问题抛给了孩子。

　　俊豪第一个站起来："课文中的一些字，我总容易忘，如果做成字卡，我经常拿出来看看，也许就容易记住了。"我肯定了他的想法。

　　"对，对！"齐安马上应和："有几个字我总会搞错，未和末，只是相差一点点，一个词语我还能读出来，它单独一个出来的时候，我就蒙了。"

"老师，简单的，我已经会了，难一点的，才有挑战性！"奕辰颇有自信地说。

"是啊！课文中大多数的字我都认识了，我可以把课外阅读或生活中碰到的不认识的字做成字卡。"阅读大王文皓自豪地说。

的确，课文中出现频率较高的字，学生容易掌握。但是，有些字，笔画较多，字形复杂，且出现频率较少，孩子就不容易记住。学生对形近字、同音字等字，也容易混淆，这些字都是自制字卡时的首选。

一开始，我对字卡的材料、规格，字卡的放置方式没有做统一的规定，因为我相信，孩子们的创造力远胜于我，我也满心期待着，孩子们能做出怎样的字卡来？

从"小苹果"到创意拼图

一周以后，孩子们带来了他们制作的字卡，有的把课文中的一些字写在卡纸上，能干的孩子还为字卡配图，孩子们拿着五彩的字卡，快乐地分享着，脸上洋溢着兴奋的笑容。

芷欣把字卡做成了一个个小苹果。我拿起一个"苹果"，大加赞叹："哇！好漂亮啊！"

"是啊，我最喜欢吃的就是苹果了"听到我的夸赞，芷欣心里乐开了花。

我顺势而上："如果能把这些字归归类，变成小刺猬喜欢的小果子就更棒了！"

显然，芷欣只想着做做字卡，没有想得那么远，她似懂非懂地点点头："好吧！"似乎有点失落。我是不是要求高了？会不会给孩子高涨的热情浇了一盆冷水？话已出口，那就静观后续。

第二天，芷欣端着一个盒子，开心地跑到我面前。打开盒子，我看到盒子里放着用硬卡纸做的一只小刺猬，把她收集的字卡都贴在了小刺猬的背上，迫不及待地向我们讲述她的创意："小刺猬去森林里采了好多果子，它背着果子开开心心地回家去，心里想着木字旁的果子是给爸爸妈妈的，草字头的果子是给弟弟妹妹吃的，剩下的我就放起来，可以做些果酱。"编了一个有趣的故事，还给字卡进行了分类，好有创意！

正当我们沉浸在喜悦中时，俊豪挤了进来。他拿着他的字卡，白底黑字，似乎没什么特别的。但仔细一看，这字卡并非纸质的，而用了类似小黑板的磁片。他眨着大眼睛，吞吞吐吐地说："这是我爸爸给我做的，他从网上买了磁条，把我不认识的字打印了出来，但是剪和贴是我自己做的。我也把这些字进行了分类，贴在我家的门背后，但是这里我没地方贴，要不然，我也可以摆出很多形状来。"

这个上课注意力不集中，学习有些吃力的孩子，急需得到老师的肯定，于是，我示意全部同学静下来，向大家展示俊豪的字卡："俊豪真会想办法，这种字卡多方便，这些字认识了以后，只要换一批字，重新贴上去就可以了。俊豪还在家里摆了很多图案呢！"孩子们齐刷刷地投去羡慕的眼光。为了让孩子平时也能操作，我建议，让大家准备一块磁性黑板，就在这种材质的基础上，进行字卡的创意制作，创意一个情境，摆出自己喜欢的图案。

又一个多星期过去了，孩子们做了各种形状的磁性字卡，我们进行了创意拼图比赛。同偏旁收集的字，可以以偏旁为花蕊，组成一朵花、一个同心圆、一朵莲叶；以动物为一组的字，可以把他们拼成自己喜欢的动物的形状……

从偏旁转盘到 3D 转盘

比较、归类是低年级识字的主要方法，通过"加一加""减一减""换一换""比一比"的方式引导孩子识字。二年级上册语文园地四中，"我的发现"里对"泡、饱、跑、袍、炮"这一类字进行了比较，课文中提供了一个谜语来帮助学生运用偏旁的不同记忆生字：有水把茶泡，有饭能吃饱，有足快快跑，有手轻轻抱，有衣穿长袍，有火放鞭炮。要是能把左边的形旁进行替换，而右边的声旁不换，就更加直观了。

于是，我在家长 QQ 群里表达了这个想法，并向家长征集制作的金点子。过了几天，有一位妈妈把她做的一个转盘发给了我。这是一个改装的转盘，用一张硬卡纸做了一个圆形的底盘，有几个字就把转盘平均分成几格，把形旁写在同一圈圆边上，再做一个转盘，左边做一个长方形的镂空，右边写上声旁，将转盘固定在底盘中心，一般可以用小型螺丝和螺帽做中心轴，使转盘可以自由转动，每转动一个格子，就变成了一个新字。我把偏旁转转盘用在了课堂的识字教学上。

首先，我创设了一个情境，引入偏旁转转盘，让孩子认一认偏旁，单独出示"氵、饣、𧾷、扌、衤、火"偏旁，重点学习了"饣、𧾷、衤"，从汉字的缘起开始讲述偏旁的意义，孩子们扑闪着眼睛，这一个个枯燥的偏旁，似乎成了一个个小精灵，跳跃着。

看时机已经成熟，我开始卖关子了："有一个字和这六个精灵都是好朋友，猜一猜，它会是谁呢？"

"老师，肯定是包，我已经看过语文园地了，包和他们都能组成一个新字。"欣悦有点小坏，显然，她为轻而易举地击破我的问题而自得。

我只能一带而过，掩饰自己的尴尬："是的！今天，它们在一起玩游戏呢！小朋友们睁大眼睛看，不要看错了哦！"我一边让转盘转动起来，"包"停在了"氵"的旁边，一边念着口诀，"包"字跟着转盘转，转呀转，转呀转，转来个（氵），摇身一变成了（泡），（有水把茶泡），（泡茶）。

虽然是个小游戏，但是转盘游戏吸引了孩子们的注意力，加上朗朗上口的念词，孩子们的兴趣一下子被激发了。孩子们跃跃欲试，都想过一把转盘瘾。

"包"字跟着转盘转，转呀转，转呀转，转来个（　　），摇身一变成了（　　），（　　　　　），（　　）。

我们运用了偏旁转转盘的方式，将学生引入偏旁和字的奇妙组合中，仿佛"包"字经过了一场奇幻的游历，当来到不同的偏旁王国时，就拥有了新的生命。通过转转盘，不仅学习了一串词，同时跟着转盘口诀说一说，随词识字，由字认词，并把字放在了语境当中，既记住了字形，也明白了意义。一石激起千层浪，课后，孩子们饶有兴趣地做了很多转转盘：

一个孩子找到了"青"与"氵、日、目、讠、虫、忄"的组合，学习了"晴、睛、清、蜻、请、情"并给他们编了儿歌：

天气（晴），池水（清）。小（蜻）蜓，大眼（睛），飞来飞去捉虫子。

一时间，转转盘成了孩子们最流行的游戏了。

渐渐地，单字与多偏旁的组合已经不能满足孩子的需要了，毕竟偏旁转盘的结果比较单一，缺少随机性的挑战。随着孩子识字量的增多，转盘游戏不再局限于同类识字，我们对转盘进行了改装。

楚瑶提出了她的想法，对她的专利进行了命名——"3D 转转盘"，还把转盘的做法和玩法做了详细的说明：

1.在纸上画 3 个大小不等的圆，并将 3 个圆剪下来。

2.将 3 个圆的圆心重叠在一起，用铆钉固定同心圆的中心，平均分成 8 等份。

3.将近期学到的合体字分解成两个部分，分别贴在三个同心圆的各个等分部位。

4.在转盘的反面写上游戏规则。做成后如图 1。

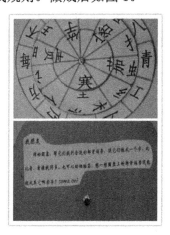

图 1　3D 转转盘

　　转盘做成后，每个人转一次，转盘停下来时，有些偏旁刚好组合在一起能组成一个字，而有些不能。最简单的游戏就是比一比谁转出来的字最多，这种机会与智慧并存的挑战方式，让孩子们更为痴迷。

　　有一天，欣怡找到我，告诉我："老师，我发现楚瑶的转盘存在一个问题。"

　　"哦，什么问题？"我弯下腰，显得饶有兴趣。

　　"用这个转盘玩一段时间后，发现了转盘上的字都已经熟悉了，难道还要重新再做一个转盘吗？这种字卡是做死的，不能更换，这样换字就比较麻烦。"欣怡滔滔不绝地发表着她的观点，看得出，她经过了深思熟虑。

　　"那怎么样才能实现更换呢？"我进一步追问。

　　"这，这，我还没有完全想好呢！"她咬着嘴唇，悻悻然离开了。然而我知道，这个爱思考的孩子不会停止。

　　果然，不负所望。过了两天，欣怡拿来了经过她改装的3D转盘（见图2）。

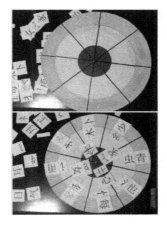

图 2　循环式 3D 转转盘

　　"我剪了一些塑料薄膜片，并用透明胶把塑料薄膜片固定在同心圆等分后每个格子内，再将收集到的合体字剪成两个部分，插入塑料薄膜片内。"她拿着做成的转盘，满怀信心地说，"如此一来，当这个转盘里的字玩腻了，只要更换字卡，就可以进行新一轮的游戏。"

　　是啊，思维的匣子一旦打开，创意就会源源不断。孩子们慢慢地学会了根据识字的需要，运用触手可及的材料来创造新的游戏，制定新的规则，并根据需要不断地改进，如此游戏识字，创意无极限。

（此文获杭州经济技术开发区第五届教学叙事评比二等奖）

"微绘本"第一学段写话载体设计与操作策略研究

王卫华

写话，是让孩子用自己的眼睛观察世界，思考世界，说出自己的心里话，展示他们生命的活动，展现丰富多彩的自我。从第一学段起注重学生的写话教学，抓好语言文字的积累和运用，对学生作文能力的形成和发展至关重要，但综观当下第一学段的写话教学，教学存在低效现象。面对儿童写话的层层阻隔，如何让儿童心灵流淌出儿童味十足的习作来呢？"微绘本"，柳暗花明又一村。

微绘本：是指基于绘本、照片、剪贴画、网络等载体，激发写话兴趣，丰富写话题材，生动写话方法，创新写话形式，让儿童在动手剪贴中理顺文字，在照片定格中运用文字，在快乐涂鸦中激扬文字，在网络享受中展示文字的微型自创绘本。它具有童趣性、生活性、形象性、简微性、语用性等特征。

笔者借助"微绘本"，开展了第一学段写话载体设计与操作策略研究，以期激发孩子写话的兴趣，提供孩子写话载体，丰富孩子写话的内容，教给孩子写话的方法，从而让儿童心灵流淌出儿童味十足的习作来。

一、"微绘本"：生动直观，写话兴趣浓厚

（一）直观可感，激发期待

心理研究表明：人类获取信息的途径有83%来自视觉。"微绘本"画面多彩，形式多样，调动着学生的视觉功能，通过直观形象的感官刺激，让学生情思集中，获取最多信息。我们可以选择最富想象、最动人的画面，引导学生细细地观赏图画中的形象、色彩、细节等，感受画面所流露的情感、所表达的意蕴，遐想图画以外的世界，引领学生到童趣的意境之中，唤醒学生与生俱来的诗意与浪漫，刺激学生在梦想与现实之间自由驰骋。

人教版二年级上册第二课《黄山奇石》，课后练习题，要求：想一想"天狗望月"

"狮子抢球""仙女弹琴"这几块奇石的样子,再挑一块说一说。对于二年级的孩子,特别是没有去过黄山的学生,只能是凭空瞎想,毫无兴趣。"微绘本"则是教师通过各种形式,有针对性地搜索相关图片,通过多媒体展示,让学生看着图片再来说一说,这样可以激发学生创造的热情,激发写话期待。

(二)新奇好玩,兴趣浓厚

苏霍姆林斯基说过,所有智力方面的工作都要依赖于兴趣。兴趣是最好的老师,但低年级学生,他们的自制力不强,无意注意占优势,他们的注意力大多取决于教学内容的趣味性。"微绘本",内容新奇有趣,有学生自己拍摄的有趣照片,有自己亲手涂鸦的个性画画,有自己胡拼乱作的电脑作画、手工作画,还有下课几个小伙伴临时创意的简笔画。这些内容,极大地激发着孩子写话的兴趣。

一年级的小学生,对于七巧板充满了兴趣,课间十分钟、午间大课间、自由小课后,孩子们都会不由自主地拿出七巧板,快乐地拼起来:有神奇的小鸡、吃骨头的小狗、茂盛的大树、红红的太阳等新奇有趣的"微绘本",拼之前的期待、兴奋,拼之中的快乐、享受,拼之后的满足、自豪,在孩子们脸上自由洋溢着。此时的他们,最希望把自己的成果与大家分享,浓浓的写话兴趣在心中萌芽、澎湃。

(三)情景再现,情动辞发

当下,学生还是生活是生活,习作是习作,不能很好地将生活和习作联系起来,导致"造文"现象比较严重。巧妇难为无米之炊,特别是一、二年级的学生,生活虽丰富多彩,但无意记忆和有意记忆能力都相对较弱,再难忘的情景到写作时都是过眼云烟,当时的心情、情景、表情、动作等,都不能清晰记住了,所以习作就只能"真空化"。

"微绘本",则可以用照片、图片、录像等形式,真实地记录下当时所发生的一切,使当时的情景得以再现。学生不再苦苦思索、苦苦回忆、苦苦想象,而是借助"微绘本"载体,走进当时的情景,走进当时的心情,走进写话的情感之中。

二、"微绘本":基于载体,写话题材丰富

(一)精美图画,沉淀写话题材

无论是绘本图画,亦或是课本图画,都是一件精美的艺术品,它简明优美的文字与细腻浪漫的图画和趣味十足的内容能让孩子的想象力与创造力得以自由驰骋,让孩

子们兴趣盎然，当学生饶有兴趣、以积极的心态面对时，他们的思维、想象、语言的潜能得以充分释放，达到自身的最佳状态，多样的写话题材在孩子心中酝酿、沉淀。在习作教学中，"微绘本"充分利用了这一特点，给学生的写话准备精美的图画载体，让学生有话可说，有话想说。

（二）现代媒体，丰富写话题材

现在一、二年级的孩子，虽然年龄尚小，但对现代媒体的使用得心应手，熟练程度好些大人都望尘莫及。"微绘本"充分利用这一现代载体，在平时的学习生活中，有目的地让孩子去拍照，饶有兴趣地去发现写话题材，去观察写话题材，去积累写话题材；或者在电脑上，粘贴画面、电脑作画等，让学生在饶有兴趣的活动过程中，生成写话载体，丰富写话题材。

人教版一年级上册《四季》，学完课文之后，课后要求："一年四季之中，你最喜欢哪个季节？请你选择自己最喜欢的一个季节，画一画，说一说。"一年四季，轮回交替着，要求孩子回忆四个季节，对于刚入学的一年级新生来说，是有一定困难的。学生往往会选择当时所在的季节进行描述，因为这是实实在在能看到的，能感受到的；所描述内容相对单一，单调。"微绘本"则给学生提供丰富的载体，让学生上网搜索，先进的网络会提供"四季"无限的画面，丰富学生的写话的题材。那鲜艳的色彩，逼真的声音，真实的场景，会把学生深深地吸引住。然后指导学生仔细观察，把看到的进行口头表达。再把观察的、思维的、语言的进行组合，进行写话练习。能干的孩子还可以自己把写话练习录入电脑，与他人分享。

（三）个性绘本，创新写话题材

从孩子牙牙学语开始，就喜欢说"我自己做，我会做的"，以体现他的能干，体现他长大了。特别从幼儿园开始，孩子们开始就跟着老师剪剪贴贴、涂涂画画，不亦乐乎。"微绘本"，利用学生学习生活中的一切资源，给学生提供展示的舞台，展示的空间，展示的时间，展示的机会。同学生日时，让学生自制贺卡；美丽的秋天到来之时，让学生寻找落叶，粘贴树叶画；一年级刚入学时，让学生逛逛校园，画画校园等等。这些稚嫩的、童趣的作品，会成为孩子最想展示的成果，顺理成章也就成为孩子最佳的写话题材。

三、"微绘本"：链接载体，写话方法生动

（一）留住画面，内容形象化

习作要做到观察、思维、表达相结合，这对一年级的学生有很大的难度。特别是在写话时，观察的内容无法再现，看到的情景转瞬即逝，写话时脑海中所留几许。"微绘本"，基于多种载体，留住画面，留住场景，留住细微的表情，留住激动的心情，留住欢悦的蹦跳，让写话内容形象化。学生看得真实，清楚，不会无话可说。

例如每年一次的秋游，孩子们期待着、兴奋着。所以在秋游过程中，孩子们叽叽喳喳，蹦蹦跳跳，雀跃不已，享受其中。到学校之后，请学生说一说"秋游"，都愣住了，因为只顾着玩，其他什么也没有记住。此时，秋游过程中教师有目的拍摄的各种照片：躺在地上休息的小西、狼吞虎咽吃东西的大胖、缤纷飘落的黄叶、硕果累累的菜园地等等，给了学生写话的基石，童趣的文字在孩子笔下飞扬：

秋游中，我最喜欢的是菜园里，小豆角淘气的猫着腰，黄瓜挺着圆溜溜的肚子，西红柿戴着绿色的小花帽，迎着秋风欢叫着："我已经成熟了，快来摘我吧"。秋天是个美丽的季节，我很喜欢秋天。

（二）写练结合，细节具体化

综观低段学生的写话，普遍存在这样的现象：重点与细节描写不具体，过度概括了画面的内容，写出的话干巴巴，没有生气。究其原因，在写话过程之中，学生对事情的细节观察不够，实践不够，体会不够。"微绘本"，给学生铺设了边实践边表达的平台，让学生一边亲身实践，一边写话练习，一边观察细节，一边描写细节，让细节具体化。

例如人教版二年级上册"语文园地一"的"展示台"中：要求学生展示秋天的作品，孩子们提议制作"树叶贴画"。于是，全班同学利用周末，寻找各种各样的树叶，周一带到教室，制作"五彩树叶画"。孩子们一边剪贴、一边记录，一边描写心里想法，最后呈现的"微绘本"细节具体，想法灵动。

（三）拼图剪影，语言序列化

一、二年级的学生，由于年龄尚幼、生活经历简单以及社会活动范围限制等种种因素的影响，特别是在写话过程中，无论是事情的经过，亦或是制作的过程，都只能通过回忆进行，导致在其写作过程中出现表达无序、结构散乱，致使全文不知所云。基于此，"微绘本"充分利用各种写话载体，在写话过程中，通过拼接画面，把多张

图片按一定的顺序组合在一起，孩子在写话时，不会前后错乱，行文相对会有序许多。

例如：二年级学生的"童话王国之旅"，教师依次出示蚂蚁搬家图、雷声轰轰图、蚂蚁在香菇下躲藏图、蚂蚁在香菇上钻洞图，让学生先观察，再根据画面先后，有序写话。

一天，一群蚂蚁搬家了。突然，一阵雷声盖住了所有的声音。这群蚂蚁慌了，不知往哪儿躲好。这时，大蚂蚁王大叔说："快，快点躲到那个又高又大的香菇的下面去。"蚂蚁们听了，立刻躲到香菇下。小蚂蚁玲玲想出了好主意，就说："这个香菇不可以当成房子吗？"大家听了，说："怎样当成房子呀？"玲玲说："在香菇上钻几个洞，不就行了？"蚂蚁们马上在香菇的上面钻了几个洞，都躲进了里面，安全地过了夜。

四、"微绘本"：推陈出新，写话形式创意

（一）多科组合，写话综合化

低段学生的写话，在选材方面，以往的作文选材只从记叙、抒情、写景、状物来考虑，而现在已经远远不够了，增加实用性、开放性、畅想性习作训练已非常必要。所以为了调动学生多角度的习作兴趣，"微绘本"从各学科中挖掘写作题材，尤其是学生感兴趣的题材。例如：数学课中"拼七巧板比赛"，先构思形状，再动手拼一拼，再给拼图配上文字；美术课中的"用胶泥做水果拼盘"，让孩子们先动手实践，然后写制作过程等。学生通过学习和实践，既掌握了各学科知识，又调动了习作兴趣。

（二）多人组合，写话简微化

小学第一学段的学生缺乏真正的独立写话能力。"微绘本"基于各种载体，采用同学间多人组合、师生间组合、学生与家长间组合等方式，降低了写话的难度，给学生搭建了写话的梯度，消除了学生惧怕写话的不良反应。同时，通过同伴间的相互影响，取长补短，共同进步。

（三）多篇组合，写话持续化

综观小学阶段孩子的习作，大多是每篇一主题，篇与篇之间，没有横向联系，没有交叉点，每一篇也没有纵向发展，孩子写完一篇之后，就放之，或弃之，没有再生价值。孩子写话的兴趣也在写、放之间游荡，没有持续性的发展。基于此，让孩子选择自己喜欢的、感兴趣的主题，进行持续性地创作，最终，多篇组合，成为个性"微

绘本"。

例如：小学一、二年级的孩子，特别爱画各种各样的简笔画连环画，并且随性地写上个性的解说语言，课间十分钟，大多三五成群地围在一起，画个不停。于是，我让孩子们在专门的本子上，自主选择时间，围绕一主题，进行想象创作，同学间还可以边创作边交流，取长补短，兴趣浓厚。持续时间可以是一周，亦可以是一个月，最后，多篇整合在一起，成为童话故事"微绘本"，或者动作系列"微绘本"等。

"微绘本"，基于各种载体设计与操作，降低了写话难度，激发了写话兴趣，丰富了写话方法，多样了写话形式，它的魅力之处就在于满足了儿童"极度的好奇心，无边的想象力，以及对自由自在、无拘无束生活方式的向往"。有"翅膀"就要飞翔，这是童年世界的规则。"微绘本"的完美践行，使"一切皆有可能"，由此，一本本简易连环画、童话故事、生活故事等"微绘本"在孩子的笔下诞生了。

（原文发表在《课程教育研究》2015 年第 21 期，有删改）

"扬长促优"：小学生素质评价改革的探索

王卫华

课程改革的实践过程中，关于学生素质评价的研究，一直是热点，也是难点。众所周知，素质评价的目的不是为了甄别和选拔，而是为了促进更好的发展，更全面的发展。学生的差异是客观存在的，不以人的意志为转移，面对这些差异，任何整齐划一的评价方法都是注定要失败的。课程改革呼唤新理念下的新的评价方式——"扬长促优"评价。

"扬长促优"评价是以学生个体的长处为核心，通过"发现优点——培育更多的优点"的路径，先培养孩子某一方面的优点，再培养孩子更多优点，以长促长，以长带弱，以长促全，最终走向全面发展。

"扬长促优"开启了评价的新思路。它力图回归评价的本质：不是要评判孩子的三六九等，不是要理性地分析孩子的优点缺点，而是变换角度、换位思考，努力尊重学生的个性，帮助学生树立自信心，发现、挖掘、培养学生的闪光点，相信每个学生都是最棒的，每个学生都能成功成才。

为此，我们积极开展评价方面的实践与探索，力求让评价成为学生更好发展的助力器。

一、呈现优点，爸妈齐上阵

现代特殊教育 1994 年"世界特殊需要教育大会"所通过的《萨拉曼卡宣言》郑重声明：每个儿童都有独一无二的特点、兴趣、能力和学习需要。是的，孩子如花，各有其美，各有其长，他们需要的是身边人的呵护、引导和肯定。基于此，我们设计了"爸妈齐上阵，晒晒我优点"之系列活动。

（一）制作"自豪卡"

一年级新生入学时，每位家长都要制作孩子的"自豪卡"，上面呈现的是孩子在家长眼中的各种各样的优点、长处。孩子在家长的心中总是完美的，所以优点层出不穷，各式各样：例如：在家吃饭特别听话，从不挑食；很孝顺，会帮助大人做事情；爱看课外书，是个小小书虫；独立性很强，会一个人去超市买东西等等。班主任将全部的"自豪卡"粘贴在班级墙上，开学时，请家长带着孩子一一介绍，一一表达。那时那刻，洋溢在孩子们脸上的是自豪，是喜悦，是上学的快乐，极好地树立了孩子学习的信心，同时促进班级同学之间的了解、交流和学习，也帮助教师更全面地了解每位学生，更好地评价每位学生。

（二）填写"优势卡"

其他年级的学生，则要求每位老师在开学前进行全员家访，和家长交流，多谈优点，少谈缺点，及时进行表彰。请家长填写"孩子优势卡"：孩子在上一学期的学习生活，新增加了哪些值得表扬的地方？在美美的回忆中，与孩子的交谈中，一点点的小进步，一件件的大特长，都填写在了"孩子优势卡"上，融进了家长和孩子的脸上和心中。

（三）评选"优点小达人"

结合上述两项呈现，我们还组织开展"优点小达人"的评价评比活动，通过个人及家长自荐、同学互荐、老师推荐的方式，参加学校评比。被评上的同学，颁发荣誉证书，同时孩子的美丽形象和自身优点一块儿展示在荣誉墙上。在评选"优点小达人"过程中，不再是"成绩唯一论"，而是重视综合评价，从能力、习惯、情感、态度等多方面考量，摈弃了传统的评价内容单一，努力实现评价内容的全面化。

二、挖掘优点，大家总动员

正如世上没有两片相同的叶子，更没有完全相同的两个学生。有特别优秀的孩子，当然也有十分平凡、默默无闻的学生，更有各方面都相对落后的后进生。后进生身上的闪光点，相对会比较隐藏，或者不够明显，但一定存在，一样值得珍视。我们致力于每位学生优势潜能的开发研究，老师、同学、家长，大家齐上阵，用心去挖掘不同学生的优势潜能，让学生的个性特长在更自主的空间内得到最大限度的发展，激发学生自我完善的强烈动机，让学校成为所有学生充分展示的舞台。为此，我们开展了丰富多彩的专题活动。

（一）我是你的"知心姐姐"

开辟师生谈心室，每天晨间，按照年级对学生开放，安排具有耐心的、有经验的教师或心理辅导教师，配备能干的年轻教师当助手，专为孩子们排忧解难，特别为孩子们寻找身上的细小的闪光点：每天都按时上学，作业都按时完成，很喜欢学校老师和同学等，从生活、学习方方面面去挖掘，去寻找，直至孩子的长处被呈现，自信被激发。

（二）优点"每月一欣赏"

在孩子们的成长记录册里，设有"每月一欣赏"专栏，要求同学、班主任、任课教师、家长、好朋友等不同的群体，从生活、交往、学习、情感、智慧、品质等不同的角度，至少写出每个孩子在一个月中的两个优点。优点呈现的形式多样，可以是一个词语的肯定，一段语言的奖励，或者是一幅图画的表述，直接记录在每个孩子"每月一欣赏"专栏里。在大家的齐心协力下，每个孩子优点越来越多：借铅笔给同桌用；主动捡起地上的垃圾，放学按时回家等。你的优点我来说，这样的活动，让孩子更多地去发现别人的优点。当孩子看着记录册上自己满满的优点评价，心里自然乐开了花。

这些活动，以培养全体学生的自信心为重点，以发现长处，发展特长，激励成长为目标，运用"以注重个性差异，开发学生潜能，培养学生特长"为特征的理念，让每个学生都获得张扬个性和创新的活力与火焰。

三、培育优点，相信我最棒

每个孩子的优点呈现、挖掘之后，我们接着思考和研究：怎样培育优点，使其更上一层楼。基于此，学校为孩子提供了各种各样成长发展的平台。

（一）"德育小课"

每天中午安排 15 分钟，给孩子搭建互助和展示的平台。周一是"时事直通车"，让孩子们搜集身边的大事小事，想其他同学播报；周二"红领巾之声"，则是让孩子们去讲述自己亲身经历的事情或身边发生的故事；周三"漫步艺术厅"，艺术老师们精心准备，从音乐欣赏到器乐介绍到乐理知识的普及，美术教师从漫画欣赏到画家介绍，丰富孩子们的艺术知识；周四"美文请欣赏"，可以是孩子在自己班级、或者跨班级推荐好书、好文，也可是教师走班讲述经典；周五的"世界之窗"，更是让同学们走进世界，了解各国风情。这样的平台对所有学生开放，特别是向普通学生倾斜，可以主动参加，可以同学间结成学习小组参加，可以教师给予机会参加，让孩子们在参与中，在准备中，在学习中，在实践中，在老师和同学的评价中，展示自己的优点，锻炼自己的特长。

（二）"课程拓展活动"

上午安排"阳光大课间"，放学前安排"快乐小课后"，跑操、篮球、广播体操、花样跳绳、接力跑、游戏等，孩子们有了充分的体育锻炼和特长展示平台。在体育老师的指导下，"足球小明星""灌篮高手""花样跳绳女王"等美称，一一和孩子们牵手。

1. "趣味活动"

学校"每月一大型活动""每周一小型活动"，教学处统一规划，各教研组精心准备，多彩活动充盈校园：亲子运动会、趣味拼七巧板活动、"童年印记，多彩校园"主题绘画比赛活动、声乐专场比赛、"我的校服我做主"的校服征集活动；音乐组器乐及声乐展示活动；校园吉尼斯活动；"新年、您好"书画展活动等。在活动过程中，学生成了主角，变成了小明星，兴趣被"传染"，爱好变成了特长。

2. "社团活动"

学校开设的经典国学社、霹雳篮球社、水精灵舞蹈社、水叮咚合唱社、英文动画社、生活小常识社等多个社团，有短期的，也有长期的，每个学生依据自己的兴趣爱好、个性特长，自主选择参加。这些社团，丰富了孩子的校园生活，也有力地促进了孩子发现优点、培育特长。

然后，在元旦、六一节这两个特殊的日子，举行大型的特长表演活动。通过展板展示、才艺表演、课程节汇报表演等形式，展示学习成果，进而评价学生，使评价更个性化。

四、考核优点，我可以做主

在综合评价时，我们力求内容更自主，形式多样化，主体更完善。

（一）形式多样，更多自主

注意自主申报和学校考核相结合，免考免试和常规测试相结合，一次评价和多次评价相结合，短期评价和长期评价相结合，游戏评价和活动评价相结合，使评价轻松、有趣。

1. 免考、免试

学生在某一方面有特长或者表现特别优异，可以申请免考。比如，学生经过选拔成为学校运动队、舞蹈队的队员，或者有书法、绘画、作文等在各级比赛中获奖，那么，在期末评价时，他可以申请相应学科免考或部分项目免试。

2. 替考、补考

同一学科内，可以互补，如习作不过关的，可以用一学期大量的课文阅读弥补。语文朗读过关测试，第一次没有达到优秀时，可以申请第二、第三次再测试，直至自己满意。

3. 单考、特考

个别孩子的优势很独特，不在我们通常的评价范围之内。根据这些孩子的特点，我们单独增设评价项目，专门为他组织评价检测。

（二）分分合合，不下结论

传统的评价往往热衷于给孩子"下结论"，经常出现"语文总评多少分""数学总评是什么"的结论性评价，出现了孩子"音乐优秀""品德合格"这样的定论评价。然而，正如一张试卷所检测到的只是学生学习中极其有限的一部分知识，而能力、习惯、情感、态度等诸多方面都被完全排斥在检测内容之外，何况类似的最终结果，并不能客观地呈现孩子学习、发展的具体情况。

以语文学科为例，既要考察识字写字、阅读理解、习作表达等，也要评价口语交际、综合性学习，还要兼顾语文学习态度如何、课外阅读多少，甚至还有写字姿势、作业态度的好差等，这些项目很难用一定的百分比来综合计算最终的成绩等。

怎么办？我们采用逐项呈现的方式和模糊评价结论的做法。即，给孩子的期末评价结果是分项的，只呈现某一方面的情况如何，不出现最终的总分或最终的结论。这样比较客观，也充分兼顾学生的个体差异，更不会给孩子分成三六九等。

（三）众说纷纭，主体多元

传统的评价，教师"一家之言"，对学生作出的评价结论是"片面之词"，往往不够客观、准确。在我们的评价改革中，让评价主体多元化，老师、家长、学生，甚至同学，都是评价的主体。

这样的评价好处多多。所有参与评价的学生，能在参与、互评中继续发现优点，对照自己，改善自己。教师能通过对学生的评价，检查自己的教学效果，反思自己的教学行为，以便今后调整自己的教学，也能起到扬长避短的改进目的。家长们也能在参与中看到自己孩子的进步、发展，以及需要进一步努力和提高的地方，从而更好地支持学校的各项工作。

实践证明，"扬长促优"评价承认学生个体差异，尊重学生个性发展，探索的收获许多，一个个优秀的学生被发现、发掘和培养出来。同时，我们也感受到，"扬长促优"评价还有些方面需要完善：学生的特长方方面面，五花八门，如何进行科学、合理的评价？在扬长的同时，怎样更有效地去补不足？但不管怎样，我们坚信，每一个孩子都有无限发展的可能，每一个儿童都会成就他们生命的奇迹，我们要对每一个儿童的当下和未来秉持敬畏之心。

（原文发表于《西部素质教育》2017年第5期，有删改）

从"经典"中撷取"经点"的语文教学

王卫华

语文教师对某年级、某单元、某篇课文、某节课、某个教学环节该"教什么"拿捏不准，"教到什么程度"底气不足，只是借助现成教案照本宣科，知所以然，而不知其所以然是比较常见的事。造成这种状况，除了语文课程把教学内容的定夺权下放给一线教师而教师难以胜任的因素之外，还有就是对教材的选文目的了解不透，对编入教材课文的教学目的把握不够，功能发挥不对称。众所周知，凡是选入小学教材的课文绝大多数都是名家名篇中的经典，其中百分之七十以上是经典的文学作品，可谓"经典"荟萃。"经典"文本对夯实学生语文基础、训练学生语文能力、培养学生语文素养、奠定人生精神底色的语文学习起着引领、启迪、示范和创新的"点金"作用。然而有经典作品要构建出教学经典，并非一件容易的事。经典作品并非处处是"经点"，或潜伏在内容取舍，或文章结构，或言语表达，或情感抒发中，需要教师慧眼发觉，智慧撷取，灵活运用和有效落实。"教什么"要瞄准"经典"中的"经点"，教学中强化、放大"经点"，进而扭转现有的教学现状。

一、"经典"课文教学价值的缺失

经典是指具有典范性、权威性的；经久不衰的万世之作；经历历史选择出来的"最有价值经典的"，最能表现行业精髓的；最具代表性的；最完美的作品等。教材中经典文本的教学价值，集中表现在主题与形式契合的典范以及作品蕴育的优秀文化对学生情感、态度、价值观的熏陶感染。正如歌德所说："内容人人看得见，含义只有有心人得知，而形式对于大多数人来说是一个秘密。""经点"相当于语言形式的"秘密"，有待教师在教学中去破解和运用，需要教师的深度解读和浅显教学，否则"经典"就会出现教学的"经点"空白，浪费资源，达不成课程目标。

（一）浅入浅出，漠视经典

经典阅读关键需要深度阅读、经典剖析。如果把她当作一般的文本来解读，仅仅通过语言文字了解内容，获取一般性的信息，显然不是经典作品所期待的。个别教师可能认为，白话文作品浅显易懂，教师解读仅仅停留在"人人看得见"的内容上，浅入浅出，又何必选经典作品。漠视经典的具体表现：一种是客观因素，尤其是一些文化层次偏低的教师，不具备经典解读的基本水准和能力，只能套用教师教学用书和其他教师的解读结果，教学中很难贴近"经点"。二是主观原因，主要是态度不端正，教师不肯在解读文本、了解学情、精心备课上费精力，长期采用他人教案用于教学，由于缺乏深度思考、切身体悟，只能人云也云地强行灌输。如《司马光砸缸》一文的教学，只是让学生了解故事情节、知道司马光很小就很聪明，而教师没有站在机智果断、价值判断和思维方式高度展示经典作品的教学价值。

（二）深入深出，漠视教学

有部分教师，文本解读水平和能力都不错，在文本的深度解读上也肯下功夫，也并不囿于教师教学用书与他人的解读结论，能够从作品诞生年代、作者个性、文体特点和上下文语境，"读"出渗入个体的"经典"感悟，把脉"经点"，这是教学的稀缺资源，是很可贵的。但在把"经点"转化为教学过程中，采取的是深入深出的"经点"平移，由于脱离学情，学生难以领会与接受，教学目标难以达成。表面上看是教师教学能力的问题，实质上是漠视教学的态度问题。

（三）浅入误出，丧失经典

经典文本的解读要厘清与文本相关的语境，否则容易误读误判误教。如《静夜思》中"床前明月光，疑似地下霜"，多数人把"床"理解为现代意义上的"床"。他们哪里知道古汉语"床"有五个义项：第一，井台；第二，井栏；第三，"床"和"窗"通假；第四，坐卧的器具；第五，胡床，亦称"交床""交椅""绳床"。这五个义项与现代义项的"床"几乎没有直接关系。再如诗句中的"疑"也并非现代汉语的"怀疑"之意，而是"好像"。但现实中，不知有多少教师和家长望文生义地误读误判，浅入误出地误导误教，古诗文经典丧失殆尽。

（四）一视同仁，背离功能

王荣生教授把语文教材的选文功能确定为五种，即定篇、例文、样本、用件和引文。选文功能是指一篇课文在语文教材和语文教学中派什么用场。语文教材的选文功能，关系到语文教科书编撰策略，也涉及语文教师如何处理教材。只有依据选文功能才能有效确定教学内容，明确学习任务，畅通设计渠道，展开有效教学。如"定篇"课文，是指文学、文化的经典，或素有定评的名家名篇，比如鲁迅等名家的作品、语文教科书中的古诗文等。"定篇"课文的目的是"教课文"，不仅仅需要多读多背，关键在于真切地领会，切身地理解它历经淘沙的魅力和精神食粮。"例文"类课文应该是"用课文教"，目的是通过这篇课文的阅读教学，指导学生形成新的阅读方法。把课文当"样本"教，主要目的是"组织学生交流和分享语文经验"，"唤起、补充学生的生活经验"，在文学作品的教学中常常就是教师"带着学生欣赏"。由这篇课文引发其他事情，或者用这篇课文做与它相关的听说读写活动，这就是把课文当"用件"来教，"用件"类型的课文，已经从学习对象，退化为学习材料。把课文当"引子"来教学，主要是为了发挥"有节选引向整篇作品""有选篇引向整本书的阅读"的功能。如果漠视选文功能，不同课文被一视同仁，不仅教材功能丧失，还加重学生负担。

二、从"经典"撷取"经点"的教学策略

（一）主题立体化

目前使用的语文教材是以主题为单元的选文编写体系，多数单元文体多元，从多侧面来凸显单元主题，这种编写体系对丰富主题文本的多样性，促进互文阅读是很有必要的。主题是文本的灵魂，主题表达是作者创作素养。因此，在教学中，一定要充分挖掘课文主题和主题表达结合处的"经点"。通过单元文本与拓展文本的互文阅读构建立体化的单元主题，把学生对主题的理解和主题表达运用推向高潮，促成内化。具体做法要突出三点：一是互文阅读显主题，二是主题视野识表达，三是拓展阅读聚"经点"。

（二）文体风格化

文体是文本创作的核心依据之一，它与文本内容、文本主题和言语表达密切相关。可以多年来小学语文教学模式单一，过程固化，文体特点严重被淡漠。这也是语文教学"高耗低效"的主要因素之一。文体主要是指语言范式和结构形式，不同文体间的语言风格和结构形式差异是明显的，因此要有不同教学策略和模式与之相适应。一是不同文体教学的侧重点不同。如故事（童话、神话、寓言等）重点是复述，诗歌（童

诗、古诗、现代诗等）重点是通读、背诵、默写，记叙文重点是厘清"四要素"，说明文重点是表达方式，文言文重点是古译今，绘本重点是文图结合，非连续性文本重点是信息收集、处理和运用，整本书重点是兴趣、方法等。再如初次接触某种文体，教师要适度传授相关的文体知识，告知主要的学习策略。如初学文言文，必须从初识文言文、初读文言文、初解文言文、初记文言文入手。二是同一主题下的不同文体教学。如人教版五年级下册第三组"说话的艺术"，选入文本的文体最为多元，有相声、剧本、故事、文言文等。教师要善于引导学生通过不同文体文本的阅读，品味不同的"说话的艺术"，让学生感受语言的魅力，感受语言表达的不同艺术，在学习运用语言表达中热爱祖国的语言。三是不同文体之间的转化练习。语文是一门实践性很强的学科。文体转化练习是开展文体实践活动的有效方法和手段。如学了《半截蜡烛》之后，学生可运用学过的剧本形式改编《晏子使楚》，并组织表演；把《伯牙绝弦》《杨氏之子》《江雪》等古文古诗改编为故事、传说等。

（三）文本互文性

"互文性"理论认为，文本是不自足的，单个文本的理解始终是片面而狭隘的，只有在多个相关文本的共同关照下，才利于发现文本的意义和内涵。互文性关照就是互文性理论在阅读教学中的运用。它是指在文本阅读过程中，通过寻找多个类似或关联的文本进行相互印证、阐释，达成内容、意义以及写法特色的领悟。运用互文的阅读方式，能很好地防止阅读的单一和肤浅，因为文本总是在多个相关文本的交互比照、诠释补遗中走向丰富和深刻的，更重要的，文本语言形式的感悟以及表达运用也能在互文的过程中更加凸显。互文性，也是拓展阅读和群文阅读的主要理论依据。互文性阅读，主要有两种情况，即同质互文和异质互文。无论哪种情况，互文阅读的本质是为了实现文本间"经点"的碰撞、交互、比照和深化，是阅读教学最有效的方法。如同质互文阅读主要是指同一文体不同文本的互文阅读。一是文体的深刻性。相同文体的结构安排和语言方向大体是一致的，但不同文本之间的差异还很明显，一个文本表现的文体特点是单一或偏面的，通过同一文体的互文阅读，举三反一，增加样本量，使学生对文体认识和领悟走向全面、深刻。二是结构的多元性。三是表达的风格化。表达风格，主要是指语言特色，语言特色是表达准确与艺术的需要。语言特点，泛指一切语言区别于其他语言的风格特点，具有唯一性。还是以人教版六年级上册第七组为例。《老人与海鸥》一文，作者邓启耀是一位人类学教授，他的语言表现为情感性寓于客观性之中。《跑进家来的松鼠》作者是俄罗斯的斯克列比茨基，他的语言比较夸张，用艺术手法表现个性化。《最后一头战象》中，作者沈石溪对战象的描写更趋于人性化，战象的神态、行为、情感与人更为接近，更容易叩动读者的心灵，细节化、深刻化是该文语言的最主要特色。椋鸠十是日本著名的儿童文学家，他所写的《金色的脚印》则故事性更强，简洁、生动、富有表现力的语言构成了和谐完美的整体。揣摩不同文本的语言特色要从整体出发，绝不可孤立地把握文章的语言特色。异质互文体现的是文体间的差异性，由于篇幅所限，这里不再展开。

（四）语言个性化

个性化语言是表达的生命，是文本风格的最主要特点。语言表达具有相对稳定的规定性，是言语表达中需要遵守的基本原则。但在作品创作中，由于语境因素和表达的需要，作者往往灵活运用规则、自主发挥，甚至"反叛"，这也是表达创新的需要。首先，表达手法的多样性。如《慈母情深》中对母亲形象地描写采用倒装、反复的句式；《桥》一文，采用了短句、夸张、比喻的言语形式，设置悬念，结尾含蓄揭谜的结构形式；《月光曲》传说过程的巧合、落差、神奇；《冬阳·童年·骆驼队》立体型题目等。其次，发挥阅读张力功能。在阅读教学中要引领学生在陌生词语之处，言语空白之处，心理变化之处，看似矛盾之处等激发学生阅读张力，激活学生阅读兴趣。所谓阅读张力主要指文本与学生之间形成的包括语言结构、人生阅历、审美情趣和精神人格等方法方面的距离与落差。教学中采取创设情境、走入语境，唤醒积累、真切感受、拓展阅读、多向对话，放飞想象、填补空白等教学策略消除张力，使阅读走向深刻。再次，从语境出发体悟语言艺术。个性表达只有放在文体语境的背景下才能真切体验其语言艺术。如《我的伯父鲁迅先生》一文中，在"我"把《水浒传》中的故事和人物张冠李戴地乱说一气，伯父"摸着胡子，笑了笑，说：'哈哈！还是我的记性好。'"。伯父之所以这样说，一是考虑到当时有好多人在场，为了不使我尴尬、难堪，保护"我"的自尊心；二是"还是我的记性好"含蓄地批评"我"读书不细心、不认真，把严厉的批评隐藏在言语背后。这充分绽放了鲁迅先生底蕴深厚的人文素养和高超的语言表达艺术，又暗示了"我"不能释怀的原因。

从"经典"中撷取"经点"的教学，一是"一课一得"聚焦"经点"，二是积累与整合文本间的"经点"，建构"经点"大厦。让从"经典"中撷取"经点"的教学把语文教学带入新境界、新常态。

（原文发表于《中小学教学研究》2015 年第 12 期，有删改）

品德课堂中童心的缺失与归位

车菊燕

一、童心释义

童心的本意为童稚之心、小孩子心思。在《辞林》《词源》中，童心是小孩子心思、童稚之心的意思。我们所说的"童心"，既是儿童之心，又不专指儿童，也包括成人心中保存完好的儿时之心。基于童心驱动的课堂教学体现了"以儿童为本"的教学理念，激发了儿童的学习兴趣和主动性，是小学品德课堂教学改革的重要方向。

二、品德课堂教学现状和问题

随着新课程教学改革的不断深入，出现在我们眼前的是一堂堂生动活泼、扎实高效的课堂生活，营构了一道道靓丽的风景。同时，我们看到有些品德课堂缺失童心，主要表现为以下几个方面的问题：

问题一：纯真的童心遭冷落。

在品德课堂中，有些教育所展开的世界是老师的世界，在这个世界中，儿童感到陌生，感到受剥夺，感到无所适从。

例如，一位教师执教《我爱秋天》，课堂上，在让学生感受踩在落叶上的音乐美这一环节中，教师请了其中一位同学上去踩了一脚，然后引导学生想象："此时，树叶在说什么？"出乎意料的是，学生说："我有些痛，小朋友为什么要踩我呢？"老师又请了一个孩子来踩，这个孩子也说："别踩我！"教师没有办法，草草结束这个环节："孩子们，其实，踩在树叶上沙沙的声音也很动听呢！"

在上述案例中，教师在设计时忽视了一个问题，那就是当学生把落叶视作生命的时候，他们会产生怎样的体验。于是，才有了课堂上学生不忍踩，而教师希望学生听到踩树叶发出的音乐之声这两者的矛盾。遗憾的是，在矛盾处理上，教师没有尊重学生的主观体验，冷落了学生视落叶为生命的纯真童心。

问题二：课堂表演走形式。

品德课来源于生活，生活是课堂充满生机的动力，但我们发现，一些课堂，看似沸沸扬扬，表面上热闹非凡，感觉上形、声、色俱全，实质却是课堂成了表演，生活成了道具。

例如，一位教师在上《动物植物和我们》时，为了配合教学内容，让学生扮演动植物，女同学一律戴花草头饰，男同学一律头戴昆虫头饰，弄得家长哭笑不得。明眼人都能看透，这种课堂追求的是虚浮的表演，危害的是真实的学习过程，到最后也只能收到隔靴搔痒的教学效果。这样下去，只能把课堂引入死胡同，学生的发展又从何谈起呢？

问题三：课堂真知被回避。

新课程下的品德是一门综合性课程，不仅有情有理，更有知识的传授。对于知识性内容怎么教，传统的讲解传授是否都要摒弃，是个值得思考的问题。一位老师曾经在教学《我的家乡在哪里》一课时，为了寻求课堂亮点，对教材内容进行了大刀阔斧地增减，将课堂的重点定位于"人文性"的挖掘，即淡化地理知识，侧重激发学生的爱乡情感，课堂上气氛活跃，学生情绪高涨。但细细一想，学生连家乡在哪里都不清楚，又如何去热爱？回避真知，却想凸显真情的课堂是残缺的课堂。

三、基于童心的品德课堂教学思考与实践

鲁洁教授曾指出，德育课堂要引导儿童去不断拓展他们的意义场域，使许多原来对于他们不具有意义的生活现象得以进入他们的意义世界之中。品德课堂要有效，应该成为有意义的课堂，而基于童心的课堂才是有意义的课堂。为此，笔者对基于童心的品德课堂教学活动从紧扣童心、尊重童真、呵护童年梦三方面进行了思考。

（一）浓绿万枝红一点，动人春色不须多——紧扣童心

教师要用自己的"童心"去捕捉儿童的心理，了解他们的需要，让他们在品德课堂中成长，在学习中收获。

1.运筹帷幄——用儿童的眼光解读教材

用儿童的眼光解读教材，就会在解读的过程中有全面、细致的发现。有了这样的解读，我们就会发现适合儿童学习的最有趣、最简便、最有效的途径。

例如一位老师在执教《多彩的课余生活》时，发现身边的物品最能引起学生的兴趣。于是，利用身边随处可见的废弃塑料瓶、白纸、信封、布、杯子、乒乓球等材料，

让孩子创编游戏。课堂上，孩子们兴趣高涨，创意新奇，创编出了"袋鼠跳""杯子传音""吹哨子""乒乓球"等丰富多彩的活动。这一切，正是教师站在孩子的角度，紧紧抓住了孩子天生对身边事物有亲切感的特点，充分整合生活资源，灵活处理教材，让孩子们充分享受创编游戏的那一份愉悦。创编的游戏无论是简单的还是复杂的，无论是普通的还是新奇的，但洋溢在每个孩子脸上的，是同样的快乐！

2.出奇制胜——在儿童的认知盲区中精心预设

生活中经常会遇到一些习以为常的事情，被孩子们忽视，教师可以换个角度智慧点拨，引发学生的认知冲突。

在执教《生活中的你我他》时，感受平凡岗位的不平凡作用，有位教师是这样处理的：

"到底有多少人为我们服务呢？你能在3分钟内写完吗？"很明显，学生写不完！

于是教师继续追问："是啊，有多少人为了我们？数不清，写不完，那么多的人在身边默默无闻地为我们忙碌着，也许我们并没有意识到他们的存在有多重要。可是假如有一天，他们都停止了劳动，我们的生活会怎样呢？"

学生纷纷发表自己的意见："假如没有了农民，我们没粮食吃，会饿死的！""假如自来水厂的工人都停止了劳动，我们就没水喝了！""假如所有的交警都不上班，我们的交通将是一团糟。"

…………

在这个环节中，教师逆向思维，营造缺失的情境，从而让学生充分感受到每个行业的普通劳动者都是不可缺失的。

3.抛砖引玉——在儿童的亲身体验中水到渠成

品德教学的难点一般在于怎样让"道理""情感""文化"等这些看不见、摸不着的东西得以落实。那么，我们可以从儿童的生活经验出发，创设一些简洁易操作的活动，让抽象的道理直观呈现。

例如教学三下第四单元《我们的地球》一课中，为了让学生感知地球是个大球体，笔者展开如下教学：

我首先请四位同学上台，手拉手围成圈，看看这个圈有多大。四位学生兴奋地上台围成一个圈，台下的学生轻声惊呼。在孩子们的惊呼声中我板书4，并加零：那40人围成的圈有多大呢？

学生说："哇，那比教室还大呢。"

我继续板书加零："400人呢？4 000人呢？40 000人呢？40 000 000人围成的圈会有多大？同学们，你们知道吗？我们的地球差不多要40 000 000人手拉手，才能围地球一圈。"

此时全班同学（惊呼）："哇，地球真大啊！"

以上教学，笔者从学生的认知出发，以他们亲眼能看到的四人围圈的大小为认知的基点，不断扩大增加参与围圈的学生数，让学生直观形象地感知地球是个"大"球体。

仅仅靠简单的知识讲述，是难以在孩子心目中留下深刻的印象。因此，我们要在道理和行为之间架设一座桥梁，那就是儿童的亲身体验。

（二）风乍起，吹皱一池春水——尊重童真

内尔·诺斯丁认为：道德教育就是一种体现平等关怀的多元对话。在品德课堂中，教师若能以儿童的视角为出发点，尊重儿童的所思、所想、所感，顺势而导，对课堂教学进行艺术化的处理，化直为曲、化泛为精、化静为动，必将构建起生动精彩的品德课堂。

1. 化直为曲，引发期待

对于一堂好课而言，课堂学习的实效是在学生的"期待—满足—再期待—再满足……"的过程中实现的。因此，在课堂教学中，教师要努力创设情境，引领学生从生活中寻找答案，进而引发学生学习兴趣。

在上《我帮你，你帮我》这一课时，一位教师针对低段儿童天性好动这一特点，精心创设"蒙眼插花"的游戏，让学生自然真实地表现，从中产生疑问，又得到启示：当同学遇到困难时，如果你能伸出援手，得到帮助的同学会因你而感到快乐，而你自己也会感受到助人的快乐，触动了学生的内心世界。

2. 化泛为精，真实有效

课堂的四十分钟是有限的，课程资源却是无限的。如果教学因材料过多而陷入泛泛而谈的困境，那么，教学效果必将大打折扣。把精简的材料呈现出来，引发学生的探究兴趣，才能使课堂教学取得实效。在执教《丰富多彩的社区生活》中，教师可以在节假日带领学生参与社区组织的各种节日活动，使学生真切感受到社区节日生活的精彩，并让孩子动员家人积极参与社区活动，拍下难忘的瞬间。

在真实的生活体验基础上，然后挑选一张张真实生动的活动照片引入课堂，让学生真切地回忆丰富多彩的社区活动。

3. 化静为动，有效激活

品德教学的活动形式、方法必须适合学生的年龄特点、经验背景、能力水平和学习主题要求。为此，教师要潜心研究学生，尊重他们的兴趣需求，依据他们的特点选择活动延伸的有效形式。化静为动，也是最容易获得成效的策略之一。

上完《孝心献老人》一课后，我们可以抓住正值重阳节的契机，与学生商议并发起倡议：让我们给无私奉献的爷爷奶奶、外公外婆送去一片敬意，送上一份关心，传递一份温暖。如牵着他们的手陪他们一起到大自然中散散步；为他们泡一杯热气腾腾的茶；给他们敲一次背，洗一次脚。还可以给远在异地的爷爷奶奶、外公外婆，打一个电话，道一声祝福……引领孩子们的生活实际。

（三）千江有水千江月，万里无云万里天——守护童年梦

每个孩子都在自己的生活中编织着一个个绚丽多彩的童年梦。然而，现实往往没那么美好，总是存在这样或那样的遗憾，作为老师的我们没法为孩子创造美好的生活环境，但我们能影响并改变孩子的生活态度。

1. 真实的对话——心声交流是教育的始肇

在课堂中，学生经常会出现一些"独到之语"，这是学生独特的感受和体验，教师要抓住这些稍纵即逝的生成资源，放大它，让个别的体验成为全体的体验，让整个课堂涌动情感的碰撞。

笔者在《可爱的家乡人》一课磨课时，由于前面环节未能充分唤起学生的生活体验，当挖掘身边"可爱的家乡人"时，课堂陷入冷场。这时，一只小手高高举起："老师，我觉得我妈妈是可爱的，因为每次邻居向她借东西，她总是很大方地借给人家。"

"你有一双善于发现的眼睛，你也是个可爱的小小家乡人！"

那个孩子兴奋地坐下，而课堂的话匣子就此打开：

"我觉得每天很早很早就起床，为我们开门的保安叔叔是可爱的！"

"我认为最温柔的车老师也是可爱的！"

"我的橡皮找不到了，同桌主动把他的橡皮借给我，我觉得他很可爱！"

…………

2. 真实的情感——奏响课堂教学的华彩乐章

情感是品德课堂的灵魂，在课堂上，我们要用心去关注每一个细节。关注细节，实际上就是关注学生的内心。因为一个人的思想意识、情感态度往往在细小的地方得以体现，发现细节，就是发现学生心灵深处的东西，把握细节，就是把握心灵与心灵的对话。学生的一句话，一个表情，一个手势，一次低头，都应成为我们关注的焦点。

在教学《亲亲热热一家人》这一课时，笔者在课前布置孩子去观察父母是如何关心、疼爱自己的。课堂上，随着一张张照片的出示，孩子们的情感被点燃，大家不经意地发现，原来，爸爸妈妈的爱就蕴藏在那不易觉察的点点滴滴的生活小事中。正当

我打算进入下一环节"送一缕阳光给父母"的时候，小发猛地站了起来，不高兴地嚷嚷着："我的爸爸妈妈都不爱我……"他的话让我的心一下子紧缩起来。我轻轻地抚摸着孩子的头，希望孩子能感受到一些温暖。

这时，我也发现好几个孩子欲言又止，他们肯定有话要对小发说。于是，我决定打开孩子们的话匣子。

孩子们你一言，我一语：

"小发，你别伤心，你的父母其实是爱你的，只是他们没说罢了。"

"其实我的妈妈也经常批评我。但事后想想，妈妈也是为我好，这是一种严厉的爱。"

"小发，其实你妈妈也是很爱你，那天傍晚忽然下雨了，你妈妈还特地来给你送伞呢！可能，她有时太忙，顾不上关心你，你别伤心……"

倾听着孩子发自内心的安慰，小发的抽噎声止住了。在那真情流露的瞬间，课堂是美丽的！

童心的归位，很大程度上能提高品德课堂的教学实效。用儿童的眼光解读教材，在儿童的认知盲区中精心预设，在儿童的亲身体验中水到渠成，尊重儿童的所思、所想、所感，顺势而导，化直为曲、化泛为精、化静为动，必将构建起独具特色的童心课堂。让我们用心浇灌属于孩子的那片"童心家园"，成为一名忠诚的童心呵护者。

（此文获杭州市 2016 年小学品德教学论文评比三等奖）

情境德育小课课型的设计与实践研究

洪　赟

一、研究缘起

（一）案例呈现

【案例1】班主任刚才还在进行课间轻声慢步教育，下课后，两位同学又因为奔跑在厕所转角处撞在一起而吵起来。

【案例2】大课间，301班的出操路队有同学随意交流，被值班老师扣分，班主任在班里狠狠地批评了全体同学，结果，中午就餐路队又因为吵闹又被点名批评。

【案例3】清晨，校园地面上有一个大纸团，经过的学生，有绕过的，也有踩到纸团而不知的，最后还是一位老师弯腰捡起。拉过一位学生问："看见地上有纸屑怎么办？"学生顺溜地回答："捡起来扔到垃圾桶。"

（二）现状分析

1.学校德育工作过于教化式

德育工作一味地用各种说教方式让学生"知道"，难以触及学生的心灵，道德情感无法激发，学生由道德认知到道德行为的转化存在障碍。

2.学校德育工作缺乏正面示范

在学生出现行为偏差时，教师不及时告诉学生怎样做是正确的，而是放大学生的行为偏差点进行批评，久而久之，很难养成良好的行为习惯和班风。

3.德育走向"知行合一"的缺失

很多事情学生知道该怎么做，但却没有意识应用于实际生活中，"知""行"脱节现象严重。

听，涛的故事

二、研究实践

基于校情，我们提出了"情境德育小课"的策略，借以变革学校德育方式。在15分钟的小课中，利用图片、视频、情境再现等形式，创设符合学生生活的教育情境，通过实践活动引导学生深刻体验，构建由知到行的德行桥梁，提高学生的道德践行能力。

（一）素材搜集与整理

教师要用敏锐的观察力不断捕捉学生的思想动态和素材教育的时效性，以此搜集德育小课的素材。

1.来源于《小学生日常行为规范》

针对刚入校的一年级新生，把德育小课的内容重点落实在《小学生日常行为规范》中，把规范融入学生的生活情境中，让学生无痕地接受育德教育。

2.捕捉生活中的典型事件

教师通过关注学生的生活事件，关注学生不同成长阶段的转变与需要，搜集、筛选学生亲历的事件进行设计，引发学生有效的体验，促进道德品质的提升。

通过搜集、整理，学生的生活事件归类为三大镜头：

（1）正雅镜头。正：正道；雅：文雅。正雅镜头是指能够将文明礼仪运用于生活的文明行为。

（2）不良镜头。指学生不良的行为习惯，不健康的心理问题。

（3）两难镜头。指的是让人进退维谷的生活事件。

（二）实践策略

通过情境德育小课的实施，引导学生把道德认知在多层面的体验活动中从外部的要求转化为学生内心需求，潜移默化地转化为自发的道德行为。

1.由"思"走向"行"：链接现实的生命体悟

常态型德育小课侧重于行为规范专题教育，让学生在体验中思考，在思考中成长。在具体的教育教学中，形成了不同的德育小课课型。

（1）绘本型德育小课：让"故事"代替"说教"

以绘本为载体，引导学生不断体验，反思自己的行为，将学生的认知与体验很好地嫁接在一起，促进学生良好行为的养成。

基本流程：

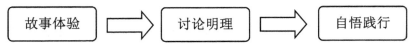

故事体验　　　讨论明理　　　自悟践行

【课例】自己的事情自己做

师：小朋友，你的房间都是谁整理的？

生：妈妈。

师：为什么你的房间要妈妈整理？

生：妈妈说我不会整理。

师：蕾蕾最初也是这样，不过后来，她想出了一个非常出色的整理房间的办法，一起去看看。

读后师问：读了这个故事，你有什么想说的吗？

生：自己的事情要学着自己做。

师：那我们现在可以从整理自己的课桌抽屉开始吧？

学生四人小组讨论交流如何将抽屉整理得更加整洁，并动手整理。

（2）视频型德育小课：让"视频"代替"示范"

"模仿"是小学生的基本学习方式，利用师生自己制作的行为规范微视频进行教育，尽管时间简短，但视频中出现的都是身边熟悉的景和人，因此短小的视频发挥了很大的作用。

基本流程：

观看视频　　　明确要求　　　实践操作　　　跟踪指导

（3）游戏型德育小课：让"游戏"代替"传授"

游戏是儿童的天性，也是道德教育的基本方式之一，让学生在游戏情境中体验、感受，最后将学到的生活经验、道德认知运用于生活。

基本流程：

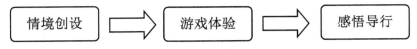

情境创设　　　游戏体验　　　感悟导行

【课例】红绿灯

利用新学的三个表示颜色的英语单词红色（red）、绿色（green）和黄色（yellow）对学生进行交通安全游戏教育。教师喊"green"，学生边走边念："green，green，walking。"教师喊"red"，学生立正后说："red，red，stop。"教师喊"yellow"，学生稍息后说："yellow，yellow，wait。"接着教师相继出示红绿灯的图片，让学生按信号灯行进，从中强调要按红绿灯的知识过马路。

2. 由"境"走向"心"：基于共情的道德省察

关注学生的生活，收集筛选熟悉的、亲历的生活事件进行设计，引发学生有效体验，促使道德品质的提升。

定格正雅，激发道德情感

（1）"特写"型德育小课：让"特写"唤醒"生活记忆"

特写能表现人物细微的情绪变化，在视觉和心理上收到强烈的冲击。在德育小课教学中，教师拍摄学生的校园生活和精彩瞬间制作"微电影"时，可运用"特写"增强冲击力，引起学生的情感共鸣。

基本流程：

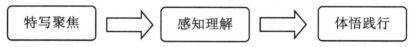

【课例】不乱扔垃圾

搜集学生、教职工、路人、环卫工人等在不同地点弯腰捡垃圾的照片、录像，结合学生的介绍制作微电影。借助"特写"这一手法，聚焦各种人群弯腰捡垃圾的镜头，唤醒了学生内心深处的情感共鸣。

（2）分享型德育小课：让"分享"播散"正能量"

在平时的德育教育中，挖掘身边的好人好事进行交流和分享，从中明白只要做好身边的每一件小事都是一种道德品质的累积。

基本流程：

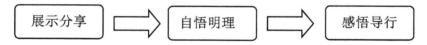

在一个下着大雨的早上，老师发现瑞默默地把大家散落在一地的雨伞折好后，整齐地放进了水桶，就把此事写成了表扬信粘贴在"班级"里，学生们看到后顿时明白：原来小事也有它的闪光点，只要有心，就可以成为同学的榜样。

（3）情境再现型德育小课：让"现场"代替"课堂"

在触手可及的生活情境中，教师可以把学生带到现场，让学生自己在观察、讨论、实践中去体悟。

基本流程：

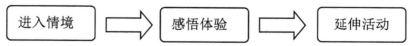

【课例】我也要做一个"友善"的人

"友善"主题活动成果墙裙展布置好后，各班走廊上都会聚集着很多学生在观看，上课铃声响了，他们不得不匆忙回到自己教室。于是教师把学生带到各班的展示墙裙面前，让学生仔细观看、思考：这些友善行为你做到了哪些？还有哪些是你也碰到过但没像他们一样做的？建议学生找到喜欢的榜样，和他们交好朋友。榜样教育，也许就这么简单。

3. 捕捉不良，纠正道德行为

（1）切换型德育小课：让"对比"呈现"场景"

切换是指直接由一个镜头转换成另一个镜头。德育小课中恰当使用切换可使前后情境造成鲜明的对比，让学生在强烈的对比中做出正确的判断和选择。

基本流程：

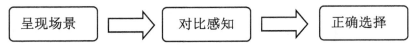

呈现场景 ⟹ 对比感知 ⟹ 正确选择

【案例】社区的公共设施

第一组镜头：几个小朋友嬉笑打闹地踏过草坪，来到社区健身区上蹿下跳……

第二组镜头：几位老人踏着石子小路，绕过草坪，来到健身器材旁锻炼……

两组镜头的切换形成了鲜明的对比，学生们反思了自己的行为，进行了自我批评，强化了文明使用共同设施的行为。

（2）新闻型德育小课：让"新闻"代替"道理"

贴近学生生活的新闻时事才能有效地被学生理解和接收，因此，教师要选择贴近生活的新闻时事，把最能说明问题的时事引入到教学中。

基本流程：

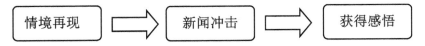

情境再现 ⟹ 新闻冲击 ⟹ 获得感悟

【案例】校门口逆行现象

场景回放：在送学生上下学途中，为了图方便，部分骑电瓶车的家长在校门口的一段路上逆行送孩子上下学，给校门口的交通埋下了安全隐患。

教师以一段骑着电动车送孩子上学，因为逆行而发生悲剧的真实新闻导入课堂，通过视频和图片让学生直面现实，感受不遵守交通规则的危害性，使学生明白了禁止逆向行驶是安全出行的保障。

（3）远程互动型德育小课：让"远程"激发"探讨"

教师将部分学生的不文明行为拍成短视频，发到班级群共享，为学生的自主移动学习和家长的远程互助提供崭新的平台。

基本流程：

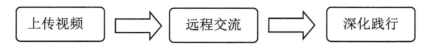

【案例】课间奔跑

教师将两段课间行走的视频上传到班级 QQ 群：（1）下课铃声一响，学生从教室里一拥而出，比赛似地跑向厕所；（2）去上美术课的路上，在楼道里、走廊上追逐打闹。要求学生周末观看，思考以下问题：

你在视频中担任的是一个怎么样的角色？

你看后有什么想法？

作为班级的成员，你能为这个大家庭做些什么？

在 QQ 群里，家长和孩子参与其中，讨论得很激烈。此后的一周，教师偶尔再发一些学生课间行走的视频到 QQ 群，进行讨论评价。随着讨论的深入，学生的课间追逐打闹现象少了很多。

三、聚焦两难，助推道德选择

两难问题是指让人进退维谷的生活事件，通过事件引导、诱发学生的认知冲突，进行辨析，选择恰当的解决方法。

（一）辩论型德育小课：让"辨析"代替"禁止"

对不同观点的问题展开辩论，提出自己对问题的解决方法，在自由辩论、相互交流中明确是非。

基本流程：

【课例】要不要穿班服

班级要外出春游，有同学提议"春游当天穿自己的漂亮衣服"。这个提议得到了大家的响应，甚至还有同学说"大家都要一致行动，不穿就是叛徒"。小艺感到很为难，因为学校规定要穿校服。

这样的场景下，让学生讨论交流不同的选择可能导致的后果，最后通过综合评价来对各种可能的选择排序，从而做出正确的选择。

（二）AB 剧型德育小课：让"AB 剧"代替"对比"

AB 剧是基于生活场景设计的主题式情境体验活动，分 A、B 角色体验，让学生在活动中提升道德行为。

基本流程：

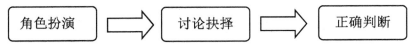

角色扮演 ➡ 讨论抉择 ➡ 正确判断

【课例】诚实是进步

楠楠测试得了满分，妈妈答应他去儿童乐园玩一天，可是后来楠楠发现有一道题老师批错了，对此，要不要告诉老师把分数改过来，楠楠很犹豫。

A 角色：为了去儿童乐园，楠楠偷偷修改了答案，可事后他却越来越不安，觉得自己是个不诚实的孩子。

B 角色：楠楠勇敢地告诉老师，把分数改回来，回家后如实把情况告诉妈妈。

在对学生的 AB 两面表演进行争论、抉择中，提升了对诚实的认知，最终做出恰当的选择。

（三）应然与实然结合，找准道德的生长起点

德育小课的内容是一种"应然存在"，儿童经验则是"实然存在"，只有整合"应然"与"实然"，才能找准儿童每一次和学习活动的生长点。

1.慢镜头型德育小课：让"慢镜头"放大"细节"

在教学实践中，学生道德发展的即时感受大多表现为茅塞顿开、感同身受。如果我们借助电影中的"慢镜头"技术，将日常生活中的细节展现给孩子，定能以其生动细腻的画面激发学生的丰富情感。

【课例】家人关爱我成长

教师截取学校监控视频中拍摄到的雨天家长接孩子的镜头，用电影慢镜头的手法，聚焦家长接孩子时的外貌、表情等典型细节：满脸期盼的妈妈、满脸焦急的爸爸、翘首张望的爷爷、雨中把大半把伞撑在孩子的头顶自己却浑身湿透的奶奶不断出现在孩子眼中，此时已无须教师的煽情引导，慢镜头所展现的生活细节已经深深触动了学生的情感。

2.调查型德育小课：让"调查"推进"判断"

在校园游戏调查研究中表明：即使在区别于真实情境的游戏活动中，游戏者也会表现出较强的道德性，当需要做出配合或让步时，游戏者能够习得并发展合作的态度

和行为，不断调整自己的认知、情感、行动。

基本流程：

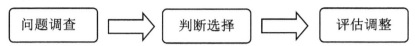

问题调查 ⟹ 判断选择 ⟹ 评估调整

童话剧《白雪公主和七个小矮人》中的角色，你愿意扮演谁？请写出你的理由。一个班中，仅有5个小学生选择了"拥有魔镜的王后"，其余小学生选择了道德上可做真（猎人）、善（白雪公主、小矮人）、美（王子、白雪公主）判断的角色。5位选择王后的理由是没人演王后，游戏就可能无法进行下去，这些都是学生对"真、善、美"的认知和判断。

3.谈话型德育小课：由"谈话"引发"自律"

"谈话"指的是师生通过平等交流和思想沟通，在具体的人事辨析中改变认知、解决问题。

【课例】我今天掉了什么

上课时，教师将一个大塑料袋放在讲台上，告诉孩子们这是他们掉的，让大家想想自己最近都丢了什么东西。孩子们既疑惑又吃惊，他们七嘴八舌，有的说橡皮，有的说铅笔，当教师打开塑料袋的时候，孩子们都震惊了，原来满满一袋都是他们平时压根没注意到的随手丢弃的纸团，他们在互相反思的同时改变了自己的认知。

学生畅所欲言，发表个人观点，教师穿针引线，激活思想，没有一厢情愿的说教，学生却在谈话中完成了自我教育。

四、研究成效

情境德育小课的推行，让德育过程变得生动有趣，深受学生的喜爱。

（一）学生的行为习惯在潜移默化中提升

1.学生的行为习惯得到了改变

学生作为主体参与者，在探讨、模仿、学习、践行中能多角度地思考问题，明辨是非，他们的文明礼仪、行为习惯正悄然发生变化。

2.学生的德育学习成效明显

学生在情境德育小课中经历深刻的分析、激烈的讨论，观点在辨析中明晰，并积极践行文明道德行为。

（二）教师的德育专业素养得到了提升

1. 更新了教师的教育观念

学校德育不再是简单的品德课或者学校的主题活动，它是师生之间的情感互动、共同成长的过程，育德过程更有效。

2. 提升了教师的育人能力

故事、自主讨论、新闻播报……教师的育德形式发生了变化，学生有感而动、有感而通。

（三）学校的德育教育资源得以丰富

1. 积累了具有本校特色的德育教育资源。为学校的德育工作提供教案、课件、视频资源包等教育资源，让同事之间相互共享。

2. 通过研究，德育工作在上一个台阶。在实践中摸索，在实践中完善，在实践中创新，德育工作更加科学、规范。

（此文获杭州经济技术开发区第三届科研成果评比一等奖）

小学音乐体验式欣赏教学的学习"四部曲"

洪　赟

音乐欣赏教学是一种动态的、双向的、开放的教学过程，它注重学生的自主体验和感悟，以学生的自主体验活动来进行音乐欣赏，从中引导学生在体验中感悟，在体验中创造，在体验中潜移默化地提高音乐素养。

在音乐欣赏教学中，恰当地运用体验四部曲能改变音乐欣赏方式，有利于激发学生积极主动地参与欣赏实践，更好地促使学生音乐素养的提高，使学生体会到参与和创造带来的成功与快乐。

一、情境入听曲——诱发体验

情境入听曲重在欣赏前要创设良好的教学情境，充分调动学生所有的感知觉，让学生置身于情境之中，有利于帮助学生更好地感知、理解音乐作品，激发学习的兴趣和欲望，收到良好的教学效果。

（一）电教手段创设情境

电教手段能使画面随着音乐的起伏变化而流动，生动形象地创设乐曲的情境，使师生的教学活动充满愉悦感和直观感，实现视觉和听觉的完美结合。这种创设情境的体验式欣赏适合于低段学生。

欣赏民乐合奏《三个和尚》，给学生播放音乐动画，随着画面，学生充分感受了小和尚、瘦和尚、胖和尚的形象，寺院的钟声、吟诵声和二胡吟腔的手法惟妙惟肖地描绘小和尚念经时的生动形象，这在很大程度上帮助一年级学生更好地理解音乐形象。

（二）讲述故事吸引

学生接触音乐前，诗意的朗诵、带感情的故事讲述都是丰富学生情感体验的措施。

欣赏《歌唱二小放牛郎》，教师把二小的故事绘声绘色地讲给学生听，使学生对二小有一定的了解，也使课堂有了一个庄严肃穆的气氛。通过聆听歌曲，学生的情感不断升华，对英雄王二小的怀念之情不断加深，从而受到感染。

二、聆听入情曲——深化体验

聆听入情曲重在引导学生通过各种音响和"通感"作用引发学生的情感，培养学生听辨能力和听觉记忆能力，使他们全身心地融入音乐作品之中，尽情地体验与感受音乐，从而提高学生的艺术审美能力。

（一）对比欣赏

在欣赏课中，通过比较、欣赏发现各类音乐或者同一乐曲不同表现方式的特点和不同之处。教师可以选择播放不同风格、不同情绪的音乐作品或音乐片段，在对比欣赏中指出在音乐表现手法上的异同；也可以在同一首歌乐曲中进行对比欣赏，重点引导学生感受音乐表现要素的变化，如力度、速度的变化以及演奏乐器的变化等等，从中发现不同音乐的特点及魅力。

1.同一作品进行变化反复的对比欣赏

音乐主题的变化再现是音乐作品的创作手法之一，作曲家往往会改变音乐主题的节拍、节奏、速度、力度、音色、演奏乐器等方式反复呈现音乐主题，这对塑造音乐的不同形象起到了至关重要的作用，教师在引导学生体验时，通过对比音乐主题和它的变化再现，从中感受音乐的不同形象。

《小星星变奏曲》把简单的曲调经过十六分音符的快速跑动、三连音的分解和弦、不同装饰音的修饰以及不同节奏、节拍、速度的变化，生动地表现了小星星活泼可爱、变幻多端的模样：时而轻快、时而歌唱，时而喧闹、时而安静。欣赏时，教师引导学生感受不同的小星星形象，并用不同的动作来表现，学生获得了直观的音乐体验。

通过"对比聆听"引发了学生听辨感受对同一个音乐主题的变化反复，提高学生的音乐欣赏能力。

2.同一音乐主题不同演奏乐器的对比欣赏

每一种乐器都有自己的音乐特点和独特的感染力，不同的音色对塑造不同的音乐形象、音乐情感有着重要的作用，因此会引起欣赏者的不同感受。

在一次教研活动中，聆听了一节小学六年级的音乐课，内容是采用初中七年级的欣赏内容《辛德勒的名单》。在这部音乐作品中，主题音乐分别用小提琴、圆号、钢琴分别演奏。课堂中，执教教师通过听辨音乐的旋律走向、划旋律线、视唱旋律的方式引导学生熟悉主题音乐，然后请学生聆听三种不同乐器演奏的主题音乐，并按出现的顺序及音乐情绪，为它们连线。

学生通过对比欣赏，充分感受并了解相同的旋律用不同的乐器演奏，带给欣赏者的感受完全不同，在对比欣赏中，激发了学生更为丰富的情感体验。

3.同一作品不同版本的对比欣赏

主题相同版本不同的曲调也会引起欣赏者的不同感受。

如乐曲《野蜂飞舞》连续16分音符的半音级进的滑行音调，形象地模仿了野蜂飞舞嗡嗡叫声。除了教材中的管弦乐版本外，还有小提琴版、钢琴版、合唱版等。表演形式不同、风格不同，艺术感染力也不同。在教学拓展环节，让学生欣赏不同的版本，获得不同的音乐体验。

（二）自主欣赏

体验性欣赏教学中，引导学生用自己喜欢的方式聆听音乐，并将自己的感受、内心体验通过语言、肢体动作随音乐表达出来，教师要鼓励学生说出对音乐独立的感受和见解。

欣赏《摇篮曲》时，教师请学生闭眼欣赏："你感觉音乐带给你什么体验？在音乐中你见到了什么？"引导学生想象、体验音乐。在欣赏中，学生的身体会随着音乐轻轻摇荡，有的说："听着音乐我感觉妈妈抱着我，唱着优美的歌谣。"有的说"我感觉坐在月亮船上，很美！"……

在体验交流中，学生轻松地与同学、老师交流，自信地说出自己的感受。

（三）运用绘本欣赏

在小学音乐欣赏教学中充分利用音乐与故事绘本的密切联系来进行教学，既能很好地激发学生的欣赏兴趣，又能引导学生更好地理解音乐。

欣赏《彼得与狼》时，教师运用绘本故事《彼得与狼》激发学生的欣赏兴趣，适时运用绘本故事交代音乐的背景，让学生初步了解音乐所要表现的内容。以此为铺垫，听彼得、小鸟、鸭子、老爷爷等音乐形象，同时利用绘本中直观的图象帮助学生感受主奏乐器的音色和表现力，为音乐形象埋下了伏笔。在体验过程中，教师始终要注意以音乐为本，从音响出发，绘本仅仅是引导学生更好地理解音乐的辅助教学手段。

三、参与入表曲——外化体验

参与入表曲重在学生积极主动参与音乐表现和创造活动，在课堂上鼓励学生大胆自由地表达对音乐的体验和感悟，增强学生主动参与的意识，深化对音乐理解，唤起学生对音乐的兴趣和情感。

（一）听唱结合

在欣赏教学中，学生通过演唱进一步感受和记忆主题旋律，以唱感乐、听唱结合，能够感知音乐主题，把握音乐形象，区分音乐基本段落。

欣赏《梦幻曲》时，学生随着音乐起伏轻轻摇摆身体，多次聆听后学习用"Lu"哼唱主题旋律，感受音乐的旋律由低到高、又由高到低的起伏，最后用轻柔连贯的声音演唱旋律，体会每一句最后一个音的旋律走向，进一步体验乐曲优美、飘逸、富有梦幻般的意境。

（二）模仿体验

音乐欣赏教学中，恰当地运用观察、比较和练习等方法进行模仿，积累感性经验，为音乐表现能力和创造能力的进一步发展奠定基础。

聆听《四小天鹅舞曲》，感受乐曲带来的轻松活泼的情绪。之后让学生观看芭蕾舞剧片段，体会舞台上四只小天鹅的天真可爱。复听时，教师引导学生用指尖来表现芭蕾舞步。这种表现形式激发了学生的兴趣，使学生亲身参与其中，体验更为深刻。

（三）任务创设

聆听音乐前，教师可针对学生的基础创设问题或任务，让学生带着问题聆听，提高欣赏的有效性。

初听《电闪雷鸣波尔卡》时，请学生边听旋律边划旋律线，根据旋律线思考乐曲的反复部分和曲式结构。分段聆听时，哼唱音乐主题，引导学生用不同的方式表现每一段音乐：第一段在主题节奏型多次出现时拍手；第二段在音阶下行时，用肢体动作表示；第三段听出电闪雷鸣的演奏乐器，并进行模拟演奏；第四段听到倚音时用小圆圈表现，感受倚音的独特魅力。

（四）以"图"感"乐"

音乐图谱可以形象地表现音乐旋律的特点，它可将复杂的旋律变成简单的图形，

听，涛的故事

可使音乐旋律变得直观、形象，易于理解。

《公鸡、母鸡》的音乐生动地刻画出母鸡形象的叫声"咯咯　咯咯｜咯咯哒｜"和公鸡仰着脖子神气的一声长啼，学生借助直观的图谱、线条充分感知了音乐。

（五）主题探究

在欣赏时，学生要能够听辨旋律的高度、快慢、强弱，能够感知音乐主题，区分音乐基本段落，并能够运用体态、线条、色彩做出相应的反应。

欣赏《魔法师的弟子》时，让学生分组根据音乐在小魔法师施展魔法的三个阶段：尝试—得意—恐惧，绘出三幅表示心情的图形谱，并指导学生在三幅图形谱旁标注音乐节奏、力度、速度、演奏乐器，并引导学生按音乐来划一划，学生通过体验来听辨作品所表现的不同情绪和音乐形象，既简单直观，又生动有趣。

四、创造激情曲——强化体验

创造激情曲重在学生发挥想象力，对音乐进行创作实践，强化对音乐的感受和理解，从而激发内心的情感。

（一）创编律动

律动指的是欣赏者对聆听到的音乐所作出的即时反应。这种动作反应强调的是音乐表现要素及其变化，需要充分发挥学生的想象力，即兴编创与音乐情绪一致的律动并参与表演呢。

欣赏管弦乐《龟兔赛跑》时，请学生选择喜欢的角色创编即兴律动来参与欣赏，有的模仿太阳慢慢升起，有的模仿小鸟时而拍拍翅膀飞翔时而梳一梳自己的羽毛，有的模仿花草树木随风晃动，还有的模仿在小鸟的呼唤下逐渐苏醒的小动物……在音乐声中，整个"森林"渐渐变得热闹起来。

（二）画乐想象

美丽的图画是凝固的音乐，优美的乐曲是流动的画面，在体验式欣赏教学中，教师可以充分地利用画图来加深学生对音乐的理解和感悟。

1.局部写生

局部写生法是学生在欣赏过程中，对乐曲中的某一内容感兴趣，即兴创作部分乐曲表现内容的描绘，以激发学生的兴趣，加强聆听的体验和感受。

欣赏《百鸟朝凤》时，让学生把聆听音乐后想到的画面画出来，最后学生呈现出的画面很丰富：有些学生画出了飞翔在蓝天的小燕子，有些学生画出了在树上梳理羽毛的小黄鹂，有些学生画了一幅两只小鸟对话的情景……虽然水平有限但却能创造一个颇有氛围的情境。

2.简笔助创

在欣赏中充分利用学生的绘画知识和技能，巧妙利用色彩和简笔画，展示音乐的形象。这样不仅能激起学生学习的兴趣，还能帮助学生理解、感受音乐，更培养学生的创新能力。

欣赏二胡齐奏曲《小青蛙》时，教师播放音乐，请学生在黑板上自由画上自己最喜欢的小青蛙，初听乐曲后师生共同交流，复听乐曲后请学生边听音乐边在群蛙图上加画。

a.小青蛙在绿色的田野上欢快地蹦跳。天渐渐暗下来了，下起了蒙蒙细雨。

b.雨越下越大。

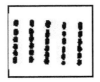

c.闪电了、打雷了。

d.雨过天晴，一声鸡鸣天亮了。

在《小青蛙》的背景音乐下，学生在黑板上画小青蛙的同时，潜意识中对音乐留下印痕，对音乐主题有个初步的印象，在接下来的故事和简笔画吸引学生去注意倾听音乐，这是很好的体验音乐的方式，学生从心里乐于接受。

（三）音响创作

欣赏音乐的过程中可以用打击乐器即兴演奏，还可以加入声势、身边的音源材料进行音响创作，如拍击身体的不同部位，恰当使用身边的音源材料自制打击乐器，如报纸、桌子、铅笔盒……给学生以更多的音乐实践体验的机会。

欣赏《小青蛙》一课，教师在复听乐曲后为音乐主题加上简笔画，组成一幅"音画，学生在接下来的音响创作环节就可以看图创作《快乐的小青蛙》。

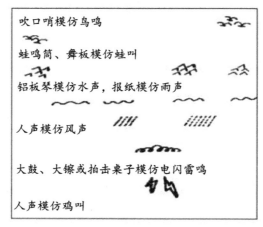

在乐曲声中，学生凭着自己对音乐的理解，用身边的音源材料进行创编。新的音乐创作出来了，虽然音乐作品稚嫩，但这都是学生自己创作并演奏的乐曲，学生乐在其中，收获在其中。

五、几点体会

第一，体验式音乐欣赏教学"四部曲"的学习方法，突出聆听音乐这一主体，注重对学生审美情感的激发，丰富了学生的情感，学生逐渐学会细腻入微地体验音乐所表达的情感，并能大胆联想和想象。

第二，体验式音乐欣赏教学"四部曲"的学习方法，给学生创造自我表现的机会，让他们得到锻炼，尽情抒发对音乐的感受，表现能力逐渐增强。

第三，体验式音乐欣赏教学"四部曲"的学习方法，符合学生思维带有形象性的特点，能使抽象的音乐画面具体化，发挥学生视觉的直观作用，有利于学生对抽象的音乐形象理解。

　　第四，体验式音乐欣赏教学"四部曲"的学习方法，更大程度上给了学生一个参与音乐的机会，学生在参与的过程中有快乐、也有满足，这就有利于发展学生的记忆力、想象力、创造力。反复精听、分析多种表达形式的音乐，大大加强了学生对音乐的记忆，对音乐的再表现，促使学生的创造力得以发挥，创造美的能力也得以提高。

　　总之，体验式欣赏教学是音乐欣赏的一种重要手段，它能培养学生对音乐的兴趣和能力，让学生能时时保持对音乐的积极心态和愉悦体验，让音乐真正走进学生的心中成为心灵最美好的东西。

（此文获 2014 年杭州市音乐学会论文评比三等奖）

小学音乐课堂"二度教学设计"的研究与实践

——由学生课堂"插嘴"引发的思考

一、研究缘起

【案例】

执教《火车开了》时，当我范唱歌曲时，王奕大声地插话："老师，火车不是'咔嚓咔嚓'，而是'轰隆隆隆'的。"面对突如其来的插嘴，我没有正面回答，而是问全班学生："小朋友，你们坐过火车吗？"教室里顿时热闹起来，大家兴致勃勃地讨论着。

课后我进行了反思，课堂上顺着学生的话语，把时间浪费在与音乐无关的讨论上，导致课一开始就被学生节外生枝的插嘴引到岔路上了。倘若在遭遇"插嘴"后，我先肯定学生在生活中注重倾听的好习惯，然后把"轰隆隆隆"的声音带入歌曲进行范唱，这样既兼顾了歌曲本身的音乐性，又肯定了学生善于倾听的习惯。对此我有了以下思考：

（一）教师要随时准备在课堂中进行"二度教学设计"

课堂上的即时"插嘴"是学生突发的体验和感悟，当"插嘴"富有挑战时，教师如何让"插嘴"成为课堂的有效拓展或学生深入探究音乐的新起点？这需要教师在课堂上及时即时"二度教学设计"，生成新的亮点。

"二度教学设计"是指在课前充分预设的基础上，在课堂具体实施时，面对有别于预设的意外，及时调整教学内容、教学方法，在头脑中即刻形成的应对策略。小学音乐课堂中，针对学生的"插嘴"对课堂进行"二度教学设计"，能让学生音乐的灵性和悟性在其间流淌，同时是教师教学智慧的体现。

96

（二）对音乐课堂中"插嘴"现象的再认识

传统课堂上，未经允许就发言被斥为"插嘴"。一旦有这种情况，教师往往会用压、堵的方式制止，使一些有生成价值的教学资源流失。音乐是个特定学科，它具有不确定性，学生因为生活环境、经历的不同而对音乐的感悟也不同，"课堂插嘴"则是学生渴望参与音乐的一种外在表现，是学生自我实现个性张扬的最佳途径。

那么在小学音乐课中，如何针对学生的意外"插嘴"对课堂进行"二度教学设计"，笔者进行了思考和尝试。

二、策略调整

（一）巧用"插嘴"，为"二度教学设计"提供生成源泉

大多数学生的"插嘴"是对音乐感悟的临时迸发，是学生对音乐的无意识感受，教师要及时把握，让它为课堂所用。

在课堂中，每一位学生都应有机会通过音乐张扬自己的个性，进而产生积极主动的学习。因此面对突如其来的"插嘴"，教师要参与其中，在师生的交往互动中进行智慧的碰撞和心灵的沟通。

学会歌曲《法国号》后，只见施陆彬把卷起的音乐书对着嘴，神气地唱着："嗡巴巴……"表演完后，施陆彬自豪地说"老师，这是我的法国号。"于是，我顺势请全体学生都用类似的形式进行表演唱，顿时自豪的歌声充满教室的每一个角落。

在以往的课堂上，经常听到教师说："要有感情地演唱！"然而低年级学生对抽象的语言不甚了解，因此达不到预期的教学效果。在这堂课上，教师仅仅是顺势利用，并合理地进行了"二度教学设计"，学生就得到了最感性的体验，何乐而不为呢？

（二）点拨"插嘴"，为"二度教学设计"增设亮点

在课堂上，学生大胆插话，教师应用心倾听，利用"不和谐声音"中的价值因素，轻轻一拨，将其优化提升，就会出现意想不到的教学效果。

欣赏《荫中鸟》时，清脆的旋律把学生带入了鸟的世界，大家陶醉其中。忽然，不知从哪里传来了几声口哨声，很多学生都迅速从乐曲中回过神来寻找，我急中生智，问学生："口哨声像乐曲中的什么声音？""鸟叫声！"聪明的学生一下子就反应过

来了，接着我就让会吹口哨的学生在音乐的指定处模仿各种鸟的叫声吧！在接下来的欣赏中，学生会有意识地去寻找需要口哨模仿的指定音乐。

在本课放大了突如其来的"口哨声"，让大家都来关注它，并对其进行了拓展，从而最大限度地调动了学生参与音乐的积极性，同时保护了"插嘴"学生的自尊心，起到了事半功倍的效果。

（三）捕捉"插嘴"，为"二度教学设计"增设再创造

在课堂中教师要及时捕捉，合理运用于课堂，使课堂教学更加鲜活、灵动。

在《大海》的演唱环节一课时，耳边传来"哗——哗——"的声音，于是我把学生的海浪声请到歌曲中来，和学生一起即兴创作了二声部。

$1=G \dfrac{3}{4}$

$$3 \quad 2 \quad 1 \mid \underline{6}\underline{2} \quad 1 \quad \underline{6} \mid \underline{5}\underline{5} \quad 1 \quad 1 \mid 2 \quad - \quad 0 \parallel$$
大 海 啊　望不 到 边，　多广阔 的　海　　　……

哗 —— ｜ 哗 —— ｜ 哗 —— ｜ 哗 —— ‖

本课中教师面对与课堂异样的声音，认真倾听、及时捕捉学生的精彩瞬间，最后让它服务于歌曲，丰富歌曲的意境，从而取得了意外的精彩。

三、优化"插嘴"，为"二度教学设计"开阔教学视野

"课堂插嘴"是学生不由自主的无意识表现，其中包含学生诸多的认识和情感因素，但对于一些偏离教学内容的"课堂插嘴"则需要教师用心捕捉和筛选，促其进一步建构生动的教学情境和鲜活的课程资源。

（一）转移注意，在"二度教学设计"中点金"插嘴"

在教学中教师要善于寻找学生注意力分散或迁移的原因，选择有效的方法重新调整和吸引学生的课堂注意力。

欣赏《小燕子》后，我请学生演绎歌曲。随着音乐响起，学生用优美的舞姿、春意盎然的画面和悦耳的歌声来表现歌曲，这时，程元昊却一边扭着腰，张牙舞爪地往花丛中挤，大家都想把他赶走。于是我说："狗熊也被吸引来了，看来你们表现真棒！"这一扭转将学生的注意力又引回了课堂，于是表演中多了一只笨拙但不捣蛋的狗熊，为课堂增添了一丝趣味。

面对这一意外，教师敏锐地发现了问题的症结所在，把握关键，利用音乐的多样

表现形式在"二度教学设计"中点石成金,使原本扰乱课堂的"插嘴"发挥了它最大的资源价值。

(二)延时评价,在"二度教学设计"中活化"插嘴"

很多时候,学生的"插嘴"听起来非常幼稚,如果教师稍加挖掘,或许在幼稚的背后会呈现出异样的精彩,此时就需要教师做延迟判断。

欣赏《维也纳的音乐钟》时,我利用了魔法师的角色进行教学。在初次聆听时,夏乐天把一顶纸帽子戴在头上说:"我是魔法师。"这时,我没有马上作出评价,而是让学生做出不一样的魔法帽,不一会儿,就有了几种不同的魔法帽。我重新播放音乐,边听音乐边按不同乐段给同学戴上不同的帽子,引导学生发现回旋曲的结构特点,教学得到了双赢。

对于课堂中学生的意外反应,教师只有发挥教学机智,在"二度教学设计"中采取"暂缓评价",用鼓励和"等待",让学生自己去发现、感悟,变学生的幼稚为促进发展的"宝贵"资源,为教学所用。

(三)及时搁置,在"二度教学设计"中升华"插嘴"

新课改引领下的音乐课堂,面对学生进出与教学内容没有实质联系的"插嘴",教师要及时刹车、智慧点化,避免课堂步入尴尬。

执教歌曲《拍皮球》时,为了有效引导学生用欢快的情绪、轻巧的声音演唱歌曲,我把皮球带入了课堂。歌曲学会后,请学生随音乐的节奏拍一拍皮球,大家纷纷起立,跟音乐拍起了"皮球"。这时,符庆冲着我喊道:"老师,我没有球,怎么拍?"我听了颇感意外,经过短暂的思索后,和颜悦色地说:"你的想法很合理。你看,一般情况下要有球才能拍,但音乐就这么神奇,没有球,我们照样能拍。音乐需要我们想象,用动作一样能表现。来,跟老师拍一拍。"说完,我把皮球放在一边,带领学生一起感受欢快的情绪。只见学生拍得很投入,歌声也很轻快,我顿时松了一口气。

上述案例中,从课堂情况来看,学生手中有没有球并不重要,于是在处理时我运用了搁置,在委婉终止中寻求解决的方法,在肯定学生质疑精神的基础上进行了正面引导。但对学生的无效"插嘴"作搁置处理后,我们有必要再回到原点,去回应预设的教学目标,让教学更有效地向纵深推进。

(四)培养良好的"插嘴"习惯,为"二度教学设计"增加助力器

课堂结构的开放不是随意的,教师不能为突出学生的主体地位而盲目迁就,使得

课堂"跑调离题"。为此，教师培养学生良好的"插嘴"习惯，让"插嘴"变得更有价值。

1.站起来"插嘴"，为"二度教学设计"提供基石

音乐课堂需要学生用歌声、肢体语言甚至表情来表现内心的体验、感受。提醒学生站起来"插嘴"、表演不仅能使学生对此有所思考，更重要的是能增强学生的自我表现能力，加强"插嘴"学生和全班学生的交流，为课堂的"二度设计"奠定高质量的基石。

2.有倾听的"插嘴"，为"二度教学设计"捕捉精彩

学生"插嘴"往往是急不可待要表达自己的感悟、见解，其中不乏新知创见和奇思妙想，这是进行"二度教学设计"的源泉。但是试想：如果课堂上众口嘈杂，教师如何从中发现有价值的声音进行生成呢？对此，教师要培养学生良好的倾听习惯，如：在音乐课中别人未表现完时，尽量不要"插嘴"；如果有很多人插嘴时，应自觉停下来，不再大声嚷嚷等。这样教师才能及时捕捉到精彩、有创意的课堂生成资源。

3.有反馈的"插嘴"，为"二度教学设计"增添互动

课堂上，教师才刚开始，学生就"插"道："这首歌曲我听过。""蒙古舞我会跳。""口琴我会吹。"……这是学生自我表现欲望的膨胀。此时教师在"二度教学设计"中应适当地回应，如引导："太好了，那就请你为大家表演吧！"给予表现的机会并及时给予鼓励、表扬。

四、结语

课堂资源的精彩生成得益于教师，因此当预设方案受阻时，教师要灵活实施教学设计，把学生的"插嘴"当作课程资源开发和利用，从中凸显学生的主体性，彰显学生的个性，为学生的主动探究注入了动力和活力。但笔者在具体实施时，还存在着诸多问题亟待解决：

第一，如何及时把握对课堂最有利的资源进行生成。新课改下的课堂气氛宽松了，学生敢于表现了，也可能出现多个亮点，教师如何对这些现象进行分析、筛选，从而达到点石成金的效果。

第二，如何及时制止不合理的"插嘴"行为，扭转课堂的局势。当"插嘴"天马行空、牛头不对马嘴时，教师如何进行有效评价，从中既能保护学生的学习积极性，又不偏离教学目标，把学生的注意力重新引回课堂。

第三，如何把握教学目标的达成和"插嘴"生成资源这两者的有效协调。有时有效的教学资源是生成了，但其间用的时间过多，致使后面教学环节的滞留，有时考虑课堂目标的总体达成，又不能及时捕捉、生成有效的教学资源。

············

总之，学生的"插嘴"没有预见性，对于教师来说，在预设课堂时，必须充分了解学生，考虑各个教学环节可能出现意外反应，做到一举多备，灵活实施预设方案，在教学中及时进行"二度设计"，甚至是"三度设计"，从而实现真正意义上的有效教学、高效课堂。

（此文获杭州市中小学教学研究论文评比三等奖；发表于《北方音乐》2017 年第 4 期）

巧用生活资源，优化品德课课堂教学

雷巧红

一、课程实施的意义

"品德与生活"课程是以儿童的生活为教育教学的基础，以培养品德良好、乐于探究、热爱生活的儿童为目标的活动型综合课程。儿童良好品德的培养离不开他们的现实生活，儿童现实生活空间有多大，品德与生活的内涵就有多大。小学低年级阶段是儿童品德、智力、生活能力等形成和发展的重要时期。因而"品德与生活"的教材设计非常贴近儿童的生活。整套教材都是以儿童的生活为基础，按照儿童个人生活、家庭生活、学校生活、家乡（社区）生活，以及儿童与祖国、儿童与世界等生活领域的不断扩大为主线来设计教材的体系结构。用美好的道德品质指导学生的生活，用美好的道德情感熏陶学生的思想。在教学时，我们如能将生活资源巧妙地挖掘并运用于品德课堂中，让孩子从自己的世界出发，用自己的眼睛观察，用自己的心灵感受，用自己的方式研究，那么我们品德课的课堂教学效果将会日渐提高。

二、品德课教学的现状分析

（一）课堂教学与孩子生活相脱节

在现实品德课的教学中，少部分老师对这门学科的教学认识不够，缺乏将课本知识与学生的生活实际联系，照着书本带着孩子读一读，说一说就认为自己是在上品德课了。其实不然，品德课是需要立足于品德教材，与生活相联系，与实践相结合，才能行之有效。

（二）教学方法较为单一

品德课课堂教学中，多数教师采用演一演，说一说，读一读等这些简单的形式匆匆走过场，走马观花似的带着孩子看教学辅助视频，缺少内化的活动体验。

（三）教学资源较为贫乏

一本书，一个光盘，就成了品德课的教学主要资源，多数老师都没有把生活当中很多生成的资源好好使用，一些实践活动也没有好好利用，于是品德课的教学资源就显得贫乏。教科书上的资源是十分宝贵的，但现实生活资源更为多种多样，儿童生活周围的人和物、家庭、学校、社区、自然、环境设施、人文景观以及儿童生活中的体验、经验、发现等，各种节目、文化活动、重大事件、民俗活动等均可视为重要的课程资源，也就是说从儿童生活的一切方面都可以发掘出课程的宝贵资源。

多年的"品德与生活"教学，使我深深觉得现实生活是课堂的发源地，生活当中有许多宝贵的资源，引导学生用自己的感官去认识世界，用自己喜欢的方式去体验生活；引导他们用自己的思维去碰撞、用自己的心灵去感悟。我们的品德课教学才会生动有趣。

三、巧用生活资源，优化品德课课堂教学策略

（一）回味生活情景，激发表达欲望

在课堂上，很多时候都要让学生结合自己的生活来说，那么就要给学生提供一个自我展示的平台，让学生的思绪重新回到自己生活的情境中。

如：教学《暑假中的一天》一课时，我用语言把学生的思维带入回忆中："小朋友们，漫长的暑假已过去了，但暑假的生活肯定给大家留下了许多美好的回忆，你可以把自己一天的假期生活用语言来描述出来或用照片、DV 等展示出来。"小孩子的话匣子一下子就被打开了，热情空前高涨。他们有的说 7 月 28 日自己跟爸爸妈妈去了北京，看到了天安门，拍了许多张照片；有的说 7 月 21 日自己跟父母去了杭州动物园看到了许多可爱的动物，很高兴。还有的同学展示了自己和父母在万里长城拍的照片，长城气势雄伟；有的展示了安徽黄山迷人的景色，迎客松依然是那么"彬彬有礼"；有的展示了可爱动物的风采……

教学《中秋节》一课时，我先给孩子们介绍了有关中秋节的神话故事——玉兔捣药、嫦娥奔月、吴刚伐桂等，孩子们听得津津有味。接着学习两首赏月的诗歌《古朗月行》和《赏月》，孩子们读起来特别有味道。然后，让孩子们介绍自己、介绍家乡的人是怎样过中秋节的？孩子们主要介绍了吃月饼活动。每到中秋节，爸妈总会买各种各样的月饼让家人尝，芝麻馅、果仁馅、豆沙馅、坚果馅……大家吃得不亦乐乎！

然后，我让学生说说家乡还有哪些活动让自己记忆犹新的。孩子们就说："元宵节很热闹，舞龙灯很精彩！端午节吃粽子，挂菖蒲和艾叶。"孩子在谈论的时候兴趣颇高，描绘栩栩如生。他们说，元宵节时，古镇梅城的大街小巷总是热闹非凡。好几支舞龙队身着盛装在街上不断涌动，他们精湛的表演技术常能吸引众多过往的行人。龙灯威风凛凛，虾灯调皮可爱，桥灯酷似冬瓜，到处流光溢彩。他们到哪儿，人流就跟到哪，烟花就放到哪。孩子们最喜欢凑热闹了。他们有的追着队伍跑，有的骑在老爸脖子上观望。

就这样，在老师的启发下，学生许多美好的回忆重新被唤起，从而激发了他们对生活的热爱，提高了他们对自身生活的关注力度。

（二）再现生活场景，加强情感体验

在课堂上真实、细致地再现生活场景有利于集中学生的注意力，让学生更好地了解生活，感悟生活，提升情感。

小学第三册思品"你好，祖国妈妈"这个单元教育学生爱家乡、爱祖国，我就布置学生去观看国庆七十三周年的阅兵仪式。在上《国庆节》这一课时，我让学生说说自己观看庆典的具体情况，进而播放国庆阅兵的短片。当看到各种兵种排着整齐的队伍，迈着雄赳赳气昂昂的步伐前进时，孩子们不由得发出啧啧的赞叹声，让他们深深感受到中国人真了不起，升华爱国情怀。同时我布置学生与爸爸妈妈一起，通过上网、看报等方式，查阅家乡的风景名胜和资源以及近几年的变化，在课堂上当一个小导游介绍家乡，让学生在介绍的过程中进一步了解家乡，热爱家乡。

教学《我爱我家》单元中《我的爸爸和妈妈》一课时，我事先让学生去了解父母所从事的职业、上班的时间等相关内容，让学生在课堂上交流，而后，我展示了用DV拍摄的一个在街边做小吃同学的父母的工作情况。当画面一播放，学生立刻兴奋起来，说他们是×××同学的爸妈。我让家长边做饼边介绍。通过介绍孩子们知道了，这个同学的父母半夜就要起来做准备工作，赚钱很不容易。让他们由此而联想到自己的爸妈工作也很辛苦，同时为自己有这样勤劳的父母而感到骄傲自豪。

（三）亲近现实生活，走进自然世界

1.参观校园，熟悉校园

记得孩子们刚上小学一年级时，对新的环境很陌生，对父母的依赖还没有完全摆脱，对新的同学还不完全了解，心里难免会有点失落。为了能让学生尽快适应学校生活，在上第一课《美丽的校园》时，我把学生排好队，带领学生参观校园，先介绍学校名称，再介绍小道两边的植物——紫荆、月季、茶花、银杏等，接着介绍教学楼、老师办公室……如果信息栏中有老师的照片，让学生逐一认一认。学生对自己生活的环境有了进一步的了解之后，心情就会轻松很多。

2.生活集锦，感悟生活

教学《春天里的发现》一课时，我尽量把学生的目光引到课本以外的世界里，引导学生热爱生活、学习做人。我在校园内拍了许多照片有：春意昂然的紫荆花、红艳艳的山茶花、含苞待放的杜鹃、花间飞舞的蝴蝶……学生很快被眼前的美景迷住了，纷纷将自己眼前的春色描述了一番，然后，我让他们走出课堂，去校园寻找春天，用自己的眼睛去发现春天，用自己的鼻子去闻春天的气息，用自己的双手去触摸春天，用自己的心灵去拥抱春天。进而，我让学生把自己所感受到的春天画出来。通过这一系列的活动，让学生了解春天不仅是个美丽的季节，还是个充满生机的季节，使学生真正感受到在大自然中的乐趣。

（四）走近现实生活，注重实践体验

1.联系生活，动手实践

"品德与生活"课程以儿童直接参与的丰富多彩的活动为主要教学形式，强调寓教育于活动之中。课程目标主要通过教师指导下的各项活动来实现。可以说，活动是教和学的中介。儿童更多地是通过实际参与活动，动手动脑，亲身体验。只有让学生在生活中充分体验，才能激发起广泛的兴趣爱好。

教学《告别秋天》一课时，我整合语文与品德两门课程，让学生去收集各种各样的落叶，然后和家长一起动手制作树叶画。孩子们的兴趣很高，交上来的作品也很形象生动，有《海洋里的小船》《可爱的小金鱼》《穿花裙子的女孩》……当孩子们的作品被展示出来时，他们特别兴奋。通过这样的活动设计，既培养了学生的动手能力，加强了父母与孩子的配合能力，又培养了学生对手工制作的兴趣。教学《我爱您，祖国》一课时，让家里有电脑的学生上网去查找有关中国之最的资料，不少学生查来了很多资料：珠穆朗玛峰是我国最高的山峰；青藏高原是我国最高的高原；上海是我国最大的城市……这样一来，加强了学生对祖国的了解，又提高了课外搜集资料的能力。

2.走进生活，亲身体验

教学《上超市》一课时，课前我让孩子跟着父母去超市逛一逛，逛时要做到以下几点：

（1）到超市时，仔细观察超市里面物品的摆放。

（2）人们是怎样选购物品的？人们是怎样付款的？

（3）自己试着选购一件商品，谈谈自己的感受。

学生把自己在超市购买的商品带到课堂，与其他孩子进行交流，分享在活动中得到的快乐。这样通过学生的亲身体验之后，就避免出现学生无话可说的局面，学生有了许多的话题。通过这一课的学习，学生对超市的用途就有了更进一步的了解，学生适应生活的能力也会随之提高。

（五）模拟生活场景，陶冶高尚情操

"品德与生活"是一门新课程，它与以往的思想品德课有所不同的是，课程在内容上更贴近生活，以学生自身生活为出发点，通过课堂上构建一个活动，来模拟生活真实情境，让学生在活动中体验、感悟，使学生的品格得到培养，情操得到陶冶，素养得到提高。教师在课堂上为学生模拟多样、富有变化发展的活动环境，让孩子们在活动中得到情感、态度、价值观、行为习惯的整体建构。低年级是进行养成教育的关键时期，从课程的性质来看，应尤其关注行为规范的养成。比如：在每周一的升旗仪式上，我非常关注学生的表现。我发现他们敬礼的手势很不准确，于是我在上《五星红旗升起的地方》一课时，我着重让学生说说自己所知道的升旗时的礼仪，有错的及时纠正，并且亲自给学生进行行队礼的示范，让学生跟着做，并一个个指导。平时晨间谈话课时，我就播放国歌，摸拟升旗时的场景，让学生一遍遍练习行队礼。通过反复练习，周一升国旗，学生在升旗时的礼仪就好多了。

（六）运用生活经验，提高学习热情

小学低段孩子虽涉世未深，但他们也有了一定的生活经验，这些经验是他们学习的基础。有趣的猜谜形式能一下子激发孩子们学习的积极性。

教学《动物、植物和我们》一课时，我是这样导课的：小朋友，你们喜欢做游戏吗？今天我们就先来做一个"神耳朵"的游戏，看哪个小朋友听得最仔细、最认真，能在最短的时间猜出它们是谁？（激发学生的兴趣）再播放动物的叫声，学生听声音猜动物名称，出示相应的图片，引出学生熟悉的动物。第二步我又设计了猜谜语的游戏："谜语一：小小伞兵随风飞，飞到东来飞到西，降落路边田野里，安家落户扎根基。谜语二：青皮包白肉，像个大枕头，莫听名字冷，热天菜场有。谜语三：生在山里，死在锅里，藏在瓶里，活在杯里。谜语四：黄金布，包银条，中间弯弯两头翘。"从谜语中引出几种常见的植物，要想猜出植物，就必须动用学生的生活经验，学生要从字面意思分析出植物的特征，又要从平时的所见所闻联想出植物的形状。从活动效果来看，学生参与的积极性很高。同时，学生也基本能利用自己的生活经验猜出动物和植物的名称。

总而言之，品德与生活是一门综合性很强的学科，我们在上课时，要充分挖掘并巧妙使用生活资源，我们的课堂才能迎来百花齐放的良好局面。只有运用好现实生活这一宝贵的资源，才有利于学生良好品格的形成，才能更好地指引学生的行为，才能更好地生活。

（此文获开发区小学品德教学论文评比三等奖）

微景观DIY：培养孩子创意想象的实践研究

雷巧红

一、研究缘起

现在人类的生活水平日渐提高，孩子接触的新鲜事物多了，按道理，孩子接收到的信息应是丰富多彩的、形式多样的。但从孩子的语言表达、习作、绘画等方面反映出来孩子的创意想象还是严重不足，缺乏基本的生活常识。那是什么原因导致的呢？让我们从一些现实生活当中存在的现象入手分析。

（一）满满的兴趣班导致孩子疏离了大自然

现在的父母为了不让孩子输在起跑线上，把孩子的课余时间排得满满的，周末原本是孩子最快乐的休闲时光，可等待孩子的是一个又一个的兴趣培训班，如奥数班、书法班、绘画班、古筝班、跆拳道……渐渐地，孩子们与自然界疏离了，甚至连身边的一些常见事物都不认识，请看一则真实的小故事：

寒假里，一位妈妈趁着假期带着孩子到田间走走，感受大自然的气息，没想到在田间地头忙碌的小身影，居然对着麦田说："哇，这里咋这么多葱啊！"

看了这则故事，我陷入了沉思：麦子是五谷杂粮之一，我们日常吃的包子、煎饼、面条基本都是面粉制作的，然而，孩子对这么贴近我们生活的粮食知识知道的确实少之甚少。我们的教育究竟带给孩子什么？家—校两点一线的简单生活方式，使得孩子没有多余的时间与自然亲近。孩子与自然界的日渐疏离，很显然，孩子不认识常见的植物也不足为奇了。

（二）灌输式的教学模式导致孩子的创意想象严重不足

平时我们在不经意间会采用"标准答案"的教育方式，灌输式的教学模式，这就极大地限制了孩子们的思维发展，约束了孩子们的创意想象。这点我在教学中也深有体会。每次作文课，我总担心孩子不知如何去写，常常会给孩子介绍一些写得好的范文，给孩子们参照；结果多数孩子照样画瓢，千篇一律，缺乏自己独到的见解，文章语言机械，缺少合理的想象。

在教学三年级语文下册第六单元以"父母的爱"为主题的作文时，我结合范文（一篇讲孩子生病，父母送孩子去医院并照顾孩子的；另一篇讲雨天，我没带伞，父亲或母亲冒雨来接我的）给孩子讲解了写作的一些方法，再让孩子自己写，结果如表1：

表1　范文对学生作文影响之调查统计

选材内容	学生人数	班级总人数	所占比例
雨天父母来接	8人		18.6%
父母照顾生病的自己	18人	43人	41.86%
其他内容	17人		39.53%

从表1中我们不难发现，60.46%的孩子受了范文的影响，他们在听老师介绍优秀范文后，就不愿意自己动脑筋想其他写作的题材了。这些事例也许都真实，但受范文的影响，很多学生作文的布局谋篇都会有惊人的相似之处。究其原因就在于：教学方式的不当，导致学生的创造性思维没有得到开发，学生的创意想象没有得到发挥，学生的创作欲望不强。

基于以上原因，我们便开展了本课题的研究，让孩子走近校园，走近自然，了解植物，发挥想象，动手创作，为美化孩子自己周边的学习和生活环境，提高孩子的动手实践能力就更有现实意义了。

二、课题实施

（一）"微景观DIY"课程体系构建

微景观DIY制作课程是一门生动有趣、亲近自然的课程。依据植物生长的规律特点、孩子们的喜好、操作的简单便捷进行编排。课程内容包括苔藓微景观课程、多肉微景观课程和漫水族微景观课程，以并列式呈现，十分适合孩子的学习。

这三大课程的共同之处在于：都是将自然界的一些元素通过孩子的巧手，融入一个狭小的空间，呈现出一幅微型的生态绿色系统，带给人美的享受。作品成形之后，引导孩子开展丰富的文学创作活动和展示评价活动，使孩子的创意想象、动手操作、审美能力等有了不同程度的提高。

（二）"微景观DIY"课程的实施的三大课型，有效推进课题实施

微景观DIY课程不同于普通的文化类教育，它以设计学习、合作学习和操作学习为主要学习形式。立足于"玩中学"和"学中玩"，是一门立足实践，着眼发展学生

的创意想象，体现寓教于乐的课程。

由于教材内容与其他学科明显不同，课堂教学的结构也与其他学科存在着明显的差异。这里的三大课型指自悟互教型、模仿—操作型、探究制作型。

1.自悟互教型

课堂要从"知识本位"走向"能力本位"。自悟互教的课堂结构建立在"能力本位"的理论基础上。这种导创课型强调让学生参与从目标制定到解决问题的全过程，在自悟互教上体现出以下特点：

（1）自悟：由学生根据自己小组讨论确定场景的主题用自己喜欢的方法设计、勾画草图。例如：学生在绘制草图过程中，有的会画事物来表示，有的用自己喜欢的符号来表示，加上标注，虽然方法不一样，但效果大都异曲同工。

（2）互教：好为人师是人的天性，充分利用儿童的这种天性就会开辟一个教与学的新天地。可采用小老师的形式，把绘画方法巧妙的、有创新的组定为小老师，让他们去教不会的组。这样就能解决老师来不及指导的现象。

教师巡视学生绘图过程时，要观察学生的构图是否合适，避免出现太过饱满或布局太过松散的局面。对于表现出色的小组及时予以肯定，让他们适时指导其他小组。

2.模仿—操作型

苔藓微景观是设计艺术的一种，在方寸空间里营造景致。对自然构成的学习和原理，有序合理布局空间构成，一般按照上紧下松、前紧后松的布局原则设计，并对场景边缘进行融合处理，是增强容器空间感和美感的关键。我们听涛的孩子中低段，接触微景观的时间并不长，因此脚步可以放得小些，先模仿，后创作，循序渐进。

3.探究制作型

探究制作型是在学生主动参与的前提下，根据自己的猜想或假设，在科学理论指导下，运用科学的方法对问题进行研究，在研究过程中获得创新实践能力、获得思维发展，自主构建知识体系的一种学习方式。在上课的过程中，许多孩子会发现苔藓微景观成品完成会发生异样，例如：白色网纹草和红色网纹草很容易枯萎……到底是什么原因导致精美的微景观场景发生诸如此类的变化呢？我们鼓励学生自己解决问题，孩子们通过上网查找资料顺利地找到了网纹草枯萎的原因。探究性学习有利于发展学生的主体性，有利于学生自主地学习个性发展所需要的知识。

（三）六大策略相得益彰，为课程实施推波助澜

1.演示与指导相结合

在微景观的制作过程中，制作的步骤需要老师一步一步演示，带着孩子们做。例

如：微景观的基本制作步骤第一层铺轻石，把轻石轻轻导入玻璃容器中，轻石体积约占容器的六分之一，用刷子铺平，老师在演示之后，孩子们有了生动直观的感受，能很快照着做，而且学得像模像样。因此，演示和指导相辅相成，不可或缺，孩子们在不断地操作演示中，越做越好，越做越有感觉。

2.学习与生活相结合

在课程实施的过程中，也不免折射出一些问题，就拿《苔藓球的制作》为例。问题1：孩子在系围裙时不规范，脖子上的扣子掉下来了，也不知道找个伙伴帮忙。问题2：我选用来绑苔藓球的棉线是十字绣线，每根绣线中有6股，每个苔藓球需要4股，我给孩子们演示了抽线的方法。用左手手指掐住线头的一端，右手慢慢往外抽，这个过程需要耐心，可是好多孩子缺乏耐心，急，弄得好多线都打结了。问题3：孩子的能力有很大差距，有的孩子动手能力强，做得苔藓球圆又圆，有的做成椭圆形，并且线扎得不够牢固，苔藓会散落下来，露出水苔。后期需要加工。生活是一面大镜子，它能够从微小的细节中折射出家庭的教育问题和孩子的生活素养。

3.自主与合作相结合

在学习过程中，孩子们有自己独特的思维方式和想象空间，特别是在造景布局时，孩子们早已想好要铺设一条怎样的小路，摆放怎样的小摆件，但同时得相互商量，因为每次活动我都是两人小组为单位开始制作的，如果孩子不能进行沟通，都要坚持自己的设想，那么他们的作品是无法完成的，只有有商有量，共同合作，才能快速又完美的完成制作任务。所以微景观的学习制作过程是孩子们自主与合作相结合的过程。

4.图片与实物相结合

认识植物、泥沙、小摆件是十分有趣的事。为了在有效的时间内帮助学生高效的学习，我的做法通常是：第一堂课先让孩子观看图片，了解相关知识，孩子知道的就让孩子上台来介绍，孩子不知道的就由老师来补充。第二堂课借助实物来学习。为了让学生更好地了解背景植物的特征，我事先让孩子自己上网查找相关的资料，加以收集，然后出示植物的图片，再进入微景观教室进行对实物的辨认，这样有利于学生多去了解背景植物的相关知识。当拿着植物的时候，孩子们很兴奋，难以抑制心中的喜悦之情，因为他们着实感受到了生命的力量，生命的美丽。

5.理论与实践相结合

微景观 DIY 制作拓展性课程的主要模式，就是理论与实践相结合，孩子们在教室里第一课时里学习相关的理论知识，具体形式为：看图片、文字、视频等了解微景观制作的相关知识。第二堂课就进入微景观制作室以小组合作的形式开展制作活动，教师巡回指导。每次活动，孩子的收获都很大，而且制作的作品一次比一次有进步，这让我和孩子们充分体验到了成功的快乐。

6.表达与创编相结合

当孩子们把一个个精美的微景观作品呈现在眼前时，我的内心无比激动。但如果仅仅把孩子教会做，那这跟普通的劳动课、手工课没有多大区别，那开发出来的课程，它的价值将不能实现最大化。因此，我们课题组的老师进行了深入的挖掘，让孩子在制作之后说说自己如何完成这些作品的，在完成过程中遇到了哪些困难，又有怎样的收获。你觉得在精美的作品中又将会发生怎样动人的故事呢？把表达与创编相结合有利于提高学生的创意想象能力，孩子玩在其中，学在其中，乐在其中。寓教于乐，教学相长。

三、实施成效

（一）发挥了学生无限的创意想象力

微景观 DIY 制作课程的实施提高了学生各方面潜在的能力，尤其是学生的创意想象能力。无论是在制作环节、表达环节还是创编环节都是促进孩子思维迸发的打火石。孩子们从不会说到会说，从不会做到会做，从不会写到会写，到写得生动有趣，每一次都有着快乐成功的体验。

（二）拉近了学生与大自然间的距离

通过形式多样的社团课，28 名小朋友都掌握了微景观制作的基本步骤，学会正确使用微景观制作的工具，初步认识了微景观制作时需要的材料，能创造出比较像样的微景观作品，会依据作品内容创编比较简单的微景观故事，孩子们个个乐此不疲。孩子们利用课余时间认识了校园中的许多植物，如茶花、垂丝海棠、杜鹃花、红花继木……通过为校园植物挂牌的活动，让更多的小朋友了解了植物的习性、特征，亲近自然，了解自然，热爱自然。

（三）鼓励孩子动手，提升学生的"实践创新"素养

2016 年 9 月 13 日，中国学生发展核心素养研究成果正式发布，对学生发展核心素养的内涵、表现、落实途径等做了详细阐释。有了它的指引，我们的课程实施前行有了方向。实践创新是我们所要培养的学生六大素养之一。微景观 DIY，就是鼓励孩子发挥自己的创意想象，将平常生活中的小物件进行合理搭配美化，去创造一个属于自己的想象世界，或者说可以创造一个能表达自己想法的东西。微景观 DIY 课程的开设就

为孩子们创意想象的发展开辟了更为广阔的空间。

四、展望与反思

我们一直行走在研究的道路上，每一步都是一种创新，一种尝试，三大课型，六大策略共同推进课程的发展。在研究收获之时，回顾实践历程带给我们的一些思考：

微景观课程确实提高了孩子们的创意想象，这创意想象虽是自由的、充满童真童趣的，但缺乏严密逻辑性，缺少提升的梯度，因此，授课内容方面应有更合理的设计，最好能体现一种螺旋上升的趋势。

本次研究收获还是挺多的，设计的活动，学生还是挺喜欢的，具有较高的新颖性和趣味性，同时也为其他老师的研究提供了宝贵的经验，有许多值得大家借鉴之处。

（此研究成果获开发区第三届教科研成果一等奖，本文为缩减版）

记录童年的声音

——小学低年级"录音日记"的记录实践与分享研究

罗 莎

一、关于"录音日记"的理性思考

（一）什么是录音日记

录音日记是指学生（或学生在家长的帮助下）通过软件（手机录音、微信、qq 等），用自己组织好的语言记录下当天看到的、听到的或想到的事情。记录对生活的观察，可以记事，可以写人，可以状物，可以写景，也可以记述活动，凡是自己在一天中做过的，都可以是日记的内容。

（二）"录音日记"的特点

1. 即时记录

学生可以随时随地地记录下自己看到的、听到的或想到的事情。当学生有感而发时，不管在什么时间、什么地点，都可以立即记录下此刻的事情，避免了学生因为时间的关系而遗忘了当时的事件过程和心理变化，也避免了空间的原因导致学生错失说话、写话训练的机会。

2. 互动分享

学生录下的日记不再是给自己听，可以在师生、生生互听；可以发到社交群大家一起听；可以通过社交公众号让更多的人听。充分提高学生的兴趣以及积极性。学生也可以通过听其他人的日记给对方提出发音、说话逻辑顺序等意见，也可以通过学习其他学生叙述事情的好方法。最终实现共同说好话，写好话的目标。

3. 回放修改

即时记录的语言大多是比较杂乱的，不够精细的，没有修辞，不够生动的。因此，即时记录的日记需要学生后期的修改。对于"录音日记"的修改，没有时间、空间的限制。学生可以在记录后回放，听出有问题的地方进行修改。学生也可以在多日之后想到更好的表达方式时，往前翻到这一天的录音，并进行修改。这样的修改在学生的自我发展中进行，在循序渐进中前进，在潜移默化中提升。

二、"录音日记"的价值

（一）录，记下童年的声音

1. 学以致用自己说，培养兴趣

语文课程标准明确要求：第一学段"对写话有兴趣，留心周围事物，写自己想说的话"。学生一旦养成良好的日记习惯，尝到说日记的快乐，喜欢上日记创作，日记自然就会成为学生表述心境、吐露真情、记录生活、感悟人生的广阔天地。日记与其他文体互为映衬、相互补充。在小学生写作能力培养过程中，特别是初始阶段，日记有着十分重要的作用。

2. 不由自主训语言，提升能力

在小学低年级语文教学中，教师针对日记训练，要提出适当的日记教学目标，进行训练起步，相信学生的完成能力。学生通过融入生活，可学到课堂以外的知识，特别是对生活全面、客观、公正的认识，既充实了生活阅历，又为学生记日记提供了源泉和动力。因此，教师在日记教学中应努力创造条件，鼓励学生深入生活，参与社会实践，引导学生走出家门和课堂，走向社会和自然，去寻找生活的源泉。

"录音日记"这一循序渐进地进行说话、写话的教学模式正顺应了教育的诸多要求，体现出如下的教育功能：

（1）提升学生的说话能力

为了全面提高学生的说话能力，除了在看图说话、课文插图指导学生说话外，还要在课外活动、校外活动时认真指导学生训练说话。"录音日记"则符合学生在课外进行说话训练。只有重视对小学生说话能力的培养，才能提高他们的语言表达能力和写作能力，从而全面提高小学语文教学质量。

（2）提升学生的写话能力

通过阅读他人的日记及同伴、师长对自己善意的评点，也能收获良多，如怎样观察细节，如何表达等。假以时日，学生的写话思路自然打开了，表达方式更加多样了，他们思维的触角渐渐延伸，何愁写不出好日记呢？

"录音日记"实施前：

今天我在电视里面看了动物世界，从它们身上我学会了很多，体会到了团结可以战胜一切。

"录音日记"实施后：

今天春游，我一早就起床了。

我一到教室就把书放在抽屉里，坐上大巴车去植物园。不一会儿，到站了，我开开心心去玩。植物园里的花花草草长得很好，一根根竹子也都长得很好。

今天，我很开心。

（3）提升学生的观察能力

"录音日记"能帮助学生在生活中仔细观察，发现"美"，帮助学生养成自主观察的良好习惯。可以是人物方面、动物方面、天气方面，也可以是事情等。

事物方面：

星期六是植树节，我和李瑶一起去公园植树。爸爸帮我们挑选了两棵小树苗。爸爸先挖了一个坑，我把小树苗移入挖好的树坑，李瑶先用铁锹填土，再一点一点地浇水。不一会儿，小树苗种好了。就像战士一样笔直地站在那里。我和李瑶脸上露出了满意的笑容，一起高高兴兴地回家了。

环境方面：

星期六，好天气，爸爸妈妈带我去公园。我看到柳树发芽了，草儿变绿了，迎春花儿也开了，春天真得来了！

植物方面：

今天妈妈买了一种我没吃过的水果，黄黄的，闻起来香香的，看起来很好吃的样子，她说这叫芒果，是热带水果，我们老家没有，她也是来杭州之后才认识的。

我觉得芒果长得像大鸡翅一样，但是要比鸡翅还要好吃！芒果水份充足汁很甜，它种子很奇怪，像块木板。

我很喜欢吃芒果！

（4）提升学生的社交能力

"录音日记"的开展为学生们解决了这一难题，给他们创造了互相认识、相互交流、相互了解的机会。在"录音日记"的不断交流合作中，他们学会了把自我融于群体之中，队内的成员成了最交心的朋友。随着交往的深入，他们懂得了合群的重要性，这也是一个人将来适应社会所应具备的基本素质。同时，队员们给队友点评文章斟酌用词的过程其实就是对自身说话方式的考量——提意见、建议固然好，但如何能让对方易于接受也是一门学问；面对他人中肯的评价，正确的意见该如何看待，取长补短，虚心听取，亦是在交流中需要习得的。

3.随心所欲创新说，减轻负担

低年级的学生喜欢新鲜事物，喜欢听自己录下来的声音，让学生随心所欲地创新说，学生能自发地提起兴趣进行记录，学生很喜欢，无压力。没有负担的"录音日记"能够很好的提高学生的说话表达能力和语言组织能力。

学生在上课时掌握了这些字的音、形、义以后，我就要求学生凡是学过的词语尽量在日记中使用，让它在自己的语言中起作用。模仿句段，写出新意。学生写作往往从模仿开始。

（二）改，随时随地展童年

1.随记随改

学生对于自己所记录的日记不满意，则可以对录音多次回放，进行修改。这种修改是伴随在记录之后的，此时的学生对于事件、感受的记忆都是最完整的，描写出来的感情是最丰富的，因此"随记随改"的修改方式是最能提升学生的语言表达能力，也是最有效的修改方式。

2.随感而改

即时记录可能受到学生的定向思维、现有的语言表达水平等的限制，因此修改的程度不大。但是伴随着学生的情感的丰富，语言表达能力的提升，对于之前记录的日记或许有较大的感触。因此当学生对于之前记录的日记有感而发时，可以回放当时的录音，对其进行修改或补充。

（三）享，互听有趣见闻

1.分享给伙伴，交换你我的童年

利用软件，把自己的日记用"录音"的方式传给小伙伴。学生们互传日记，可以起到相互监督的作用，在孩子们传递日记时，会对那些相对懒散一点的学生起到促进作用，这种促进要比家长老师的督促更加有效。学生们互传日记，可以增强孩子们的自信心，当孩子们的日记说得好时，会得到小伙伴的称赞，这势必会让孩子的自信心增强，从而在各方面能树立起兴趣。

2.分享至群，让大家听见你的童年

利用软件，孩子们把自己的日记录音发到群，给班级里面的伙伴和其他家长听，能让孩子为自己感到自豪。同时，在别人听的过程中会给你一些方法能让日记变得更好，更有意思。而对于别人的日记，可以从中学习到很多。

3.分享至公众号，让更多的人听见你的声音

在父母的帮助下，把自己的日记分享至公众号，让更多的人能够听到你的日记。对此，孩子们会对自己的录音日记更加上心。

4.附上照片，制作成会讲童年的书

在父母的帮助下，把孩子的录音日记和当时的照片放在一起，就可以变成一本会讲童年的书，等到孩子长大后，这本书就非常的有意义。

三、"录音日记"的记录

（一）"有感而发"的日记

学生对于看到的，或听到的，或想到的事情有话想说，则可以通过录音工具（父母的手机、录音笔）进行"有感而发"的录音。刚入学的学生，对于录音工具的使用比较陌生，则需要爸爸妈妈以及老师的帮助。通过父母的帮助，学生的"录音日记"进行保存，利于后期回放的修改。

（二）"不限次数"的日记

一般的"日记"通常是"每日一记"，而"录音日记"并没有次数的限制，当学生有话想说，有感而发时，则可以进行录音记录。一天结束后，学生可以对于当天所发生的事情进行总结修改。

（三）"永葆童年"的日记

"录音日记"不仅保存了学生童年时看到的、听到的或想到的感受，还保存了学生童年时的声音。声音能够反映出学生当时的心理感情，在录音的时候，务必将学生的声音完整地记录下来。如果在记录过程中发生了停顿，则要再记录一次。

四、"录音日记"的分享

（一）每日一享

前一天学生把自己的"录音日记"传到相应的群组里，老师事先对"录音日记"进行倾听，并且记录下评价语。第二天早读课或者语文课开始时，将具有代表性的"录音日记"在全班学生面前进行点评。每天，老师对于"录音日记"的反馈有利于经过一段时间的训练后，可以引导学生去观察动植物或玩具，然后按一定顺序说一说观察

到的形状、颜色、气味、体态、声音、手感等，接着让他们展开想象，想想对观察的物体（如一盆小菊花、一个布娃娃、一只小鸡）说些什么话。最后就让学生用几句话把观察到的和想说的话写下来。学生学会按顺序观察、按顺序写日记后，就可以组织学生体验事情发生、发展的过程，如班级大扫除，让每个学生都承担一项任务，感受大扫除的整个过程，体验劳动的滋味。大扫除结束后，就让学生简单地说一说事情的开始、经过、结果（说清楚时间、地点、人物活动就行）。

（二）一周一论

每周五，每个学生选出自己认为最有意思的一篇"录音日记"在班级里面分成四大组，大家一起听。听完后再对他的"录音日记"提出值得学习的地方和需要提升的地方。

从"录音日记"组织建立、选定组长到明确要求、批阅评改，直到最后评比颁奖、小结，教师都全程参与，适时予以指导、帮助。也正是因为有了教师的参与，所以学生语文合作学习效率有了大大的提升。

（三）合作分享

把班级分成几个小组（每小组5～6人为宜），每个星期选定一个时间，对这星期的"录音日记"进行交流。每个成员提出相应的建议后，学生进行修改，最后把它写下来。也可以小组组队进行活动，然后一同写下当天的日记进行交流。最后，可以把交流最后的成果进行各种展示：制作成会讲童年的书，分享到群公众号等方式进行展示。

"录音日记"的开展为学生们解决了这一难题，给他们创造了互相认识、相互交流、相互了解的机会。在"录音日记"的不断交流合作中，他们学会了把自我融于群体之中，队内的成员成了最交心的朋友。同时，队员们给队友点评文章斟酌用词的过程其实就是对自身说话方式的考量——提意见、建议固然好，但如何能让对方易于接受也是一门学问；面对他人中肯的评价，正确的意见该如何看待，取长补短，虚心听取，亦是在交流中需要习得的。

（此文获开发区2016学年教学论文评比一等奖）

手账打卡：小学生习惯养成教育新载体的实践研究

罗　莎

现代德育的主要原则是教育学生形成以良好习惯为基础的社会能力。这其中小学德育是处于核心地位的。因此，教师应该抓住小学生习惯形成的关键时期，引导其形成良好的日常行为习惯。而离开学校，学生也应通过自我教育的方式，多方面地加强自我约束能力，以培养自我习惯的形成。针对小学生良好习惯的培养，我采取用手账打卡的方式来促进小学生习惯的养成。

一、小学生习惯养成教育的重要性

在小学阶段，学生的行为习惯还没有定型，喜欢模仿，这是形成良好行为习惯的关键期。就像一张白纸，可以勾勒出丰富多样的蓝图，需要进行长期的、细致的和反复的工作。既要运用规章制度管理、约束和规范其行为，更需要经过受教育者的自觉反思和亲历实践，才能促进他们良好行为习惯的养成。良好的行为习惯会影响人一生的发展，对未来的工作和生活将会产生潜在的重要影响。正如英国作家萨克雷所言："播种行为，可以收获习惯；播种习惯，可以收获性格；播种性格，可以收获命运。"

二、手账打卡：小学生习惯养成教育新载体的实践研究

（一）手账打卡

1. 手账

手账是一种特别设计的笔记本，适合随身携带、随手记录，内页一般使用设计好的各种功能活页，如年历页、季度/月份计划页、每日记录页、账目页等，通过内页组合，组成不同主题的手账，如工作手账、学习手账等。可以使用手账来记录、备忘、

规划行程乃至人生，因此有人提出"手账哲学""手账的使用方法决定你的人生"等说法。

2. 手账打卡

上班打卡或上课点名，都是为了管理出勤，约束大家的时间观念；而手账打卡，也是一种小学生自我管理，自发性地约束自己去养成良好的行为习惯，比如去培养一个良好的健康习惯，或坚持做某一件事。手账打卡通常被用来管理健康，或进行学习计划。手账打卡相对简单很多，通常是目标时间（涂色、打勾等）的形式，主要记录每天的行动情况。

（二）手账打卡的作用

1. 目的性

小学生在制作习惯养成的手账之前，首先要制定一个明确的目标，根据此目标制定相应的习惯养成计划。通过手账，向这个目标不断努力。

2. 纪实性

手账使习惯养成纪实性十足。手账是最真实、直观的记录——各种行为习惯都可以用手账确切地记录下所有的细节，有时候一张纸片就能讲述一段习惯养成的过程。

3. 趣味性

手账本身就极具趣味性。手账是生活，小学生在上面涂写画画，在上面记录生活，在上面发挥小学生的创意，做自己的设计师。因此，也能激发他们的兴趣，让他们喜欢用手账来养成良好的习惯。

4. 艺术性

手账作为一种艺术创作的手法，不仅仅可以成为一件独立的艺术作品，还可以让小学生通过艺术的发挥来养成习惯。学生自己绘画，用水彩、彩铅、马克笔等工具进行手账设计，传达想法，表达情绪。

5. 成就感

一个月的手账记录，能让小学生在习惯养成之后看到自己的记录过程，这个记录过程是把原本空洞的习惯养成过程通过手账物化了，他们能真正感受到自己的进步，从而产生了成就感。成就感和反思都是促使他们坚持的重要影响因素。

（三）手账打卡的类型

其实用手账打卡还有个很大的优点：可以随意根据自己的要求自由地发明或改造打卡的形式，这能获得创作乐趣增加成就感，这些花式打卡，还可以美丽你的手账，增加趣味性。下面介绍一些打卡的方式（见表1），大家可以学习参照一下：

表1 手账打卡类型一览

类型	描述	特点	范例
类甘特图	类甘特图的打卡形式，是以目标和时间为Y、X轴记录事情发展情况	多种事情一起打卡；每次打卡记录的内容一致，可以通过打勾/叉，或涂色来进行；通常用于健康习惯培养或学习计划的打卡，适合做短中期计划或简单的习惯养成	
折线图	通常用来记录时间、成绩等，直观对比每天的变化，适合做中长期计划或简单的习惯养成	通常用来记录单件事情；需要记录详细数据的事情，如：每日睡觉时间是几点	
蜂巢图	是通常填写日期或涂色的方式来记录某件事情每天的实行情况	每件事情都是独立打卡的，并且可以记录相对详细的数据，比如说受到老师表扬等	
墙式图	根据计划时间长短，在内页上画出对应数量的砌墙砖格子，进行每天的打卡	墙式图适合用来做长期规划，但墙式图不适合做精细化数据管理	
其他	"每天八杯水"——杯子图形，用象征水的蓝色彩笔将这些杯子涂色，形象生动又富有乐趣 "阅读进度打卡"——作为爱看书的孩子，同时看好多本书怕忘记进度怎么办，做一个阅读进度打卡就能轻松掌握阅读进度情况 "早睡早起管理"——更精细化的折线图/链条表，记录的刻度更加精确，并且也可以通过折线将每天的记录数据连接起来，精准地管理健康 "作业清单打卡"——类似于备忘录，主要防止遗漏要完成的作业		

（四）手账打卡的方法

学生可以多学习其他学生的打卡方式，然后结合实际需求，进行改造，然后去坚持自己的习惯培养或计划管理，以学会自主养成习惯。

1.选——教师选定方向

教师要给予低段学生可选择的、贴近学生生活实际的习惯养成方向。方向可以和这周的教学内容相关，可以和这周的节日相配合等。目标周期为一个月，如友善、自主、诚信、文明等。参见表2。

表2　二年级第一学期方向与目标习惯

方向	目标习惯
友善	日行一善，每天给自己一个微笑，赠送爱的拥抱，保护大自然，爱交朋友等
自主	自己穿衣服，整理房间，作业清单，自己整理书包，早睡早起，看书等
诚信	不说谎话，考试、作业不作弊，借书准时还等
文明	保护教室环境，遵守交通规则，保护社会环境，轻声慢步等

2.定——学生制定目标

学生根据老师选定的方向，结合自身情况制定目标。要想学生顺利开展良好习惯养成教育，必须要有目标，让学生在德智体美劳各方面的养成习惯中时刻朝着目标前进，同时要尊重学生的具体个性特点，根据实际情况确定个人阶段目标。明确了总体目标以后，教师要抓住学校的教育机会，在学校以多种形式对学生进行宣传教育。

3.计——学生做好计划

学生制定好属于自己的目标后，再根据对自身情况的考量，做出一份为期一个月的行动计划（参见图1），该计划要将相应的习惯具体化、可操作。培养学生良好的行为习惯必须要求学生从点滴小事做起。如见到垃圾随手捡，在校园里轻声慢步走，见到老师主动行礼问好，上下课整理好自己的学习用具，上课要衣着整洁，佩戴好红领巾，放学要站路队，遵守学校的作息时间，出家门时与家长道别，放学回家后主动帮家长做家务，接受别人的礼物

图1　"我的计划"

要谢谢，学会感恩等。习惯往往具有迁移性，学生把一种好习惯养成了，其他好习惯也会跟着养成。

4.制——根据计划制表

小学生根据自己做好的计划绘制出与之相适应的手账打卡表，如做出了多个计划，可将多张手账打卡表装订起来，形成一本"一月习惯养成手账"。参见图2。

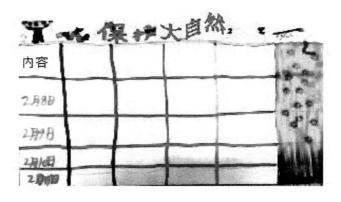

图2 根据计划制表之样例

5.录——学生如实记录

通过以上步骤，小学生就拥有了一份专属的、独一无二的手账打卡本，他们可以回顾自己一天的生活，看看有没有认真按照计划来培养良好的习惯。相信每一位对手账打卡充满兴趣的小学生一定会如实记录的。参见图3。

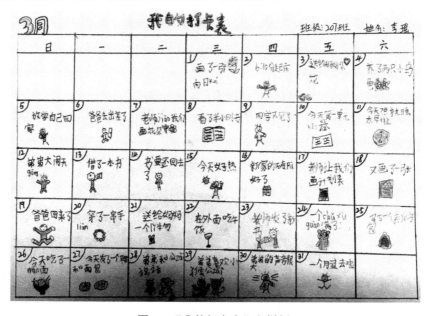

图3 "我的打卡表"之样例

（五）手账打卡反馈

1. 学生自主反馈

一个月的时间到了，小学生利用手账打卡进行习惯养成的情况进行得如何，他们自己是最有发言权的。老师可以每月举行一次"习惯养成反馈交流会"，让在这一个月里认真记录着的学生能上台与同学分享在这个过程中的收获、体会、反思等。

2. 小组互评反馈

对于处在敏感学习期的小学生，身边的人和事，就成为其直接的榜样。定期开展小组互评反馈，能帮助他们认识到自己的长处与不足，尝试扬长补短，对自己的手账打卡本进行有针对性地完善。还能在潜移默化中培养小学生自主交流、探索的能力。

把班级分成几个小组（每小组 5～6 人为宜），每个星期选定一个时间，对这星期的手账打卡进行交流。每个成员提出相应的建议后，学生进行修改，最后把它修改好。

小组内"手账打卡"习惯养成反馈交流会流程：

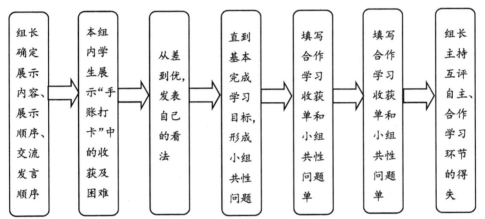

由组长根据学习目标确定展示内容、展示顺序、交流发言顺序。先由本组内学生展示自己在自主养成习惯"手账打卡"中的收获及遇到的困难。按照小组内从差到优的顺序，依次发表自己的看法，或肯定他习惯养成的可取之处，或指出她"手账打卡"方式上的不足和错误，或帮助她解决问题，或提供解决问题的思路。再由本组内其他同学展示自己在自主学习中的收获和疑问。小组同学依次发言，直到基本完成学习目标，形成小组共性问题。填写合作学习收获单和小组共性问题单。由组长主持互评，安排班内展示时的分工，完成小组内展示。

3. 教师总结反馈

习惯的养成，并非一蹴而就，而是一个长期的过程。这就要求教师在指导培养学生形成习惯的时候，要有耐心，对于学生的进步，更应该给予积极的肯定。为此辅助进行的各种活动更要持久。本着"一步一个脚印"的原则，对学生的要求逐步提高，使这项工作在稳健有序的过程中不断推进。为激励学生持之以恒，认真仔细地完成每月打卡计划，老师应密切关注、及时表扬、不吝鼓励、树立榜样，还可以在每次总结反馈后，对认真记录、踏实执行的学生和有进步的学生进行班级内的表彰，在学生心中形成榜样意识。

对于小学生来说，是非判断能力比较薄弱，而对外界的反应又极度敏感。因此，教师应该切实把握小学生的这一特点，为学生提供身边具体的典范事例，以及名人名言、成语典故等，这样，既能提高学生在事例中辨别习惯良莠的能力，又能达到引导学生学习榜样，以形成良好习惯的目的。

教师组织下"手账打卡"习惯养成反馈交流会流程：

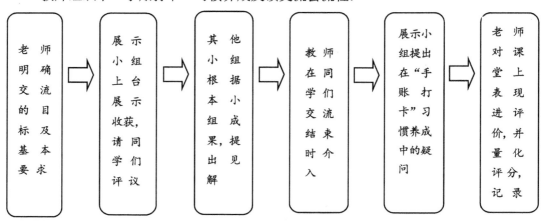

老师明确本节课展示交流的目标及基本要求（展示方式、展示语言、展示时间等），按照机会均等的原则确定展示小组。展示小组上台展示自己小组在合作学习中的收获，并在每展示一个知识点后请同学们评议。其他小组的成员根据本小组的"手账打卡"成果，就展示小组的发言提出见解，或赞扬，或补充，或纠正，或辩论。教师在同学们交流结束时介入，或纠正、或肯定、或给予赞赏。展示小组展示自己小组在"手账打卡"习惯养成中的疑问。全班合作探讨，探讨过程中老师不要给予帮助解决，给同学们以探讨的时间，根据实际情况给予相应的点拨，问题的解决要靠全班学生的努力探究，老师最后对正确的结果及时认可和赞赏展示完毕，展示小组代表要对本小组的学习及展示过程进行评价与反思，其他小组代表互评课堂表现。老师从展示、交流发言、聆听等多方位对课堂上表现特别的同学进行评价。并对各小组表现量化评分，记录在案。

（此文获开发区第三届德育论文评比二等奖）

我想为自然写首诗

罗　莎

秋日霏微凄冷，寒气深深。已是十月中旬，是深秋的天气了。以前的我会行走到落满黄叶的街道上，一阵风，施施然袭来，像一股清凉的水流，抬头望去——薄纱似的云彩挂在深邃蔚蓝的天际。真是天凉好个秋！

不知曾几何时，我不再关注云彩金边璀璨，醺风烂漫；也不再感受着风的撕扯，遍及全身的清爽；更不再沉浸于被艳光四射挖去的半个天空里。每堂课、每件事都要按着我最美好的预设走，如果有一点点的偏颇意外，追求完美的我立刻会以严格严谨的态度纠正过来。我很累，孩子们更累！

我执教的这门校本课程是"诗意自然"儿童诗的课程，对于我，确实是很喜欢大自然，也喜欢大自然在诗人眼中的意象，更喜欢孩子们能够融入充满诗意的大自然，并把它们侵透于自己的内心之中，融化于文学素养之间。

我一路小跑，跟以往一样。真是一群遵守纪律，听话可爱的孩子们，早早地就在教室里指定的位置上端正坐好，正等着我。二话不说，插好 u 盘、打开 ppt、一个转身后，开始了我"诗意自然"的熏陶。

《我想》，真是我想的吗？

这次给孩子们欣赏、朗读的是一首来自向川（高洪波）的儿童诗《我想》。《我想》这首儿童诗写了一个孩子一连串美好的幻想，想把小手安在桃树枝上，想把脚丫接在柳树根上，想把眼睛装在风筝上，想把自己种在土地上。真是一首充满童真，并把童真融入大自然的奇妙又不缺形象的诗歌。

"这首小诗可真美。用自己喜欢的方式读一读，并说一说你知道了什么？"（学生试着读、想。）

"把你知道的说给小组同学听，还有哪些不懂的问题也在小组里交流。"

生1：在第一节中知道了这个小朋友想变成美丽的桃花，引来布谷鸟。

生2：第四节里我知道自己想变成小草、小花、变成柳絮、蒲公英飞到遥远的地方。

生3：第五节里说要飞到遥远的地方，要和爸爸妈妈商量商量，要和爸爸、妈妈商量什么？

"是呀，要商量什么？"

生1：怕爸爸、妈妈惦记所以要告诉妈妈、爸爸。

生2：到遥远的地方爸爸、妈妈不同意怎么办呀，应和爸爸、妈妈商量一下，同意了才能去。

"同学们都很喜欢这首小诗了，有什么办法既能把小诗读好，又能体现它的美呢？老师推荐一种方法：喜欢哪一节就美美地读一读，自己试着读一读。"

"谁愿意把这首小诗读给大家听，同学们认真听，一会儿评一评。"

生1：他读得很有感情。

孩子们是天生的诗人，只要让他们自己细细品味，就能进入诗歌之中。此时我的讲解和引导就显得多余了许多，甚至开始不怎么吸引他们的注意力。而自己读、同桌对读、男女生对读，上台表演朗诵，显然也没有起到多大的兴趣作用。有些孩子甚至开始了"神游"境界，此时的我就会用批评和警告的方式来"抓回"他们的思路。

天空下的思考

就在我生气、无奈又束手无策的时候，一个孩子默默地自言自语了一句"今天的天空真蓝啊，想把眼睛装在小鸟上，去看看天空里的棉花糖。这里还有一条飞机留下的尾巴。"本想用眼神瞪住他进行警告。可是这一句暗暗的言语，却让我疲惫的心为之明亮起来。难道这不是最美的诗句吗？是啊，对于一个生活在充满雾霾的孩子来说，这广阔蓝天是多么得难得。特别是进入秋天后，整个杭州基本上都被雾霾所笼罩着，仿佛蓝天对于他们来说是最奢侈的礼物了。是啊，对于一个不留些许童真并且不留心于生活的我来说，已经很久没有抬头看看这澄澈明净的蓝天了。

那么，为什么不让孩子们走出教室，走出四角天空，走出条条框框的预设。诗人本该就是向往自由、向往广阔的。只有亲身接触大自然，才能去欣赏大自然、品味大自然、赞美大自然，才能书写出最真实的诗歌。于是，我想借助这次机会，让孩子们按照《我想》的句式模板来写一首短短的诗歌。或许你会觉得不可思议，但是不要小看孩子们，他们可是天生的诗人，也只有他们能写出最童真、真实纯美的小诗。

踮起脚尖，和自然说说话

给孩子们讲好要求后，孩子们兴奋地排好了队伍，走向了学校操场。令人惊讶的是他们并没有贪玩起来，而是静静地观察着校园的一花一草一木，这些在他们的心里就是一切。远远望去，一群群小朋友就像一丛丛的小野花在阳光下散发着诗意的气息。有些孩子还收集了一些充满秋意的树叶。而我也慢慢地抬起了头，刚开始还不适应这个角度，也不适应这耀眼的光芒，慢慢地也沐浴在美丽之中。

和大自然亲密接触后，孩子们来到了教室。我给出来一个模板，有些孩子立马奋笔疾书起来，思绪万千，下笔如神。

有些孩子不断跑上来和我说，"老师我忘记带纸了，老师我忘记带笔了"。这些都不是问题，诗人的思绪说来就来，当他们情感潮涌时是不管身在何处的，随手拿起一支笔，把诗写下来，从来都没有一个固定的地方。因此，我说可以写在小纸片上，甚至可以写在收集来的落叶上，这样比写在规规矩矩的白纸上更加充满艺术气息。

短短十分钟的时间，孩子们陆续写完了。有的孩子写得还不尽兴，写完了一首不够，还想写第二首。看到这种景象，心中不免感到些许庆幸。到了展示环节，出乎意料的是，大家都非常想展示一下自己的作品。

"我想把嘴巴，接在果树上。闻一闻果实的香味，吃一吃香甜的水果。吃啊，吃——吃成一个美食家"，多可爱的一首小诗啊！"接"用得多好！

"我想把眼睛，装在气球上。去看一看，太阳到底有多大，云到底是什么样子的？看啊，看——看成一个冒险家。"充满童真和想象力的小诗，虽然有几个写错的地方，但是我还是觉得非常完美。

"我想把鼻子，放在花蜜里。多闻闻它的花香。闻啊，闻——闻成一朵朵美丽的花儿。"好甜的一首诗。

"我想把星星，放在地上。让星星感受地的温暖，落啊，落——落到地上。"充满童趣的一首诗。真是你待世界以童真，世界还你以童趣。

有一个语文素养并不高的小朋友也举起手来说有。上来居然没有带纸，我说你写的呢，他说已经背出来了，紧接着就有感情地朗诵起来，虽然他说得没有按照我的模板，但也是一首真实的诗歌，很棒！

听着他们写的小诗，我的天空，也因为脱胎于这样的泥泞，异常蔚蓝广阔。不经意间的一个抬头，促进了他们对于学习诗歌、甚至是学习语文产生浓厚的兴趣。

"映阶碧草自春色"——台阶上的小草虽然不起眼，但诗人用心灵发现了它的生命价值，发现了每一个生命独特的春情、春意。

（此文获开发区第五届教学叙事评比三等奖）

班级拍卖会，"发光盒子"唱主角

裘炯涛

在班级建设过程中，建立科学合理的奖惩机制既可以调动学生学习积极性，又能让班级管理一直处于良性循环之中。很多班主任在管理班级中都会用到"班币"机制，比如作业书写整洁可以得班币、上学迟到会被扣班币等。在奖励的背后往往还会有相应的物质奖励，可能是一块橡皮，可能是一张喜报。别看只是小小的一点奖品，却能带给孩子极大的鼓励和动力。

一、班级拍卖会的缘起

在我们班发行的"班币"是一张印有学校吉祥物的圆形纸片，班内称之为听儿涛仔卡。各科老师根据学生在课堂、平时、作业等多个方面的表现，奖励或扣除一定的卡片。实行了一段时间后发现，仅靠这些卡片激励学生还是不够的，在这背后要有一定的物质和精神奖励才能激发学生更大的学习兴趣和动力。去年，在家委会的支持下，有家长给班级捐了一些小文具，可以作为奖品奖给表现好的学生。起初，我根据奖品的价格和学生的喜爱程度，对奖品明码标价，比如一个橡皮10个听儿涛仔，一支荧光笔20个听儿涛仔……

经过一年的实践，这成为了一套得到学生广泛认可的奖惩制度。后来，我想起了拍卖会，觉得拍卖的形式更有趣，更加能调动学生积极性，就试着在班里拍卖奖品。拍卖会上，一个橡皮起拍只要3个听儿涛仔，学生纷纷举手，5个！7个！10个！15个！不断有人出更高的价格，结果一个小小的橡皮身价倍涨。没拍到的学生很是遗憾，拍到的学生特别珍惜。经过几次拍卖，学生的热情高涨，能明显感觉到每个学生平时各方面表现都变得更加积极，于是每周的拍卖会成了我们班最激动人心的时刻。

二、发光盒子，掀起拍卖会新高潮

到了这个学期，家长赞助的奖品渐渐拍完，剩下的奖品也是一些不太起眼的铅笔和彩纸，学生渐渐失去了对拍卖会的热情。我想，我们已经三年级了，再向家长要奖品有点说不过去，而且随着学生年龄的增长，一些小玩意儿也已经哄不住他们的心了。我得赶紧寻找更能激发学生兴趣的新鲜玩意儿。

作为一个爱折腾的创客，我总有一种想带着学生一起折腾的冲动。经过一段时间的准备，我准备在班里推出发光盒子拍卖会。我的发光盒子是根据北京景山学校吴俊杰老师提出的家庭创客孵化课程改编的。

班上有个女生，平时挺爱自己动手做些小东西，我就先送了一套发光盒子的材料给她，再给她家长发了制作教程。小姑娘很有兴趣地回家探索，跟爸爸妈妈一起用了两三个晚上完成了第一个发光盒子作品。当她把发光盒子带到班级时，同学们既好奇又佩服。纸盒上是小姑娘自己手绘的图画，在画中适当的位置扎眼，放上发光二极管，再通过连接线路，实现了有节奏地按键，发光二极管就会有规律的闪光。

我问她，是否愿意把这个作品拿出来拍卖时，她很爽快地答应了。在那一次拍卖会上，这件创客作品——万家灯火，以 50 个听儿涛仔的高价被一位"土豪"学生拍得。当"土豪"拿到盒子时，真是羡煞旁人。

趁着孩子们还沉浸在羡慕之中，我提出了拍卖会新玩法。发光盒子材料的售价固定为 30 个听儿涛仔，明码标价，不拍卖。买到的同学回家后做成发光的盒子，然后拿到班级里拍卖。拍卖所得的听儿涛仔卡，2/3 给班级，1/3 可以自留。

班级拍卖会新规制定当天就有好几个学生拿着 30 个听儿涛仔跑来找我，说要购买盒子材料。我带着他们来到机房，同学生一起整理出所需材料。其中飞机盒原本是一张硬纸板，需要自己沿着线叠成一个纸盒。在我指导下，孩子们一步步学着叠纸盒。叠好纸盒，一个学生惊呼："老师，这不就是快递盒吗？"我回应："对呀，快递盒也是可以用来做发光的盒子。"

没过两天，就有学生把做好的发光盒子带来了。学生争着问："老师，今天有拍卖会吗？我的盒子已经做好了。"第二场发光盒子拍卖会就要比第一场精彩多了，首先是作者上台介绍并演示自己的作品，还可以邀请其他同学上台体验自己的作品。接下来，作者自报起拍价，其他同学开拍。起拍价 10 个，那些在第一场没有拍中的小伙伴都想抓住机会，拍得一个属于自己的盒子。随着价格的不断被拍高，有同学开始从笔袋里拿出珍藏的所有听儿涛仔卡，边数边拍。也有同学"家底"不够厚，只能提前期待下次拍卖。随着价格越拍越高，拍卖成了几个人之间的竞争。李茹雪喊出："36个！"吕晨立马跟上："40个！"徐若琦不甘示弱淡定地报出："45个！"全班一声惊呼，然后就变得很安静，只有几个同学的眼神在空气中来回穿梭。我开始喊："45个一次！45个两次！""53个！"李茹雪刚刚清点完自己的"资产"，自信地报出了一个无人敢超的价格。在众人的羡慕中，李茹雪成了"任性的土豪"。

此次拍卖中我增加了介绍与展示环节，表面是通过让其他同学了解作品的神奇之处和作品的细节，以此抬高作品成交价。而我的真实目的是为了让作者能够锻炼分享的能力，能将自己的想法表达出来，与其他同学分享，让其他人知道他的想法和意图。至于那抬高的价格，就算是对学生分享能力的额外奖励吧。

分享，在创客文化中是一种非常重要的能力。在创客活动中，每个学生的作品都不一样，每个学生就会都有话说，有故事可讲。有故事可讲是因为造物是以学生的兴趣为基础，学生愿意与他人分享自己造物的缘由、过程的挫折以及完成的喜悦。创意本身就是需要分享的，若不分享，好的创意便止于实现者本身。"无分享，不创客"，这句话从创客文化里继承过来，也是创客精神的重要体现。

三、发光盒子，引领孩子走上创客之路

孩子们在制作和拍卖发光盒子的时候，他们并不知道自己在进行的是一项叫做创客的活动。对孩子而言，有趣味，有收获，有成长，那就是有意义的活动。为丰富拍卖会活动，在学生的提醒下，我又扩大了拍卖会拍品的范围，只要是学生自己手工做的作品，都可以来拍卖，起拍价自定。比如，水彩画，铅笔素描，超轻粘土作品，拼豆作品……都可以参与拍卖。这样一来，极大地调动学生动手的积极性，很多孩子回家之后，作业之余，就开始准备第二天的拍品。

随着拍卖活动的开展，很多学生逐渐掌握了简单的电路连接和盒子制作技巧，我就开始逐步提高要求，将学生的能力向更高处引导。

有一天，我有意无意地问学生，如何才能让你的盒子拍出更好的价格呢？学生开始议论，有人说要做得漂亮，有人说要与众不同。做得漂亮，其实就是精致，当人人都会做发光盒子的时候，你需要做得精致。所谓的与众不同就是小创意，比如将超轻粘土与 LED 结合，让盒子上的形象从平面变成立体；还有将拼豆与 LED 结合，会成为小女生的最爱；将 LED 与旧玩具结合，让旧玩具焕发新生命。与孩子们一次无心的探讨却为班级创客活动注入了新的活力和方向，发光盒子又售出一批。

10 月下旬，班上一位发光盒子资深制作者跑来问我："老师，万圣节快到了，我

能不能做一个万圣节面具来学校呀？""当然可以呀！"我爽快地答应了，就像她上次答应我一样干脆。

大概过了两天，她戴着面具来办公室找我。我一回头，看到狰狞的面具吓了一跳，眉心闪着一盏七彩灯，嘴巴两侧各一盏蓝色的 LED 在闪烁。惊吓之余，我马上反应过来，我还没教她，她是怎么做出变色灯和闪烁效果的呢？她摘下面具，向我展示内部结构，原来眉心的闪烁灯是成品七彩灯，并不需要编程，通电就会变色。而嘴边 LED 的开关就在面具的下巴处，只要嘴巴一张开，下巴就能抵到微动开关，LED 就被点亮；嘴巴一闭合，微动开关就会松开，LED 就熄灭。原来这面具与发光盒子是同样的原理，只不过换了一个外壳和控制方式。然而，这带来的变化让每一个人都为之惊叹，让每一个看到面具的孩子都想拥有它。有时候，创新并不需要推倒重来，也可以是另辟蹊径，一点小小的变化也会让我们欣喜不已。

拍卖会还在继续，我们基于创客活动的班级文化建设也将持续下去。创客活动，对学生而言，就是在玩中学，在玩中收获。创客活动，首先是造物，其次是分享，最终是成长。班级文化建设涉及每一个学生，当每一个学生都有学习、上进的动力时，班级氛围自然就会充满正能量。在我们班，利用创客活动调动了学生学习积极性，而拍卖会可以很好地激发学生做好平时每一件事。

（此文发表于《中小学信息技术教育》2017年2月刊）

让创客理想照进教育现实

——创客教育在小学低段的实施与研究

裘炯涛

一、什么是创客教育

创客是以用户为核心理念，坚守创新，持续实践，乐于分享。创客空间是以创客文化为核心价值，以聚会来分享资料和知识，共同制作、创作想要的东西的一个平台。创客教育是创客文化与教育的结合，基于学生兴趣，以项目学习的方式，使用数字化工具，倡导造物，鼓励分享，培养跨学科解决问题能力、团队协作能力和创新能力的一种素质教育。在《国家中长期教育改革和发展规划纲要（2010—2020 年）》中提出建立创新人才培养模式；在政府工作报告中提出"大众创业、万众创新"的理念；国务院办公厅发布了《关于发展众创空间推进大众创新创业的指导意见》。创业、创客、创客文化、创客运动、创客教育等议题受到业界、各级各类学校教育工作者的广泛关注。本项目将探索如何在我校既有条件下开展适合小学低段学生的创客教育。

二、开展创客教育的意义

（一）锻炼学生的动手创造能力

创客教育打破传统应试教育的"死记硬背"，"纸上谈兵"的弊端，提倡学生亲自动一动，做一做，注重动手的学习体验，在此过程中，发挥自己的想象力，培养再造及创造的能力，有利于各领域学科的融合，并培养学生知识的嫁接能力，一件作品的完成，需要学生各领域学科，多方面知识的融会贯通。在制作的过程，学生又会不断地完善某一学科已有的知识结构框架，对各学科的知识框架进行交叉式嫁接联系，找到共通点，形成一个知识系统。

（二）培养解决实际问题的能力

与纸质的考试不同，创客教育注重学习和现实世界的联系，希望能解决实际生活中遇到的问题，创造便捷、美好的生活环境。例如我们常抱怨空气质量差劲，学生们会思考如何检测空气的质量并及时作出预防治理。在这个解决的过程中，学生们不断地培养解决实际问题的能力。

（三）蹒跚学步：从 Code 起步

偶然的机会我了解到全球计算机教学周和编程一小时活动，在 code.org 网站上我看到了一套完整的、针对低段儿童的编程系列课程。课程学习从最简单的辨别方向开始，再到顺序结构，判断结构，循环结构，随着课程的深入学习，还融入了事件侦听等内容。编程中原本复杂的事情，在这个课程体系中都得到了很好的解决。体验了该课程之后，我决定就从这里起步，将这套课程作为我校儿童编程的起点。

2015 年 9 月，我开设了学校第一个信息类社团，取名"码上编程"。从编程一小时项目起步，一下子就降低了编程的门槛，一年级的孩子在上几次课之后就能掌握图形化编程的方法，还能理解常见的逻辑结构，更关键的是，从编程一小时开始，孩子们爱上了编程，他们不再觉得编程是一件很难的事情。

（四）课程概要

Code.org 网站是由哈迪·帕托维创办的非盈利组织，他立志让编程变得更酷，以便能吸引年轻人。该网站自开办以来推出了众多有趣的儿童趣味编程课程，旨在培养儿童对编程的兴趣，培养儿童的创新能力和逻辑思维。

（五）Code.org 编程常规课程

常规课程根据难度分成 4 个课程，如图 1 所示。常规课程中从鼠标的使用，程序积木块的拖拽开始介绍，帮助儿童掌握最基本的计算机使用方法和编程的方法。将编程知识融入有趣的蜜蜂采蜜、走迷宫、植物大战僵尸等趣味情境中，便于儿童在游戏化教学中掌握顺序结构、选择结构、循环结构等编程基础知识。

听，涛的故事

图1 常规课程

三、课程特色

（一）操作简单的编程方式

与众多儿童编程类语言一样，code.org 网站的所有编程项目都采用了 google 的 blocky 技术，儿童可以方便地通过拖拽积木块来完成编程。这样的编程方式就像是搭建积木一样形象方便，编程就像用积木搭建一座高楼或者城堡一样有趣。

（二）细致入微的基础教学

当大部分编程语言注重编程时，code.org 将着眼点放在了学习编程之上，设计了巧妙、恰当的教学环节来介绍编程的方方面面。由于 code.org 的受众从幼儿园孩子到初中生，所以 code.org 采用了零起点的编程教学。在课程1的阶段3中先逐步介绍如何使用鼠标拖拽图片（图2）。

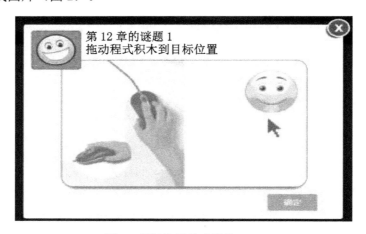

图2 鼠标使用基础教学

在生活中大部分学生都接触过拼图玩具，儿童需要将原本有关联的多个拼图块组合在一起拼成一副完整的图案。借鉴这样的游戏方式，在 code.org 编程中也采用了类似的形式，首先让学生尝试在计算机中用鼠标移动拼图块完成一个简单图案的拼接。根据建构主义理论，学生很容易在已经掌握的拼图游戏基础上学会拖拽编程，为后期编程的学习奠定基础。

四、教学片段

教学片段一：顺序结构

在学习前期，学生要通过程序积木控制小蜜蜂完成采蜜和酿蜜的动作。这是程序中典型的顺序结构，这个内容的学习将帮助儿童形成严密的逻辑性，并初步形成寻找最短路径的思想，如图 3。

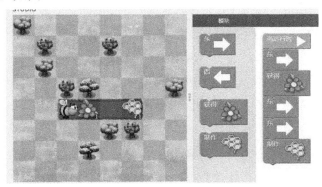

图 3　蜜蜂采蜜中的顺序结构

教学片段二：循环结构

在循序渐进的任务中，学生逐渐掌握了顺序结构，也发现了很多程序是重复的，自然产生对重复结构的需求。在采蜜、酿蜜这个场景中，使用重复模块可以大大提高编程效率，也能巩固学生对重复模块的理解，如图 4。

图 4　蜜蜂采蜜中的循环结构

在其他语言的教学片段三：函数

学习中，函数总会是一个拦路虎，学生总是无法理解函数的作用。而在 code.org 的课程中，依然借助于蜜蜂采蜜的情景，很好地融合了函数的知识点，如图 5。由于这个任务中多次使用到了在同一朵花采 5 次蜜，于是将采 5 次蜜作为一个标准函数。重

听，涛的故事

复调用该函数可大大减少重复步骤，提高程序编写效率。

图 5　蜜蜂采蜜中的函数问题

在 code.org 课程中，有大量诸如此类的富有趣味的编程学习情景，在学习中不仅有编程知识，还融入了各类生活知识。学生通过一个学期的学习，掌握了程序设计的基本思路和技能，更重要的是培养了学生对编程的兴趣。

教学片段四：与数学公式结合的算法教学

有次上课过程中，我发现程序教学中循环与数学中的乘法很相似。我就设计了一节借助乘法运算介绍循环算法的课。在程序教学上，我将循环结构与乘法运算进行类比，从 2+2+2=2*3，引出"5 次直走=直走*5"。利用这个公式来帮助学生理解循环，帮助学生在乘法运算的基础上建构起对循环的认识。利用这一点，在解决问题的过程中，逐渐形成一种模式，就是先规划路径，再写公式，化简公式，最后编写程序的一个流程。利用这个流程，将循环结构逐步分解，降低难度。帮助学生理解并在趣味中掌握编程中的循环结构。如图 6。

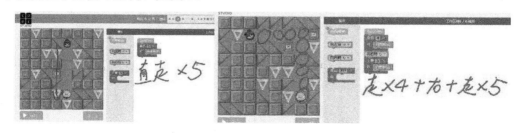

图 6　循环结构与乘法运算

五、课程效果

Code 编程课作为儿童编程的启蒙课是非常合适的。从教学场景上看，课程选取了众多富有童趣的教学场景，让儿童在轻松的氛围中学习。走迷宫、蜜蜂采蜜、简笔画，这样的任务是儿童熟知的，儿童很愿意在熟知的环境中学习。从教学任务上看，每一节的任务难度有梯度，有深度。课程从最基本的鼠标拖动展开教学，层层深入，利用巧妙的设计化解编程学习中的种种难题，寓教于乐。从知识体系上来看，code 课程由浅入深，从程序三大基本结构到复杂的算法，课程形成了一个完整的知识体系，适合 5～18 岁的儿童和青少年学习。

作为创客课程的一门子课程，在学习 code 编程过程中，不应只是介绍编程知识，也应该注重儿童动手能力的培养。在编程教学中融入一些动手的项目，比如折纸，搭建立体结构，纸上编程，编程接力赛，七巧板等活动，有助于提高学生逻辑思维能力和动手能力。

针对家长普遍担心的学生迷恋电脑游戏的问题，在教学过程中应当注重对学生的引导。通过介绍游戏的原理，解开游戏诱人的神秘面纱，引导学生从编程的角度认识游戏的本质。

六、摸索前行：arduino 这边风景独好

2016 年年初，我开始接触 arduino，一开始觉得很难，点亮一盏 LED 灯都要折腾很久，想过放弃，觉得这样的难度不适合大部分学生学习。后来，无意中发现了 mixly，利用 mixly 图形化软件为 arduino 编程就变得简单了很多，点亮一盏 LED 灯只需要一个积木模块。

经过自己一段时间的研究，做了几件有趣的作品后，得到了朋友圈的大力点赞。趁着学校筹备科技节活动，我购买了一批设备，准备开一个兴趣小组。从投入上看，我们的创客教育投入是采用按需购买，逐步提升的模式，避免了一次性大量投入带来不必要的浪费。

七、他山之石，借鉴改造 arduino 课程

参考温州中学谢作如老师的《创意机器人（小学版）》一书后，根据我校学生以低段学生为主的实际情况，我设计了我校的创客课程（见表1）。课程将以电子制作为基础，结合 arduino 编程，引导学生发挥创意和想象，利用生活中常见的物品和电子元器件，制作富有创意的电子作品。

表1　创客课程一览

时间	标题	知识点
第一周	会发光的砖	用开关控制 LED 发光，学习电路连接
第二周	线控小车	用两个开关控制马达，学习扎带制作小车底盘
第三周	自制光控系统	利用光敏电阻制作光控系统
第四周	自制电压表	舵机控制
第五周	走进 arduino	认识 arduino
第六周	点亮 LED 灯	电路连接，LED
第七周	按钮控制 LED	按钮传感器
第八周	会呼吸的灯	循环结构的使用，PWM 输出
第九周	光线控制 LED	光线传感器代替按钮
第十周	创意交通信号灯	利用所学知识进行个性化创作
第十一周	让喇叭发声	蜂鸣器发声
第十二周	有趣的哆来咪	控制发声频率
第十三周	小小钢琴家	利用 arduino 制作简易 7 键电子琴
第十四周	启动风扇	电机控制
第十五周	声控风扇	利用声音传感器控制电机转动
第十六周	换挡风扇	利用电位器控制电机转速

八、创意 arduino 课程实施过程

我从社团里选择了一部分学生参加这个课程。针对学生年龄偏低，从未接触过电子制作的现状，我放慢了学习节奏。当孩子们第一次通过搭建程序积木控制点亮 LED 的时候，每一个人都很兴奋，从孩子们的眼神里我看到了他们对这门课程的喜爱。我跟孩子们一起点亮的第一盏灯，照亮了孩子们和我的创客之路。如图7。

图7　发光小鸡

我们将 LED 与超轻粘土结合，将作品做在纸盒子上，利用发光二极管点缀作品。通过这样的作品，培养了学生的动手能力、编程能力和审美能力。学生在制作过程中不断与他人合作、比较、互相评价。如图8。

图8　用 LED 点亮我的画

在 arduino 课程中，我一直坚持奉行 scratch 项目的创始人米切尔·瑞斯尼克教授提出的 4P 模式。第一个英文字母 P 代表 Project，就是基于项目；第二个 P 代表 Passion，就是要有激情；第三个 P 代表 Peers，就是同伴协作；最后一个 P 代表 Play，就是要可以玩，但这个玩不是简单的玩，而是说学习的过程就是一个快乐的过程。

经过一段时间的学习，学生已经掌握了多个 LED 与绘画结合，然后控制 LED 有规律的亮灭。Arduino 与美术、手工的结合是一个比较好的入口，尤其是低段学生，程序的复杂度不高，经过几次的学习，学生很快就能掌握。当然连线会比较麻烦，制作这样的作品很考验学生的耐心和动手能力。低段的孩子知道线该怎么连，但是在动手的时候，比如剪线，焊接，热熔胶，孩子还不能熟练操作，需要家长和老师的帮助。但是随着孩子们不断实践，当我们做到第三、第四份作品的时候，我想，学生就可以轻车熟路了。

九、arduino 课程收获

Arduino 是我们走向创客世界的钥匙，利用好这把钥匙，我们将敲开创客世界的大门。近一年的创客教育实践让我爱上了创客活动和创客教育，也带动了身边一批学生爱上创客活动。通过创客活动的开展，我认为对学生的帮助是多方面的。首先是巩固学生所学的学科知识。课本上的知识大多是陈述性知识，学生对陈述性知识的识记有一定的难度，而通过创客活动可以很好地将陈述性知识转变为程序性知识，而程序性知识需要学生结合动作、步骤等程序，学生比较容易记住并内化为自己的知识。第二，培养学生从制造到创新的能力。起初，学生通过模仿教师或他人的作品来制作一些小作品，渐渐地学生就掌握了制作技巧和能力，结合自己的想象力可以创造一些新的东西。第三，培养学生的分享意识，在创客活动中常常会有分享环节、分享资源、经验、观点和成果，这些活动在无形中培养了学生的分享意识。第四，培养学生的责任感，在创客活动中，很多任务需要明确分工，在合作项目中每位同学负责其中部分工作，需要学生采取积极行动做好自己的任务。

（此文获2016年杭州市教育学会中小学信息技术教育论文评比二等奖）

小学低段学生也可以玩创客

裘炯涛

青少年学习编程早已不是什么新鲜事，从早年的 logo 语言，到最近几年风靡全球的 Scratch，都有大量青少年在学习。编程对于青少年逻辑思维、综合素养的锻炼成效显著，这早已得到了广泛的认可。而我工作的学校是一所全新的学校，只有一二年级的学生，学生的接受能力相对较弱。我希望能找到一些适合小学低段学生学习的编程内容提供给我的学生。一年里，我渐渐地摸索出一条适合小学低段学生学习的编程之路。

一、创客起步：从 Code.org 开始

偶然的机会我了解到了全球计算机教学周和编程一小时活动，在 code.org 网站上我看到了一套完整的，针对低段儿童的编程系列课程。课程学习从最简单的辨别方向开始，再到顺序结构，判断结构，循环结构，随着课程的深入学习，还融入了事件侦听等内容。编程中原本复杂的事情，在这个课程体系中都得到了很好的解决。体验了该课程之后，我决定就从这里起步，将这套课程作为我校儿童编程的起点。

2015 年 9 月，我开设了学校第一个信息类社团，取名"码上编程"。从编程一小时项目起步，一下子就降低了编程的门槛，一年级的孩子在上几次课之后就能掌握图形化编程的方法，还能理解常见的逻辑结构，更关键的是，从编程一小时开始，孩子们爱上了编程，他们不再觉得编程是一件很难的事情。

我以其中的蜜蜂采蜜情景简述，编程一小时有趣的学习方式。

在学习前期，学生要通过程序积木控制小蜜蜂完成采蜜和酿蜜的动作。这是程序中典型的顺序结构，这个内容的学习将帮助儿童形成严密的逻辑性，并初步形成寻找最短路径的思想。

在循序渐进的任务中，学生逐渐掌握了顺序结构，也发现了很多程序是重复的，

自然产生对重复结构的需求。在采蜜、酿蜜这个场景中，使用重复模块可以大大提高编程效率，也能巩固学生对重复模块的理解。

在真实世界中，不是每朵花都是有花蜜的，在采蜜之前需要先做判断，如果有花蜜，就采蜜，如果没有花蜜就可以去寻找下一朵鲜花。在这个情景中顺理成章地引出了判断结构，生动形象的情景帮助学生快速掌握判断结构。

在其他语言的学习中，函数总会是一个拦路虎，学生总是无法理解函数的作用。而在 code.org 的课程中，依然借助于蜜蜂采蜜的情景，很好的融合了函数的知识点。这个任务中多次使用到了在同一朵花采 5 次蜜，于是将采 5 次蜜作为一个标准函数。重复调用该函数可大大减少重复步骤，提高程序编写效率。

在 code.org 课程中，有大量诸如此类的富有趣味的编程学习情景，在学习中不仅有编程知识，还融入了各类生活知识。学生通过一个学期的学习，掌握了程序设计的基本思路和技能，更重要的是培养了学生对编程的兴趣。

二、必经之路：Scratch 创意趣味编程

经过一个学期的学习，孩子们在编程一小时收获满满，渐渐地，很多孩子发现编程一小时的课程难度也无法满足孩子们日益增长的编程需求，这个时候我就将社团的学习内容顺利地过渡到 Scratch。Scratch 是很多孩子学习编程的第一步，而我们是第二步，这是根据我校学生的实际情况来定的。

在课程开始之前，我给每个孩子注册了 Scratch 官网的账号。利用这个账号，孩子们做好的作品就直接在学校里上传，省去 U 盘拷贝的麻烦。回家之后，可以向父母展示自己的作品，也可以继续修改作品。同时我每次课都鼓励学生将自己的作品分享到 Scratch 社区中、社团 QQ 群里，甚至父母的朋友圈。身边人的关注可以激发学生的学习兴趣，鼓励他们不断学习新的知识。

由于学生有编程一小时的学习经验，入门 Scratch 就轻松很多，重复，判断，移动，这些程序学生自然而然就会想到，使我们学习入门的过程大大简化。

学生的思维总是很独特，常常令老师始料未及。比如有一次，我的教学计划是介绍如何使用矢量绘图画出一只小鸡，很多学生在很短的时间里就掌握了小鸡的绘制，然后开始自由创作。十分钟之后，我发现有学生将小鸡与逐帧动画结合做出了变形小鸡；利用油漆桶工具在鸡身上画出圈圈色彩，变成了凤凰小鸡。

我认为，Scratch 将会在很长一段时间里作为儿童编程的必经之路，源于它"想象，创造，分享"的理念。Scratch 是创客教育的利器，也是启蒙阶段必不可少的一环，同

时学习 Scratch 对于学生逻辑思维，审美等多方面都有极大的促进作用，这些已经得到了公认。那么我就觉得 Scratch 就应该坚定不移地坚持下去。

三、摸索前行：arduino 这边风景独好

今年年初，我自己开始接触 arduino，一开始觉得很难，点亮一盏 LED 灯都要折腾很久，想过放弃，觉得这样的难度不适合大部分学生学习。后来，无意中发现了 mixly，利用 mixly 图形化软件为 arduino 编程就变得简单了很多，点亮一盏 LED 灯只需要一个积木模块。

经过自己一段时间的研究，做了几件有趣的作品后，得到了朋友圈的大力点赞。趁着学校筹备科技节活动，我购买了一批设备，准备开一个兴趣小组。当时我还不敢提创客这个概念，因为我自己也不懂。从投入上看，我们的创客教育投入是采用按需购买，逐步提升的模式，避免了一次性大量投入带来不必要的浪费。

在谢作如老师的《创意机器人（小学版）》一书的基础上我设计了我校的创客课程。我从社团里选择了一部分学生参加这个课程。针对学生年龄偏低，从未接触过电子制作的现状，我放慢了学习节奏。当孩子们第一次通过搭建程序积木控制点亮 LED 的时候，每一个人都很兴奋，从孩子们的眼神里我看到了他们对这门课程的喜爱。我跟孩子们一起点亮的第一盏灯，照亮了孩子们和我的创客之路。

我们将 LED 与超轻黏土结合，将作品做在纸盒子上，利用发光二极管点缀作品。通过这样的作品，培养了学生的动手能力、编程能力和审美能力。学生在制作过程中不断与他人合作、比较、互相评价。

经过一段时间的学习，学生已经掌握了多个 LED 与绘画结合，然后控制 LED 有规律的亮灭。Arduino 与美术、手工的结合是一个比较好的入口，尤其是低段学生，程序的复杂度不高，经过几次的学习，学生很快就能掌握。当然连线会比较麻烦，制作这样的作品很考验学生的耐心和动手能力。低段的孩子知道线该怎么连，但是在动手的时候，比如剪线，焊接，热熔胶，孩子还不能熟练操作，需要家长和老师的帮助。但是随着孩子们不断实践，当我们做到第三、第四份作品的时候，我想，孩子们就可以轻车熟路了。

四、总结与反思

近一年的创客教育实践让我爱上了创客教育，也带给了我一些思考。

对于小学低段学生而言，学习算法和编程能力并不是关键，在教学过程中尽可能用简单的程序来实现功能，比如用顺序结构和简单的循环结构制作流水灯，用简单的选择判断结构，制作倒车雷达，而要避免使用复杂的多层嵌套，多变量算法。

小学低段学生更乐于进行形象思维的思考，在课堂教学中如果以积木、绘画、彩泥等作为载体制作电子创意作品，更能发挥学生的想象力和创造力。

努力将创客活动与其他学科融合，让其他学科老师参与创客制作中来，提高创客活动影响力；引导学生对已学知识进行综合运用；通过多学科结合引起家长关注与支持。

通过创客活动的开展，我们希望每一位学生都能体验到创客的乐趣，在这个过程中，通过做中学、学中做、做中创，将自己的创意和想法变成创新设计作品，从而培养学生的创新思维、团队协作和动手实践多方面的能力。

（此文发表于《中小学信息技术教育》2016年11月）

人教版小学英语 **Story time** 板块开展
"玩偶剧微电影" 的教学设计与实践研究

王红红

一、**Story time** 板块教学现状调查与分析

Story time 是紧密结合本单元主题而编写的卡通故事，它体现了新课程贴近学生生活，激发学生学习兴趣，培养学生文化意识等理念。也是人教版小学英语教材中的一个亮点。但笔者从教研活动和英语教学中观察发现，这一资源并没有被好好利用。为此笔者采用了调查问卷和教师座谈这两种方式对 Story time 板块进行了教学现状调查和分析。

（一）现状调查

1. 发放调查问卷

Story time 作为阅读拓展选学部分，笔者在执教过程中却慢慢发现，老师大多采用的是传统的教学模式，是在学好整一个单元后给学生看看动画，在已学单词的基础上带领学生理解语意，有时会安排学习能力强的学生演一演，匆匆地完结了本部分内容。笔者就低段三四年级 80 名学生当中进行了 Story time 课堂教学问卷调查。调查表从学习速度、课堂活动参与情况、理解运用能力三个方面进行调查。

2. 开展座谈交流

笔者通过走访 6 所学校，和 18 位老师进行了交流座谈。了解教师是否开展 Story time 板块的教学、教学所用的时间、如何进行该板块的教学活动和如何进行教学检测四个问题开展了座谈交流。

（二）调查分析

从学生问卷和教师座谈的调查结果分析，教师层面存在以下几个问题：

问题一：节奏太快、缺少铺垫，教学情境不够生动。

节奏过快的原因：（1）Story time 为选学内容。（2）学生对故事感兴趣，老师为了学生的学习英语的兴趣，呈现给学生教材内容但没有课时来处理细节。（3）部分教师处理 Story time 只是流于形式，并没有考虑到学生的需求。也未对文本进行必要的充分剖析，学过的句型能通过看图理解，没学过的单词和句型只能忽略不计或靠图片理解。

问题二：形式单一、缺少运用，学生参与度不高。

从座谈了解到，教师在处理 Story time 内容的时候，教师帮助学生理解中文意思后，请学生自由朗读并表演对话。能完成对话和表演的学生也顶多五六个，这就导致很多学生都无法参与故事的学习，只能看着学习能力好的同学参与活动。学生不参与，就无法激发他的热情，无法调动他的积极性，就会影响教学效果，使之失去价值。

问题三：设计不精、缺少故事味，教学效果不明显。

教师处理 Story time 速度过快，学生参与度不高的情况反映出教师的一个问题：没有精心进行教学设计，使故事教学失去了应用价值，教学效果大打折扣。

二、Story time 板块教学现状问题的思考

Story time 是小学英语课本当中学生最为喜爱的一个重要部分。当下以"学生为主"的英语教学模式中，Story time 应用得好与坏，直接影响孩子英语学习兴趣和学习效果。但由于每周 3 课时，故事教学被教师放在可有可无的位置上，学生一面充满期待，一面只能享受短暂的故事时光。在问卷调查中看出，学生渴望教师放慢故事教学的速度，渴望模仿故事人物的特点，并有强烈的表演欲望。

笔者在实际教学中尝试利用 Story time 中的小故事进行"玩偶剧小电影"的创新教学设计和实践探究。在当下以"学生为主体"的英语教学模式中，引导学生培养学会学习、学会合作、主动参与的学习精神。

三、玩偶剧微电影的概念解释

"玩偶剧微电影"就是将 Story time 中出现的故事人物、故事场景利用孩子生活中的物品和玩具资源，例如图画、玩具、玩偶、生活用品或手工改造等方式呈现。学生通过模仿故事录音给人物进行配音表演，并将这个表演过程拍摄下来。拍摄过程中不出现学生本人，只录制布置好的道具现场和学生给玩偶的配音，形成玩偶剧微电影。

四、玩偶剧微电影设计与操作

笔者在三、四年级人教版的 Story time 板块教学中开展了"玩偶剧表演"的教学设计与研究。教学设计分为教学前、教学中和教学后的活动设计。在活动中合理分组，各自分工，配合表演，用微视频拍摄的方式给学生展示的舞台和空间，提高学生的语用能力。

（一）教学前，巧用生活物件，创设故事情景

课前学生利用家里的玩具、玩偶、剪贴画、图画、橡皮泥、轻黏土等方式制作故事中所需要的人物和场景道具。还可以收集一些生活中的物品，比如棒冰棍、小盒子、夹子、绳子等进行变型和改造，来补充和布置玩偶剧的拍摄现场。

【教学案例一】

Story time

1. Who's that woman?

   She's my mother.

2. She's beautiful!

   Thank you.

3. My mam is an actress.

   Really?

4. Wait a minute!

5. Look at me!

   Beautiful!

6. Zoom!

   How beautiful!

【分析】这是三下第二单元"*My family*"中的 Story time 内容。在教学前，首先将班级进行合理分组，5 到 6 人一组。由教师设计一张表格，让学生组内进行道具分工，写上小组人员名字和道具的名称，小组内进行交流，各自明确自己的任务，了解自己所负责的道具出场时间和退场时间，并设定好专人负责，在小组内进行道具使用前和使用中进行评价打分。学生按课本内容表演玩偶剧、演员、道具、场景布置师一样不能少。笔者通过这样的方式使得学生学在其中，乐在其中，教学内容也因此变得生动、充实，真正将生活和英语紧紧联系在一起。

听，涛的故事

（二）教学前，模仿故事内容，配音惟妙惟肖预演

学生对配音并不陌生，而且兴趣盎然，故事玩偶剧并不出现真实的人物，而是让孩子给玩偶配音，通过学生的声音赋予人物的性格，赋予人物的情感，在这个过程中，由不同学生进行配音表演，每个人都可以用自己想象中人物的声音进行配音，在模仿原有的录音下进行再加工。尝试过程中可以按场景增加台词或减少台词，增强孩子们的创作能力，也减轻一部分英语基础比较薄弱的孩子的负担。

【教学案例二】

Story time

1. Hello, Pig!

   Follow me!

2. Hello, Dog!

   Follow Pig.

   Follow me!

3. Hello, Duck!

   Follow Zoom. Follow Pig.

   Follow me!

4. Hello, Rabbit!

   Follow Zoom. Follow Pig.

   Follow Dog.

   Follow me!

5. I have a carrot.

   Follow me!

6. Follow Zip!

   Follow me!

【分析】这是三年级上册第四单元的 Story time 内容，这一课的场景布置是比较简单的，草地、树木、花朵和房屋，故事中出现的小玩偶也是小朋友家中常见的小玩偶，有熊、松鼠、猪、鸭子、兔子和小狗。故事中有六个人物，但只有五个人物的台词，学生在模仿配音的同时，鼓励学生能用声音凸显小动物的特点，并在配音的同时，加上动物们的叫声，会使得玩偶剧的声音更加丰富，更加有趣。小组配合表演的过程中，可以对剧本中的小松鼠的胡萝卜进行替换，替换成鱼、汉堡包、苹果或是玩具车，这对拓展学生词汇是非常有好处的，孩子的创意想法总是出人意料，趣味百出。把用

什么词汇的权利教给学生，教师往往会收到意外惊喜。

（三）教学前，巧设学习观察员，小组取长补短

玩偶剧的道具准备好，教师组织学生分组进行表演练习，教师负责指导，发现不足，及时纠正。在这个过程中，每组派一位成员到其他小组交流学习，而且每周交叉互换。该观察员负责观察评价他组人员的相互合作能力、调查道具的准备制作情况、小组配音演绎的熟练程度和值得学习的地方及提出建议和不足，并把所得所获带回自己小组借鉴商讨，为下一次的表演做更好的准备。

（四）教学中，增加视听体验，激活语言应用

把 Story time 用玩偶剧呈现，其实是对传统课堂的一种大反转，把故事教学转变为学生自主学习、自主设计、自主配音、自主演绎，教师的角色从主导地位转变为指导地位。与原教学模式相比，学生们有了比之前更多的视听机会来理解感悟故事内容。在实际教学中课堂上出现的唯一不足是：玩偶和场景的布置因为都比较小，课堂教学展示中，很大一部分学生的观看效果有所影响。因此教学中可以采用玩偶剧小电影的方式为学生呈现。就是把学生的表演用手机进行录制，在教学中进行播放。

【教学案例三】

【分析】这个 Story time 的内容是四年级下册第二单元有关愚人节的故事。这个内容的场景设计中学生有了自主学习的机会，学生在制作小闹钟和画大闹钟的过程中，对时间的英语表达起到举足轻重的作用。在真实的情景运用中，学生更深刻地理解 wake up，sleep，get up 的词义。通过制作日历也让学生们对愚人节这个节日有了更深刻的印象和喜爱。通过这个故事学生会更多的了解外国人的节日和习俗。

（五）教学中，发放检测题目，培养倾听习惯

课堂观看时让学生养成思考的好习惯尤为重要。笔者让学生带着问题观看玩偶剧，来检测学生对文本的听力能力和理解能力。

【教学案例四】

Story time

1. Hello zip. are you OK?

   I have a cold.

2. It's cold here.

   What's the weather like in Beijing?

   It's sunny and warm.

   I'll go to Dalian to see you.

3. Tomorrw will be warm in Dali.

   Oh, it'll be warm to marrow in Dalian.

4. Ah-choo! It's cold here.

5. Hi, Zoom. You look terrible.

   Ah-choo! Ah-choo!

6. Bless you!

【分析】1. 设计表格，一目了然

设计表格的目的，是让学生能对所听的内容进行充分的梳理和判断，要听什么，重点听什么，意思是什么。而表格的设计，不是只有填空的单一形式，也可以制作无线表，加入选择和判断等，进行多元化组合。

笔者在上完四下第三单元 "*Weather*" 中 Story time 所设计的：

Zip is in -------.   Zoom is in -------.

Will Zoom go to Dalian?   Yes □   No □

Dalian is ------.   Warm □   Cold □

2. 提出问题，小组讨论

同样以上面这篇故事为例，故事中出现 Zoom 在打喷嚏的情景，Zip 对 Zoom 说了一句 "Bless you！"，这个 "Bless you！" 是什么意思？学生自己查阅资料，大家一起讨论。留点话题让学生自己去思考去总结胜过老师所给的直接答案。

（六）教学中，故事文本再构，拓展思维空间

Story time 中的故事多是有趣的结局，这也是让学生特别喜欢这个版块的重要原因。创新教育要求老师在实施教育过程中，确立以学生为本的思想，把课堂还给学生，给学生创新空间。思维的空间是从问题开始的，学生自主发现的问题越多，兴趣会越浓，如何把内容进行拓展延伸，先从问题开始。

【教学案例五】

Story time

1. Welcome to our school.

   This way. Please.

   How beautiful!

2. This is the liberary.

   I like storybooks.

   Oh! I'm hungry.

3. Is that the music room?

   Yes, it is.

4. This is the gym.

   Is that the lunch room?

   Yes it is.

5. Is this the computer room?

   No, It's not.

   It's the teachers office.

6. It's time for lunch. Where is Zoom? Zoom? I Rnow! I'm full!

【分析】这个 Story time 是四下第一单元 "My school" 中的内容。在引导学生如何拓展对话内容时，首先和学生做个游戏，让学生找一找课文中出现的一对反义词。当学生发现 hungry 和 full 的答案后，教师发出第二个问题，where is Zoom? 故事中并没有提到 canteen，但是从图画中学生们是理解 Zoom 是从哪里走出来的，因此学生会自主学习餐厅，并在玩偶剧表演中展现出这个标识语。学生对餐厅这个词语建立了非常牢固的印象。第三个问题 What did zoom eat? 提到吃，学生有关英语词汇的储备箱就被打开了，那么在情景剧中可以拓展 Zoom 在食堂吃中饭，吃了哪些中饭的情景。或是一改原本的结局，大家一起在食堂找到正在大吃的 Zoom 也是特别有趣的一种结局。这样的方式不但对旧知是一种巩固，而且激发了学生的想象力和创新能力。对学生今

听，涛的故事

后的写作能力也是一种潜移默化的提升。

（七）教学后，巧用文本复述，巩固语言知识

教学中我们要关注学生的听、演和文本理解能力，加强学生说的能力也是尤为重要的。《义务教育英语课程标准》中"说"的二级目标指出，学生能在教师的帮助和图片的提示描述和讲述简单的小故事。文本复述能力是一种比较有效的听力输出方式。

五、以"玩偶剧"开展小学英语 Story time 板块教学实践的成效及反思

（一）实践成效

1. 学会了自主学习

学生为了"玩偶剧场"做充分准备而相互学习，相互讨论。在这个过程有了学生自己对文本的解读和理解，遇到困难会自主寻找解决的方法。

2. 提高了语言模仿能力

玩偶剧中的配音是需要反复模仿和练习的，学生自己手中拿着一个小玩偶，嘴上说着台词，这比传统中拿着书本朗读会更富有感情。

3. 积累了舞台表演经验

Story time 是由一个个充满悬疑又令人忍俊不止且温暖有爱的故事组成，但这些故事要让学生用夸张的手法演绎出来才能达到戏剧化的效果。

4. 提升了听力和复述能力

学生在每一次的观看表演中都学会了思考，带着问题进行视听，课堂上学生不但听的机会多了，加上之前的准备玩偶剧场的预习和操练，学生的理解能力也快速提高，在慢慢学习中，对图片和故事进行简单的复述能力也提升了。

（二）实践反思

在实践中也发现了三个问题：

1. 人物的表情不够丰富

由于学生用的是自己的玩偶或是自己画的人物角色，表情只有一种，不能随着剧情变化而变化。有的学生为了自己更好的展现出 Story time 的剧情，画出人物的多种表情，这样比较浪费时间。

2. 声音和表演的契合度有待提高

学生的性格不同，有的爱张扬善于表现，有的比较内敛不善表演，在表演中会出

现一个表演的热情洋溢，一个表现的却是淡定如水，小组配合的步调不怎么和谐，这需要教师按学生的性格做好小组搭配，并做好组员交叉替换。在实践中多给予指导和鼓励。

3.分组合作学习更需科学合理性

在实践的过程中教师要保持组间的均衡性，根据性别、班级干部、性格差异、能力强弱等方面进行精心搭配，教师一定要积极参与各小组所开展的玩偶剧排练，更好地了解各小组的演练动态，以便及时给予帮助和解决矛盾。

找出孩子们心爱的玩具，拿起神奇的镜头，拍一段"玩偶剧"微电影，让孩子自己当编剧、当导演，好好地和学生进行一场 Story time 的精彩旅程吧！

（此文获开发区 2016 年教学专题论文评比一等奖）

以《弟子规四格漫画创作》为载体
创建班级特色的实践与研究

王红红

一、背景分析

（一）隐性德育缺乏补短板的效应

学校的德育分为显性德育和隐性德育，显性德育广泛存在于学校和班级组织的各种活动之中，例如学校的品德课、少先队活动课等。隐性德育则是渗透在学科教学、师生交往、班级文化、校园环境中的潜在教育影响。隐性教育因为其形式及发生作用机制的特殊性，更容易让学生接受，更容易取得潜移默化的效果。

（二）显性德育缺乏革新模式

第一，德育的地位不高。在教育教学中教师更多的是研究课堂教学，较少地去做长期细致的德育工作。班级德育课被其他学科占用或是被简单敷衍而过。

第二，学校德育活动主题多，任务重，有时自然而然表现为应付，演变成一种表演。德育表面上热热闹闹实际上越来越形式化。

第三，德育的方法简单。学校和教师更多的是教学生顺从，在家里是"遵父母言的好孩子"，在学校是"听老师话的好学生"。德育没有深入学生的细微处，没有及时了解学生的思想动态，德育的实效性难以提高。

第四，德育评价往往是教师一手操办，存在很大的主观性，偏重于结果，较少关注过程。这种德育，缺少学生的热情和学生的主动性，切入不到学生的情感层面。

（三）班级德育载体缺乏生活的情、景、行和生动性

当前的德育内容只注重既定的道德规范和抽象知识，缺乏生活的情、景、行和生

动性，以说教为方法，缺乏道德体验。家庭、学校、社会三者之间未能形成有效合力。

（四）班级德育特色模式发展遭遇瓶颈

传统的德育模式采取"演绎—分析—总结"的模式，在实施过程中德育不能触及心灵，与丰富多彩的社会生活相脱离，造成学生光会说不会做，知行脱离的现象。

（五）国学教学课堂呈现方式缺乏趣味性和有效性

当前的国学教学多以诵读为主，意在让学生通过经典诵读来学习中国传统文化以及其中包含的美德。国学的灵魂是智慧和思辨，并因此发展出完善的人格。孩子一定需要通过文言的哲学书来学习吗？显然，那并不是适合孩子的东西。孩子更喜欢绘本，故事，寓言以及生活中遇到的真实情景。

以上的分析启示要求我们设计出符合学生年龄特点，符合学生实际生活，能走进学生内心，吸引学生参与和体验的德育载体。用润物细无声的方式，补齐现行孩子们的"德育"短板，把德育渗透在课堂内外，深入学生学习生活的角角落落。将"弟子规四格漫画"创作为载体进行初步探究，结合孩子年龄特性，融于国学、漫画创作为一体创建班级特色，具有很重要的现实意义和研究价值。

二、定位和设计

在经济迅速发展的当今社会，传统文化受到冲击，弘扬传统文化就显得尤为重要和迫切。因此班级德育特色以《弟子规》为载体，师生选取生活中生动的、直观的反映某一个或某些具体的事件内容，并通过绘画、讲故事、表演、演讲、讨论等形式对事件的内涵、剖析、思考来让学生对事件、对社会、对人生观等进行潜移默化地渗透教育的一种魅力德育课堂。在学习背诵《弟子规》的同时，制作创编《弟子规四格漫画作品集》，通过学生的作品，有针对性地对学生进行德育教育。在定位和设计上取决于以下三个层次：

（一）选材立足于"身边故事"

《弟子规》是教人做人做事的一本很好的德行教育教材。它的核心思想是孝悌仁爱。在班级德育教学中选取内涵深刻、呈现在学生身边的生动的故事和当今社会关注的热点，让学生愉悦、主动地关注、反思生命成长过程中的道德问题，彰显主体道德实践的魅力、人性的光辉和人生价值的肯定，从而培养学生健康积极的生命气质和良好的道德品质。

听，涛的故事

（二）教育回归于"真心本性"

学习《弟子规》能让孩子养成良好的习惯，懂得很多做人的道理。但我们不能只做那个行为，必须从真心里面流露出来。人之初，性本善，每个人都有这个本性。教育就是让我们回归到道德上来，回归到本性上来。通过各种活动来体验和感悟，让孩子发现来自内心真实的声音，倾听其他人的内心，使我们的德育求真求实，有说服力，有感召力。

（三）目标着眼于"学生成长"

学生通过对班级校园的"好人好事"和对校园不良现象，把自己身边的大事、小事、喜事、乐事、烦忧事以漫画的形式绘出来、讲述出来、演绎出来，由此通过学生内心的体验、感悟和心灵的碰撞，来选择正确道德行为，树立正确的道德信念。我们的德育方向就要塑造学生的健全人格，为学生的成长指明方向。

三、实践与研究

（一）读《弟子规》——营造班级德育氛围

学生每日晨读背诵《弟子规》，每日的坚持，慢慢不再是一种形式。变化不同的诵读方式，结合舞蹈、音乐等不同形式多角度演绎弟子规，为学生搭建多种激励展示平台，激发学生兴趣，感悟中华民族优秀文化的精髓。在日复一日的诵读过程中，班级风貌在慢慢转变、慢慢形成。

（二）贴《弟子规》画——创造班级德育环境

班级布置文化墙、宣传栏、文化长廊、文化橱窗等使《弟子规》经典名句和《弟子规》四格漫画作品跃然墙上，为学生创造浓厚的德育文化氛围，使书香弥漫在教室和教室走廊墙壁的每一寸空间，随处可见学生一幅幅生动的艺术作品，使学生徜徉其中，自觉规范自己的言行。

1. 漫画宣传营

把孩子们的漫画作品贴在教室的书架上、墙壁上、走廊上，橱窗上，在这里可以找到孩子已经学习的一些弟子规经典名句，并要持之以恒努力去做的一些道德规范。孩子们看着有趣的漫画，既明白了《弟子规》书中所说的道理，又对此加深了印象。

作品1."父母命，行勿懒。"有个孩子的漫画作品是这样的：妈妈叫孩子关了浴缸，结果，他太懒了，没有及时听从父母去关水龙头，结果水淹了他的家。孩子们都觉得很有趣。

作品 2．"亲有疾，要先尝；昼夜侍，不离床。"其中一个孩子画自己的爸爸生病了，喂爸爸吃饭，还把药端给爸爸喝。画面十分有爱。

作品 3．"亲所好，力为具；亲所恶，谨为去。"孩子在学习这篇弟子规后，明白了小辈要尽量满足长辈的喜好，画了一幅"田子为相"的故事。孩子们本来不知其意，但看了漫画后，充满了感动。

2．漫画提示亭

教室里有一个区域叫做漫画提示亭，在这个小亭子里也画着一些小故事，告诉同学休息的时候来这里看看，有什么是要提醒我们在学习生活中要注意的。

作品 4．"事虽小，勿擅为，苟擅为，子道亏。"告诉我们做事前要和父母商量，不可擅作主张。有个孩子画了一位老人家去理发，理发师是个年轻人，看到老人下巴有个痣，痣上还长着几根毛，年轻人二话不说就给剃了，结果害得老人哇哇大哭。

孩子们都很好奇，为什么呢？看了漫画得知，因为老人家认为那是他的长寿毛。孩子们通过这个故事，懂得了《弟子规》的深刻含义。

3．漫画警示地

这个区域是用漫画的形式告诫学生一定不能去做的一些事情。

作品 5．"物虽小，勿私藏。"其中一个孩子画出一间教室，教室的地面上有一只笔，有一个小朋友捡起来，发现是一只很漂亮的笔，就悄悄放进了书包。后来被其他同学看见，这个女孩子很惭愧地低下了头。画面中这个女孩的脸被画得很红很红。

孩子们在看过这个漫画后，以后拾到东西都主动的上交归还。教育效果特别好。

4．漫画交流群

教室里开辟了一个留言区，孩子可以纷纷给同学们的漫画作品点赞和回复。这个区域是留个孩子们互动的，孩子们把自己的所感所悟，用小纸条的方式贴在交流板上，交流产生思想，碰撞产生火花。这些火花使得孩子们越来越喜欢用漫画的形式讲道理，讲故事。

（三）搭弟子规漫画活动平台——构架班级德育新渠道

为了使学生真切领悟《弟子规》的精髓，从而更好地去践行弟子规，我们要给学生搭设不同的展示和学习平台。通过诵、绘、讲、演、玩、辩等参与方式，锻炼孩子的想象力、创造力、沟通表达力、团队合作能力和解决问题乃至肢体运用等多方面能力，让孩子既能轻松愉快地学习又能积极主动地思考。

听，涛的故事

1. 美绘美读

孩子们在每日诵读学习弟子规后，用四格漫画的形式画出来，漫画中有孩子们自编的故事，有改编的故事，有自己身边的故事，有书上看到的一些故事，用故事明白做人的道理。

2. 情景剧场

孩子们画的四格漫画生动有趣，分小组挑选合适的剧本，分派好角色，精心准备。

作品6. "用人物，须明求；倘不问，即为偷。"在学习过程中，老师给大家讲诉了明朝大文学家宋濂的故事。宋濂小时候家里很穷，根本买不起书。宋濂为了学习知识，常常借别人的书读。许多有钱人都不愿意借给他。有一次，宋濂又去一家富人借书，富人限他十日内必须还书。到了第十日天下很大的雪，富人以为宋濂不会来还书了。却看到他冒着大雪把书好好地捂在怀里送来了。

孩子们根据这个故事排练情景剧。有的扮演气势汹汹的富人，有的扮演傲慢无礼、目中无人的富人，有的扮演刁钻狡诈的富人。情景剧给大家带来无限欢乐，孩子们都积极地参与表演当中去，在表演中孩子们越来越自信，在生活中孩子们越来越明理。

3. 故事音乐吧

老师开辟了一个故事音乐吧。这个时间段给孩子们讲讲故事听听歌，这是孩子们最放松最自在的时候，孩子不用像上课那样正襟危坐，也没有提问，就是给孩子一个放松交流的时间。耳濡目染的过程中，孩子们知道了不少弟子规的故事。

4. 游戏园地

以游戏的形式学习弟子规是孩子们最喜欢的。孩子们的天性就是玩，孩子们自己设计游戏，自己体验游戏，改进游戏，比如弟子规诗句接龙、弟子规魔方、弟子规猜谜等。孩子们动动脑筋学做人、学做事，乐此不疲地享乐其中。

5. 辩论赛场

这是一个具有挑战性的赛场，给学生一幅画或是一段话或是一个故事，请学生根据自己的思考做出判断，各抒己见，展示自己的智慧。在辩论中学会了倾听，学会了耐心，学会了礼貌，变得更加睿智。

（四）改变德育课堂——创新德育课堂组织形式

利用《弟子规四格漫画创作》为学生创设不同类型的德育课堂，把道德规范融入生活细节的方方面面。重视学生的活动体验，在德育课堂上模仿并做换位思考，通过践行和感悟促进行为养成。我们要教会孩子对好坏的辨别能力，要学会自己制定目标，学会与他人相处，具有契约精神，懂得多做善事，尊重爱护动植物和自己的生命。《弟子规》漫画集中的每一副作品都像一粒粒种子，伴随孩子们一起成长。我们为孩子们开设了主题课堂，根据漫画主题开展不同的德育内容，有道德讲堂、感恩讲堂、体验讲堂、智慧讲堂。不同的讲堂有不同的体验，在不同的体验中感悟弟子规的真智慧。

（五）寻美德典范——构建和谐班级新形象

从《弟子规》的每日诵读到《弟子规四格漫画作品集》的创作到演绎到体验到感悟到践行，这个过程中我们一直在寻找榜样的力量。这个榜样来自生活，来自我们身边，有爱德之星、孝德之星、仁德之星、诚德之星，让这些榜样诉说自己的故事，再把故事画出来，装订成集，就有了我们自己班的故事集，故事集的卷首以洁白的荷花为代表班级形象，象征着和谐、合作、合力、团结，让弟子规四格漫画集为学生构建一个积极健康的精神家园。

（六）在《弟子规四格漫画创作》实施过程中创新评价模式，集五福迎红包践行社会主义核心价值观

教师准备好红包，每个红包里都有送给学生的评语和学习用品。五福分别是和谐福、敬业福、爱集体福、友善福、诚信有礼福。集不同的福，有不同的奖。集五福，迎大奖。评奖过程中人人参与，自评，互评，老师评，家长评，每个评价都装在红包里，每个红包里都是一个故事。让每个故事都被阅读，让每个故事都被变成漫画。

经典引路，漫画省思，经典启德，细节育德。作为德育工作者我们要给学生带来丰足的精神食粮，记诵名篇佳作，修身养心，增加智慧。在传统文化中挖掘德育元素，让孩子们在传统文化学习中体验道德的力量。用弟子规四格漫画故事引领班级德育之路，传承经典，延续故事，彰显出班级德育的独特魅力。

（此文获开发区第二届德育论文评比二等奖）

基于核心素养提升的第二课堂的有效利用策略

王红红

一、背景分析

根据杭州青少年课堂不完全统计，杭州第二课堂基地共有 112 家 1300 多万人次的中小学生进入参观。但笔者通过本校开展的石头画和绿色创意这两个第二课堂活动，以及对参观第二课堂的学生和家长的访谈中了解发现，第二课堂发挥的实效性没有得到很好地利用和开发。

（一）走马观花，缺少内在主动性和自觉性

很多学校利用春游秋游的机会带学生走进第二课堂，但一个场馆同时容纳多个学校的学生，仅 1 个小时左右的时间便一拥而出。参观前不做功课，缺少主动学习的意识；活动中缺少讲解或是讲解不尽人意，缺少观察和体验；简单的游览后没有交流，有的场馆参观一次就不再光顾。

（二）千篇一律，缺少发展创新和二次利用

参观第二课堂后，学生的作品书画经过评选给学生颁发奖状后，为实践活动写下了不完整的句号。即便学校开展了一系列的展示活动，但展示过后，学生的作品大多粘贴在学校或班级的角落，一段时间后便被另一活动的展示作品而取代。优秀作品有的未被保留，有的黯然失色，失去了二次利用的机会。

（三）个人主义，缺少小组文化和合作学习

在第二课堂参观的过程中，有的学校以班级为单位，有的班级以小组为单位，进行小组成员分工。分组大多是为了学生安全和纪律而考虑，实践过程中小组合作交流的时间较少，参观后的成果展示也是以个人为主，缺少小组文化意识和合作探究精神。

（四）只见树木，缺少拓展延续和深层探究

第二课堂的开展可以开拓学生的视野，对学生的综合素质起着重要的作用。但第二课堂主题区域的开放，在参观和展示热闹了一段时间后就置之不理，缺少后续的深层研究和实践利用，从而未达到一种长久地潜移默化的熏陶育人作用。

结合以上所述，第二课堂开展仍需要完善和继续开发研究，为此笔者结合本校的第二课堂并以杭州的第二课堂为研究载体，对学校开设"第二小课堂"提升学生核心素养进行实践研究，探索第二小课堂有效利用策略。

二、概念界定

校本化"第二小课堂"：是把杭州的"第二课堂"选择性地复制到学校中，进行第二课堂校本化再造，把学生在第二课堂参观后的收获以导游词、小剪报、小手工、小插图、小绘画等方式布置创造一个校本化"第二小课堂"。校本化"第二小课堂"强调以人为本促进实现学生的全方面发展。它不是学校开展的社团课，而是着力成为社团课的资源载体和展示平台的第二再生小课堂。它是第二课堂的时空再延续、认知再深化。

三、定位和设计

传统文化是对学生进行思想道德教育非常宝贵的精神财富。以杭州的第二课堂为载体，开展传统文化主题教育实践活动，通过不同小场馆的布置和学生的小作品展示，旨在了解杭州的人文历史，有针对性地对学生进行德育教育。

（一）"第二小课堂"历史文化馆引导学生开拓创新、发扬杭州城市精神

以杭州历史文化为主题，通过参观了解京杭大运河、杭州历史博物馆、西湖博物馆、江南水乡、杭州城市规划等博物馆，以过去、现在和未来三点一线引导学生学习了解杭州历史文化，让杭州的历史文脉在学校中用不同的方式得以展示和延续，引导学生具有主人翁和开拓创新的精神，了解杭州文化，保护杭州文化，推广杭州文化。

（二）"第二小课堂"名人纪念馆引导学生树立见贤思齐、崇德向善的高尚品质

以杭州革命历史纪念和名人故居为主题，通过参观胡雪岩、于谦、章太炎、钱学森等名人故居和革命烈士纪念馆，用缅怀、追忆、学习名人的一种方式潜移默化的从

听，涛的故事

心理、性格、观念等方面影响学生的内在精神。

（三）"第二小课堂"传统手工美术馆引导学生重视内在修养和审美能力的提升

以杭州传统手工技艺和民间美术为主题，通过参观茶叶、印学、织锦、刺绣、伞、扇等博物馆，了解杭州的发展历史，引导学生传承和发扬传统文化，重视内在修养和审美能力。

四、实践与研究

"第二小课堂"的建立不仅是杭州"第二课堂"的补充和延续，还是杭州"第二课堂"的前序。在布置和设计上研究模仿杭州"第二课堂"的各类博物馆和纪念馆。笔者从以下三个方面进行实践研究：第一，对"第二小课堂"展示理念重新思考；第二，对"第二小课堂"配套设计深入研究；第三，对"第二小课堂"德育评价准确定位。

（一）精彩纷呈，"第二小课堂"展示多样化

1.细选"第二小课堂"，丰厚校园文化底蕴

根据杭州第二课堂名录的分类，结合我校实际情况和学生特点，从杭州第二课堂的112个基地中选取了具有代表性的，能让学生充分了解杭州历史人文，展示杭州传统文化，体现杭州城市内涵的近20个展馆进行研究，以不同的方式在校园内呈现出丰富的全景式"第二小课堂"。

2.精选"第二小课堂"，传递人文艺术之美

【案例1】

本学年我校迎新年之际，学校三楼主题区域开展了一个以石头画为主题的第二课堂《石头馆》。石头馆在美术老师的精心装饰下，光彩夺目。展厅用上了蓝印碎花布彰显江南幽雅的文化韵味，再配上传统的东北凤凰戏牡丹的大红布增添了喜庆与热烈。在浓浓的中国气息中，学生那惟妙惟肖的石头作品静静地躺在蓝红画布中间，安然地沉睡在竹篮里，徜徉在妙趣横生的童话中。

【分析】

书画之有装满，犹美人之有装饰。俗话说，"三分画七分裱"。第二小课堂学生的优秀作品的展示要经过文化的包装，可以采用装裱或是采用展架、展柜，利用各种布艺、藤植、麻绳、布袋、五谷杂粮等装饰品根据不同的展馆的特点精心选择。在装饰中，教师和学生共同参与，让学生在欣赏的同时，培养学生的创造力和审美意识。

3.开创"第二小课堂"网络平台，博取社会支持信任

网络电子平台可谓是校园"第二小课堂"背后的第三教育渠道，利用微信微博这个平台让师生、家长和社会大众更多地了解关注"第二小课堂"不同场馆的开展和收获情况。利用网络平台传递校园文化，利用文字、照片、图画、小视频等方式把学生的优秀作品和第二小课堂的特色教育进行传播推广。

4.构想"第二小课堂"主题海报，展现创新合作魅力

【案例2】

我校石头馆落成后，为了传播成果和培养学生创新设计能力，我校组织学生进行"听涛有石"的宣传海报设计。在活动中学生进行小组合作，交换信息，上网搜集整理不同海报的设计风格，研究如何让海报增加视觉冲击力，扣人心弦。在师生的踊跃投稿和反复修改中，一幅"一石激起千层浪"的宣传海报脱颖而出。

【分析】

主题海报是"第二小课堂"宣传名片，因此每个展馆使用不同的海报，由不同年级学生创意构思，海报的风格可以是复古绘画、手绘插画、漫画或电影等风格，利用不同历史元素、传统元素或融入现代元素。在创作设计中要强调引导学生团结合作，小组每个人都能出谋划策，相互产生思维碰撞的火花。

5.创办"第二小课堂"作品拍卖盛会，体验成功创造自我价值

第二小课堂的展品根据不同展馆有不同展示形式，比如设计伞博物馆，可以用各种材料、各种颜色制作不同的小雨伞，利用小剪报、小剪纸、小插图、小手工、漫画、绘画、粘贴画、照片等不同方式呈现。我们将一部分作品进行拍卖，拍卖可以使用班级的奖励卡、星空币等，以拍卖活动积攒奖励卡来加强学生学习和行为习惯的养成。被拍卖的作品作者和拍卖到的学生都将获得"第二小课堂"独有的S游学币，并记录到个人"第二小课堂"卓越成长记录册中。

6.趣写"第二小课堂"达人游记攻略，注重体验乐于分享

"第二小课堂"从一个馆到几个馆到更多的馆需要漫长的准备和时间，在逐步发展中着力培养一批"小达人"。由这些达人把自己参观和学习经验介绍给同学们。这些达人会教会同学们如何仔细观察作品，注意作品的哪些细节，如何研究它。

7.建立"第二小课堂"特别相册，留存经典懂得珍惜

"第二小课堂"将特制一本大相册，可以把学生的作品进行粘贴，一馆一册，把优秀的、经典的都留存下来。用这样一本本特别的相册对外展示"第二小课堂"的精彩和用心。

8. 开展"第二小课堂"的特别课堂，探索灵动开放天地

【案例3】

2016学年石头馆在本校落成，孩子们创造出很多奇思妙想的作品，水果类、蔬菜类、动物类、风景类、童话故事类，这些作品有的是个人完成，有的是合作完成，几块石头画一字排开就是一个童话故事，学生在参观时会惊叹：哇！原来石头可以这样玩！孩子的惊叹给了老师们启示，各个学科该如何利用好这个"第二小课堂"，与学科相结合，开展更有趣味性的主题活动呢？低段语文组的老师开展了"石头讲故事"主题活动，几块石头随意摆放，就可以看图讲故事。美术组的老师开展了石头拼贴画，一只画笔给小鸟安了家，一片树叶给青蛙遮了雨。孩子们对石头画的二次创造让师生家长们啧啧称叹！

【分析】

美国教育家杜威说过："走出教室一步，就意味着对学科的超越。"充分挖掘第二课堂的教学资源，让第二小课堂成为第一课堂的延伸。孩子们走进"第二小课堂"，采用班级学习、兴趣小组学习、社团学习、家校合作、社区合作等方式，把第二课堂变成一个灵动自由开放的天地。

（二）引人入胜，"第二小课堂"配套人性化

"第二小课堂"设立游客服务中心、培养十佳导游、优选家长志愿者、提供语音讲解器。所有的岗位和导游语音的录制都由学生完成。并由学生合作参与手绘导图、篆刻个性印章，制定参观规则、展馆简介以及作品介绍，发扬学生合作和创新精神。

（三）深入人心，"第二小课堂"评价意义深远化

"第二小课堂"使用多种展示方式，确立了以人为本的展示理念，学生通过"第二小课堂"进行多种体验式的实践，在实践中对学生进行多元化评价。

1. 趣填"第二小课堂"卓越成长记录册，认识自我激励前行

在成长记录册上学生张贴自主作品、合作作品，记录在第二小课堂中承担的岗位和收获，并能收集"第二小课堂"印章和第二课堂游学币。由家长、老师及第二小课堂的管理员给予每位参观者一定的评价。

2. 集取"S游学币"优先上岗，提升学生实践服务能力

第二小课堂的所有工作岗位都有学生来担任，从游客服务中心的资讯员到管理员和馆长，都由学生竞聘上岗。通过参观游览、作品上交、留言反馈和参与第二小课堂的各种建设和服务，都可以获得S游学币。通过学习S游学币可以得到优先上岗为第

二小课堂服务的机会。S 游学币也可以用来兑换纪念品。

3. 获取"第二小课堂"评价印章，注重学生文明礼仪教育

"第二小课堂"是提升学生文明素质的一个好场所。生活中，学生在博物馆和纪念馆大声喧哗、追逐打闹、乱丢垃圾、乱摸乱动等不文明行为屡见不鲜。通过加强学生遵守展馆规则的意识和了解参馆的注意事项，努力营造良好的参观学习环境，加强学生文明礼仪教育。对文明高素质的学生进行数量不等的印章奖励。

4. 发放"第二小课堂"作品点赞卡，善于肯定懂得欣赏

【案例4】

2016 年初为了迎接 G20，学校布置设计了第一个第二课堂《创意植物馆》，学生利用家里的旧台灯、塑料瓶、皮鞋、饼干盒、鸡蛋壳等废旧物品进行种植绿色植物。这些植物被放置大厅展馆的木制展示架上，搭配上一把把藤椅和玻璃桌，为校园营造了一个质朴天然的休闲区域。学生来这里参观时，会主动拿取"大拇指"，为自己喜爱的作品贴上大拇指。

【分析】

苏霍姆林斯基曾经说过："每个人的内心深层都具有得到别人赏识和表扬的欲望。"无论是生活中，还是学习中，我们都要教会孩子善于肯定别人，欣赏别人呢。

"第二小课堂"既有过去，也有现在，更有未来。虽然没有真正博物馆里的珍贵文物和历史瑰宝，但我们的孩子用相机、用图片、用图画，用孩子的双眼和双手一样可以创造属于孩子们的"第二小课堂"。这是一种立体式的体验，它带给孩子们想象，给予孩子们思考的空间。一个人的人生有无数种可能，一个孩子的成长有无数种路径，相信校本化"第二小课堂"会在孩子成长的轨迹中播撒自信乐学的种子，让孩子受益终生。

（此文获开发区第三届德育专题论文评比三等奖）

自然拼读，让孩子走上自主阅读之路

王红红

从去年开始，我们英语组为了提高孩子们的英语拼读能力，四位英语老师分别在四年级开设了英语拼读社团。有英语最强音，有 Spelling Bee，有爱拼才会赢和英语拼拼乐。不同的社团名称，不同的英语口号，但四个社团拥有共同的英语学习精神和目标，就是带着孩子一起趣味学习英语自然拼读法，让孩子"见词能读，听音能写"的愿望不再是梦。

神奇的拼读法宝

记得在刚开始的英语拼读课上，每次的英语社团课我都会带上一两样拼读法宝去见孩子，并教会孩子"玩转"他们自己制作的"拼读手风琴""拼读小冰棒""拼读小瓶盖""拼读大转盘""拼读百变勺""抽拉拼读卡"等宝贝。作为一名英语老师，应该算是一个收集达人，各种喜糖罐子、喜饼盒子、瓶盖、小棒、卫生纸的卷芯、塑料小勺、晾衣架都成了制作教具的法宝。如何让拼读更加具有趣味性，深受孩子们喜爱，我总是在细细琢磨，巧思妙想。于是这些被写上不同的辅音字母和元音字母的法宝，课下它们被放在讲台桌上，孩子们总会亲自拿着玩一玩，拼一拼。孩子们在拼读法宝制作和游戏拼读练习中，慢慢地了解和学习英语字母组合的奥妙，发现和掌握英语拼读规律，孩子们对 26 个字母对应的发音越来越熟练，对 CVC（辅音+元音+辅音）的单词拼读到 CCVC（辅音+辅音+元音+辅音）、CVCC（辅音+元音+辅音+辅音）到 CVVC（辅音+元音组合+辅音）这些单词的"华丽变身"很好地玩转于手中。自然拼读的过程就是孩子从字母到单词到短语到句子进而到故事的过程。它是连接听说与自主阅读的桥梁，是打开英语自主阅读的一把钥匙。

有趣的绘本魔方

孩子们掌握了一些拼读规律，如何帮助孩子理解自然拼读的规则呢？课下我收集整理不同的英语绘本和英语小诗，挑选简单却有趣的拼读绘本，让孩子在一个个不同的小故事中，重复拼读同类的音，完成规则的"内化"，最终帮助孩子将拼读规则转化为自己的阅读能力。由于社团没有固定教材，只有老师去收集资源，为了节约成本，我发给孩子的都是黑白图片的打印纸，于是我教孩子自己制作绘本，这个绘本被孩子称作"一张纸的绘本"。一张 A4 张，几经对折，剪开其中一侧开口就可以变身成为一本迷你书，不需要一颗小钉子，也不需要一个小夹子，孩子们在八页的小绘本上面涂涂画画，黑白色的故事就变成了彩色的小绘本。在课堂上我总会发现孩子们高高举起的小手，他们很积极地尝试着自己读，还跃跃欲试、争先恐后地读给我听。有时他们会手拿小绘本在教室里、在操场上、两人或四人一组结伴阅读。

如何使绘本阅读变得更加有趣，并能让孩子感受背英语的乐趣呢？我想到了"绘本魔方"，让孩子利用纸盒制作一个魔方，在六面的魔方上画上英语绘本的内容，几人一个小组，把魔方当骰子，孩子们轮流抛骰子，扔到哪面就朗读或背诵哪一面，挑战成功的同学，小组长会发放奖励卡。小小魔方，竟让孩子不再害怕背诵英语，我看到了他们自信的笑容，感受到自然拼读魔力的强大。我们正在帮助孩子把枯燥无味的背单词、背课文变成一件简单的事；我们正在帮助孩子打开英语自主阅读的大门，让孩子走上自主阅读之路。

会表演的棒冰棍儿

孩子们在社团课上听故事、读故事、当然少不了演故事。用什么演呢？瞧，用棒冰棍儿！在纸上画上一只小猪，画上一只小兔子把它们剪下来，贴在棒冰棍儿上就可以开始木偶剧绘本表演了。用一个小纸盒，在纸盒的下面开几个洞口，然后在纸盒里面用一张纸画上背景，一个太阳，一片绿地，几朵白云，就有了剧场背景。孩子们制作不同的木偶剧道具后给绘本里的人物进行配音！

在教学中我注意选取场景和人物相对简单的绘本，这样孩子们制作和表演起来也容易些。开始孩子们只会一个场景的布置，后来孩子们学会了利用旋转背景进行场景的切换。比如，把一个背景进行镂空的剪切，但中心点相连，双面都画上图案，只要轻轻旋转一下小纸板，故事背景就进行了切换。有的孩子还利用翻页台历做背景，背景可以一幕一幕的进行切换，真是有趣极了。孩子们已经演绎了绘本 *Big Pig On A Dig* 和 *Frog On A Log* 这两个绘本。它们都是非常适合学生进行自然拼读训练的小故事。孩子们一边动脑筋拼读，一边读着有趣的绘本内容。孩子们很喜欢绘本中的大肥猪，因为它非常的乐观，虽然大肥猪没有挖到金子，但是它享受了挖宝的过程，它的快乐也感染了孩子。那只愚蠢的青蛙被孩子在圆木上绑上一根红线，轻轻一拉，青蛙就像绘本中所说的那样，从圆木上掉进了池塘，逗得孩子们哈哈大笑。

孩子们制作玩偶道具的过程中，学会了小组各自分工，积极地和身边的小伙伴一起配音、一起演练，玩得真是不亦乐乎。诠释对阅读的喜爱有很多种方式，玩具剧场就是其中之一，看着孩子开心地拿着自己制作的小玩偶道具在朗读、在表演，我知道孩子们喜欢这样的阅读方式。一个小棍一个小盒子，就能打开孩子的童话世界。踏入玩偶剧场，让我看到了不一样的孩子。

DIY 原创风琴绘本

在拼读绘本教学中，是绘本给孩子插上了想象的翅膀，是绘本给了孩子更开拓的思维。在大人眼里，一个盒子就是一个盒子，四平八稳方方正正，一个木棍就是一个木棍，细细长长笔直而立。而在孩子眼里它们是什么？

在这样一节英语社团课上，我给孩子们呈现了一只兔子和一个盒子，问孩子们："同学们，你们从图片上看到了什么？"

孩子们抢着回答："一只兔子还有一个箱子。"

一个孩子站起来说："那不是箱子！"这个女孩的回答让很多孩子惊奇诧异，女孩接着说："我看到了这个绘本的名字 *Not A Box*，这一定不是一个箱子。很多同学听了，纷纷点头表示对她的肯定。

于是我让孩子读了绘本的题目和作者后就进入了下一张 PPT，图片的内容是一只兔子坐在盒子里，于是我就问孩子们："兔子为什么坐在盒子里？"

有的孩子说："他坐在船上，那是一条船。"有的孩子说："那是垃圾桶，兔子在里面找吃的。"有的孩子说："他在洗澡，那不是盒子，是个浴缸。"孩子们的答案让人捧腹大笑，于是我给孩子揭晓了答案，孩子们看到箱子变成了赛车后，都感觉特别的有趣。虽然没有人猜对，但是孩子对这个绘本充满了好奇。孩子们看着图片，天马行空地猜测着这个不是箱子的东西到底会是什么？

孩子们对这样的绘本乐此不疲，发挥想象是孩子最喜欢做的事情。于是第二节课我给孩子七张图片，这七张图片分别是一只小猪以不同的姿势拿着一只树枝，让学生发挥自己的想象：小猪手上拿的不是树枝是什么呢？小猪在做什么？这个绘本的名字就叫 *Not A Stick*，它不是一个棍子。这一次我没有让孩子们讨论，而是让孩子把自己的想象画在纸上。于是有的孩子把小猪的树枝变成了绘本里呈现的那样，有小猪手持钓鱼竿、有小猪双手举杠铃、有小猪在骑马、小猪的树枝变成了箭、变成了斧头变成了刀。

我仔细地看着孩子们的图画，我所看到的超乎了我的想象。我看到了一些绘本里没有的。比如孩子们把小猪手上的棍子画成了扫帚、旗子、雨伞、卷发棒、羽毛球拍、鞭炮；有的把小猪变成了大厨师，手上拿的不是棍子是锅铲，有的把小猪摇身变成了手拿九齿钉耙的猪八戒，还有的孩子把这一只小小棍子变身成了铁扇公主的芭蕉扇、奥特曼的变身棒、巴拉巴拉小魔仙的魔仙棒。这简直就是一场想象力的大爆炸。

后来孩子们的画变成了绘本！全班 24 个孩子，每个孩子把自己画好的图画剪成动物或不规则的图形，粘贴在我为他们事先准备好的风琴相册上，于是集体创作的一本风琴绘本相册就诞生啦！和原绘本相同的图片一张不留，留下的是孩子自己的独特创意，留下的是每个孩子与生俱来的想象力。

孩子们看着每人薄薄的那么几张纸，一瞬间聚集在一起就变成了一本书，一本可以相互学习，相互陪伴的书让孩子们有了强烈的新鲜感、满足感。长长的风琴绘本打开，又被合上，合上又被打开。

快下课了，孩子们跑我身边问：老师，我们下节课学什么？我对他们说："你们看这张图片，它是兔子还是鸭子呢？"班级一下子又沸腾起来了，说是兔子的，说是鸭子的，他们相互争论着，看着他们争论的小样子，我在心里暗暗高兴，我的目的达到了，下次课就是要让你们好好地争论一番。

孩子学会了拼读，就能独立地看很多的绘本故事，在各种绘本中增长知识，开拓思维，发挥想象。这些孩子在拼读的过程中发现了拼读的乐趣，不用老师教，自己就能完整的读出一个故事，他们内心那种自豪感别提有多强烈了！这样的自豪感也使我深深地体会到，"授之以鱼，不如授之以渔"的道理。语音学习正是我们想要传授给学生的"渔"，得到了"渔"，那么我们又何愁"鱼"呢？我将继续带着孩子们通过系统的拼读方法的学习，使孩子从拼读单词、拼读句子到阅读文章，实现从阅读到悦读的跨越，实现"见词能读、听音能写"的梦想。

（此文获开发区第六届教育叙事评比三等奖）

会"画""知"画

——浅谈运用"画图"策略，提高学生解决问题的能力

王丽云

数学是"解决问题"的科学，而在具体解题时，选择解题的方法和策略是十分重要的。在《全日制义务教育数学课程标准》课程目标中指出：要使学生面对实际问题时，能主动尝试着从数学的角度运用所学知识和方法寻求解决问题的策略。而对于小学生来说，"画图"策略是众多的解题策略中最基本的，也是一个很重要的策略。它是通过各种图形帮助学生把抽象问题具体化、直观化，从而使学生能从图中理解题意和分析数量关系，搜寻到解决问题的突破口。那么在实际教学中，它有没有引起我们老师与学生的足够重视呢？学生有运用"画图"策略解决问题的习惯吗；学生会"画图"吗？笔者就自己所在学校三年级学生对"使用'画图'策略解决问题情况"进行了个别访谈和抽样调查。参见表1、表2。

表1 小学生使用"画图"策略解决数学问题情况问卷调查表

1. 解决问题时，你有画图的习惯吗？（经常 偶尔 从不）

2. 解决问题时，你认为有必要画图吗？（有 没有）

3. 当你解题时碰到困难，你能想到用画图的策略来帮助自己解决问题吗？

（经常 偶尔 从不）

4. 在解决问题中，你一般能按题目意思画图吗？（经常 偶尔 不能）

5. 老师在上课时经常用画图的策略来分析问题吗？（经常 偶尔 从不）

6. 老师在上课时有指导"画图"来解决问题吗？（有 没有）

表 2　小学生数学解决问题使用"画图"策略情况问卷统计表

序号	1			2		3			4		
样本数	40			39		38			20		
频率	经常	偶尔	从不	有	没有	经常	偶尔	从不	经常	偶尔	从不
选择人数	8	28	4	33	6	11	25	2	12	7	1
百分比	20%	70%	10%	85%	15%	29%	66%	5%	60%	35%	5%

从以上的数据和个别访谈中笔者了解到，大部分的学生能认识到使用"画图"策略的重要性，但是在学习中还没有形成"画图"的习惯。另外在利用"画图"策略解决问题时，还存在很多问题。如：画图的能力不强，会做的题他不画图，不会做的题他找不到画图的思路。在遇到解题困难时，想不到画图，能利用画图来展示自己的解题过程和结果的学生更是寥寥无几。

接下来，笔者将结合具体实例，就如何运用"画图"策略，提高学生解决问题能力，谈谈自己的一些想法与体会。

一、体会"画图"策略价值，让学生"要"画

对很多小学生来说，解决问题是数学学习中一个难点。尤其是到了高年级，随着各种数学信息的越来越复杂，更是让部分学生"无从下手"，很多同学甚至到了谈"题"色变的地步。因此，怎样让孩子从对解决问题的"怕学"到"要学"，让所有孩子感受到解决问题原来并不可怕，而且充满魅力。我认为可以借助"画图"，让学生感受到"画图"策略的价值，从而提高解决问题的能力。

（一）借助画图，帮助学生读懂题意

小学生的思维正处在以形象思维为主，向抽象思维过渡的阶段。而我们的数学教材中，很多时候用语言文字表述严谨，枯燥乏味，致使很多孩子读不懂题意，更有孩子不愿读题，懒得读题。这就需要借助于图形，把抽象的数学问题具体化，让图形来架起学生形象思维和抽象思维之间的桥梁，还原问题的本来面目，帮助他们找到解决问题的关键，使孩子读懂题意，从而提高理解问题的能力，让学生在思考的过程中产生"画图"的需要。

例如，在三年级上册，学习了周长认识后，有这样一个问题："一块长方形菜地，长 6 米，宽 3 米，四周围上篱笆，篱笆长多少米？如果一面靠墙，篱笆至少要多少米？"

第一个问题不难解决，但第二个问题，由于学生缺乏生活经验，对"一面靠墙"和"至少"不理解，以至于常解错题。这时，我就指导学生在黑板上画一个示意图（见图1），学生一看顿时就明白了。

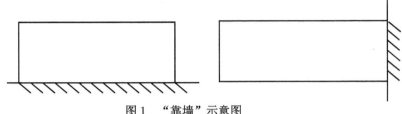

图1　"靠墙"示意图

（二）借助画图，提高分析问题能力

由于小学生对抽象的数量关系的理解存在着一定的困难，通过"画图"不仅能帮助孩子读懂题意，而且还能帮助学生分析问题，理清解题思路，找到解决问题的关键点，从而达到解决问题的目的。

例如，求相差数应用题一直是学生学习的难点，学生对谁和谁比，谁多谁少，总是分不清，造成见多就加，见少就减的错误逻辑。除了利用图示让学生感受之外，还可以适当渗透两个量的"直观复线比较图"，帮助学生理解求相差数为什么用减法计算。如图2：

图2　直观复线比较图

学生通过观察这种直观的线段图，能清晰直观地显示出：求小磊比小雪多几朵花，也就是将小磊的花朵数减去两个人相等的部分。同时这样直观形象的线段图雏形，为后续的线段图的学习起到了铺路搭桥的作用。

（三）借助画图，有效解决实际问题

任何一种"解题策略"都需要经历解决问题的过程，把数量关系的问题转化为图形的问题，使复杂问题简单化，抽象问题具体化，化难为易，在提高学生的学习兴趣的同时，也能灵活有效的解决实际问题。

例如，在学习分数加法后，一位老师设计了一个练习：计算 $1/2+1/4+1/8+1/16$

＋1/32＋1/64=（　　）。大多数学生都是利用通分方法统一分母后，按分数加法的法则进行计算。这时老师适时向学生介绍"画图"的方法：先画一个大正方形，它的面积是 1，将它逐渐划分。如图 3 所示：

图 3　"逐渐划分"示意图

从图中可以直观地显示：1/2＋1/4＋1/8＋1/16＋1/32＋1/64 所占的面积比正方形面积少 1/64，因此，1/2＋1/4＋1/8＋1/16＋1/32＋1/64=1-1/64==63/64。通过画图，将数与形巧妙地结合起来，将复杂问题简单化，从而迅速地解决问题，同时渗透数形结合思想、极限思想，使学生深切的感受到"画图"策略的无限魅力。

二、合理指导"画图"方法，让学生"会"画

"会"画图是运用"画图"策略解决问题的关键，也是学生数学学习的难点。首先教师要认识到学生画图策略的培养是一个长期的循序渐进的过程。有人认为用线段图帮助解题是高年级的事，是遇到比较难的题时才使用的方法，中低年级和比较简单的应用题不需要画线段图。这种认识显然是片面的。笔者认为画图策略从低年级就应该开始培养。

（一）引导、示范、点拨，培养"画图"能力

学生在刚学习画图时，往往不知道该如何下手，画什么，该怎样画。这时，我们老师的指导、示范就显得尤为重要。开始时老师可以先引导学生读懂题目意思，然后再指导学生跟老师一步一步来画，抓住问题关键，理清思路。老师也可以先自己示范画一遍，然后让学生模仿着画，画好后进行交流评析，笔者认为即使是照抄一遍，相信学生也会有所收获。对于有困难的学生再作重点指导，等大部分学生有了一定的画图基础后，这时可放手让学生自己画，而老师要给以适当的点拨和指导，并与学生共同总结出作图的一般方法和注意要点。

（二）指导学生掌握基本的作图技巧

以线段图的"画图"技巧为例：

1.仔细审题，理解题意，所画的线段图要与题意相符合。

2.线段的长短要与值的大小基本相符，长短线段与数据大小成正比例关系。

3.按照题目的叙述顺序，依次在图上标明已知信息。如果是复线图，应从中确定一条线段作为参照标准，根据题意，分清先画和后画的顺序，找准数量间的对应关系补充相应的线段图。

4.学会应用。不少学生在遇到解决问题时已经知道通过画线段图解决问题，实际上，线段图不仅可以帮助分析题意，而且还可以迁移到其他类型的题中。

（三）加强各学段"画图"方法的整体把握，分层指导

教师在指导学生运用画图策略解决问题的过程中，还应注重不同阶段对画图策略的渗透、指导和积累。如低年级以画实物图为主，从简单题入手，学画简捷但又比较抽象的模型图，掌握一些基本的画图技巧，打下结实的基础；中、高年级可进一步引导学生来画更为抽象的，如线段图、二维的长方形面积图、三维立体图等。当学生经常运用画图策略解决问题，就能积累经验，感受直观图形对于解题的作用，逐步形成应用画图策略的意识和习惯。

三、灵活运用"画图"策略，让学生"知"画

当学生对"画图"有了兴趣，并初步掌握了一定的画图技巧时，到底什么样的图适合解决一些类型的问题往往会让学生十分困惑。因此，在这一阶段更应培养学生灵活运用画图策略，对不同题型的问题解决时所运用的画图策略进行归纳，达到合理运用，举一反三，从而通过画图策略提高解决问题的能力。在小学阶段常用的"画图"类型有：示意图、线段图、树形图、集合图、平面图、立体图等。下面笔者例举了其中几种典型的画图类型。

（一）示意图

在解决问题的过程中，多鼓励学生根据自己的画图经验，画出一些简单的示意图（如图4）来解决问题。一年级上册解决问题教学中，有这样一道题：小朋友排队做操，小丽排在第8个，小宇排在第15个，小丽和小宇之间有几人？

第8个　　　　　　　　　　　　　第15个

图4　示意图示例

这类问题对于一年级学生来说，由于缺乏实际生活经验，学生理解起来有一定难

度，可是用画"示意图"帮助理解就会比较直观，一目了然。

（二）线段图

一些解决问题题目信息繁多，信息之间关系复杂，一时难以解答。这时可画线段图（如图5）表示题意，以寻求解题的突破口。

如，甲乙两人同时从相距88千米的两地相向而行，8小时后在距中点4千米处相遇。甲比乙速度快，甲、乙每小时各行多少千米？ 按照题意画线段图：

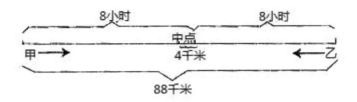

图5 线段图示例

从图中可以清楚看出，甲、乙8小时各行的距离，甲行全程的一半又多出4千米，乙行全程的一半少4千米，这样就可以求出甲、乙的速度了。

（三）树形图

树形图是用图解法把一个大目标分得很细，以此表明具体目标，一目了然。在教学"搭配"时，使用"树形图"会更加直观。参见图6。例如：有3种不同的饮料，4种不同的点心，一共有几种不同的搭配方法？通过画图，问题就能迎刃而解了。

图6 树形图示例

（四）集合图

集合图能清晰地表现出重叠关系的两个或多个数据之间的关系，体现数学的思想及方法。例如，三（2）班活动，参加语文小组的有8人，参加数学小组的有9人，三（2）班有多少人参加课外小组活动？如果用画集合图的方法，问题就迎刃而解了。如图7：

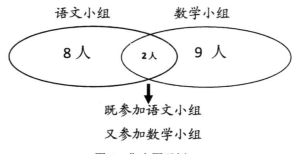

图 7 集合图示例

通过画图，学生就会发现图中重叠部分的 2 人就表示同时参加两个小组的人，即 8 +9－2=15（人）。

四、整体把握教材，系统指导"画图"策略

自课改以来，人教版的教材对于"解决问题策略"并没有以独立的单元形式进行教学，所以在教学解决问题的过程中，我们教师往往会忽略对解题策略的教学。但是仔细研究教材，你会发现在教材的很多领域都蕴藏着有关解题策略的内容。笔者整理了 1～6 册教材，有关运用"画图策略"的一些典型例子。参见表 3。

表 3 "画图策略"示例

册数	页数	教学内容	画图策略的运用
一上	P79	两人之间的人数，如小丽排第 10，小宇排第 15，小丽和小宇之间有几人？	引导学生先列举出来，形象地借助图形边数边画出来。
一下	P21	小华套中 12 个 小雪套中 7 个 小华比小雪多套中几个？	让学生亲自画一画，上下一对比，很明显可以比较出谁多谁少。
一下	P78	用连减同数解决问题。28 个橘子，9 个装一袋，可以装满几袋？	28 $\xrightarrow{-9}$ 19 $\xrightarrow{-9}$ 10 $\xrightarrow{-9}$ 1 让学生在实物图上圈一圈，从而理解同数连减的意义。

册数	页数	教学内容	画图策略的运用
一下	P86	找规律	 通过观察、画一画图形，让学生理解图形的变化规律。
二上	P98	数学广角：搭配（一） 有 3 个数 5、7、9 任意选取其中 2 个求和，得数有几种可能？	 通过画示意图，清楚的显示出两个数的和与顺序没关系，得数有 3 种可能。
三上	P91	分数的大小比较	 $\frac{1}{4}$ ○ $\frac{1}{6}$ 通过画图让学生直观形象的理解分数的意义及大小较。
三下	P102	数学广角——搭配（二） 一共有多少种穿法？	通过画 ○ 表示上装，画 □ 表示下装，清楚看出一共有 6 种不同穿法。

在整理与研究教材中，我们感受到"画图"策略贯穿于整个小学数学解决问题的教学中。但是在教材中也存在"画图策略"的编排系统性不强，对画图策略没有一个具体的指导。这就要求我们教师必须站在一个较高的层面上用现代数学的观念去审视和处理教材，注重不同年级对画图策略的渗透、总结和整理。善于利用，分析教材，整体把握"画图策略"教学，使学生逐渐具有应用"画图"策略的自觉性，形成良好的思维习惯，提高灵活运用策略解决实际问题的能力。

总之，学生的数学学习应该是灵活，多变不拘形式的，我们应给学生创造适合他们发展的活动空间，给予他们更多的展示属于自己的思维方式和解题策略的机会，通过数学学习，不仅获得一定的数学知识，而且使他们的身心获得了和谐、有效的发展。

（此论文获开发区 2015 年教学论文评比二等奖）

"让学"视角下低中段衔接期写作教学策略探寻

魏汝芳

小学三年级是个重要的过渡期，这一阶段的作文教学备受重视。我们想到了目前被教育界所接受的"让学"这一课改理念。

"让学"，意为"让学生学"，即教会学生自己学习。当下的语文教学，越来越多的教师赞同走向生本，而要真正做到，教师必须心甘情愿的"让学"，让教师的"教"为学生更好地"学"服务。

一、让准备，前置自学找灵感

（一）撷取素材有技巧

叶圣陶先生说："生活就如泉源，文章犹如溪水，泉源丰盈而不枯竭，溪水自然活泼泼地流个不歇。"孩子不知如何观察入微，这就需要教师做出有效的引导和方法的铺垫。

（二）谋篇布局很关键

有一定的写作素材构建后，我们就需要考虑怎样更好地去构思文章，也就是谋篇布局。对刚进入三年级的孩子来说，教会孩子布局谋篇也很重要，但我们的要求不能太高，提纲质量不是最关键的，关键是学生会去思考，会安排结构。让他们先积累、模仿，再进行自我创作。

（三）用"脚手架"学走路

脚手架，就是在学生现有水平和潜在水平之间搭台阶，不同的习作由于其性质不同，因此在习作前需要提供给孩子的"脚手架"也是因文而异的。

比如三年级上册第一单元《我的课余生活》可以选择给学生提供一些好的开头，

供学生模仿参考。第二单元《熟悉的人的一件事》可以给学生搭个梯子——围绕总起句，把一段话写完整。第五单元《走进传统文化》可以提供一个表格让学生在习作前去搜集资料，了解文化。第六单元《介绍自己去过的地方》可以在习作前为孩子提供一些优美的词汇和参考题目。

由扶到放，让他们以主人公的身份真正去体验习作进步的尊严感和幸福感。

二、让热爱，幸福由衷而发

语文课程标准指出："写作教学应贴近学生的实际，让学生易于动笔，乐于表达，引导学生关注现实、热爱生活，表达真情实感。"

教师要对孩子的习作多鼓励，降低习作的要求，使学生感到习作很容易，很快乐，很轻松，这样才会让学生爱上习作。

在教学时应该肯定学生表达自己的真情实感，同时发现闪光点，作为创造想象的能力。要积极去引导学生的想象和创造，让他们享受想象带来的快乐，让他们爱上习作这条幸福的不归路。

三、让实践，走在前进的路上

新课标指出："语文课程是实践性课程，应着重培养学生的语文实践能力，而培养这种能力的主要途径也应是语文实践。"

（一）就地取材，顺水推舟

仍旧以三年级上册第一单元《我的课余生活》为例。这是进入三年级学生的第一篇习作，课余生活很多，每样都要写吗？课余生活看上去每天都类似，要怎么写才好？基于孩子们的困惑，我先让他们自制表格回忆近期课余的活动，再集体来观察学校的篮球大课间活动，并到课堂做一个范例的指导。

有了集体的观察和材料，只欠下笔成文了，重点指导李乐乐同学拍球的情景：

一开始，我的球就像活了似的，东逃西窜。每一次我都要去地下捡，左捡右捡，没一会功夫，我就累得气喘吁吁（动作描写）。可男生队的小杰就不一样了，他的球在他手里就像马戏团里被驯服的小动物，可温顺了，真是令人羡慕，我突然很气馁，脸一下子耷拉了下来（神态描写）。就在这时，小杰走过来，对我说："乐乐，别气馁，我一开始也不太会打的，练多了自然而然就会了。"（语言描写）我将信将疑，但还是照他说的做了，果真，练了一会，还真有进步！

有了适时的实践做铺垫，再加上教师的细心指导，接下去的习作也就显得水到渠成了。

（二）一针见血，有的放矢

习作批改是让学生第一时间获得反馈的关键点，它可以让学生知道自己在习作方面存在的问题，从而明确努力的方向。习作起步阶段，学生往往会在以下几个方面需要教师耐心指导，我拿三上第三单元《我爱秋天》和第四单元《观察日记》来说明。

1. 出言无序

三年级学生在一开始写作的时候，总是语言结构无序、混乱，词语运用错误或是表达不够恰当。比如描写秋天的桂花，有同学这样写：

桂花雨

炎热的夏天过去了，校园里很多花都开始抢镜了，最闪亮的莫过于桂花了。

我走到班级里，有香味。我吸了一口气，好香啊！我走到座位上，啊，看见桂花开了，有黄色的，有白色的。

桂花越来越香了，桂花的花瓣小小的，有很多都洒在了地上。

我回到家，也看到桂花开了，好香啊！

桂花是一串一串的，一阵风吹过，像下了雨一样。桂花的叶子是绿的，桂花躺在妈妈的怀里，为我们散发着香味。

此文最大的毛病就是结构模糊，语言凌乱。习作前已经列过提纲，但写时没有好好利用，因此再修改就要叮嘱学生从提纲出发，把思路理清，话语才能顺流而下。经过修改后的文章就显得胸中有提纲了：

飘香的桂花

金秋时节，很容易让人想到一句歌词"八月桂花遍地开……"，不错，不起眼的桂花此时正是香气逼人的时候，让人不容忽视。（开篇点题）

你闻，早晨一走进校园就闻到了芳香，我忍不住朝花香的方向走去。停留在一棵大桂花树下，抬头望去，它的顶端接近教学楼的三楼。这是一棵金桂，橘红色的花簇拥在一起，在绿叶间，在枝头上，微笑着，一阵风吹来，纷纷扬扬地洒下，像极了一场桂花雨！（详写一棵桂花树）

傍晚，回家的时候，一进门就闻到了一股浓浓的桂花香，原来妈妈正在晒桂花花瓣，用它泡的茶可香了。有心的人还可以把它做成桂花糕、桂花糖呢！（桂花的用途）

正值桂花时节，很多人也都喜欢在饭后茶余，约上几位好友去赏桂花，闻桂香，整个城市也都浸润在桂花香里。（略写人们的活动）

这是一个金黄的秋天，也是一个香气浓郁的秋天。（结尾点题）

2.有骨无肉

找秋天

听过找春天，你听过找秋天吗？今天我们就一起出去找秋天！

我们来到校门口，我找啊找，找啊找，秋天藏在银杏叶里。

我们来到植物园，我找啊找，找啊找，秋天躲在芭蕉叶里。

我们来到湖边，我找啊找，找啊找，秋天的味道在桂花香里。

最后我们来到钱塘江边，我又继续找啊找，找啊找，最后大家都找到了很多。

今天我们找秋天，找到了很多快乐。

这篇文章的结构还是相当清晰的，骨架干净清爽，就是缺少实实在在的血和肉，若能把内容充实，将会出彩不少。可以指导学生多问几个为什么。同学们怎么去找的？找到了什么？找到的东西有什么特点？大家的反应如何？把内容补充进去，将会完整不少。

通过反复修改和润色，作文如下：

找秋天

找呀找呀找秋天，走，跟着我们一起去找秋天吧！

我们来到校门口，看到了几棵高大的银杏树，风一吹，树叶就飘下来了，像一只只蝴蝶。原来秋天就藏在飘落的叶子里，真漂亮！

接着我们来到植物园，这里的植物真多。有冬青树，有菊花，还有芭蕉树。这时，有人大叫："这里有一颗芭蕉果！"我们赶紧过去看。果然，很大！不过老师说这个不能吃。走着走着我突然看到一片掉在地上的芭蕉叶，像极了铁扇公主的扇子。原来秋天藏在芭蕉果和芭蕉叶里。

然后我们来到湖边。湖边种满了桂花树，闻着满满的香味，秋天的味道在桂花的香气里弥漫。

最后我们来到钱塘江边，望着茫茫江水，几只大雁飞过，秋天就在大雁的叫声里！

找秋天，我们也找到了很多快乐！

3.言之无物

《观察日记》里有很多学生会拿秋天的一些代表性果实来写，但是写来写去，还是不着重点，以下是一位同学的作文：

我爱吃毛豆

我最爱吃的就是毛豆了，他不仅长得好看，还好吃。

毛豆很香，很硬，肉鼓鼓的。妈妈给我买了毛豆，我就吃，吃了很多很多。吃完了，我还要吃，妈妈又给我买，我们全家又在一起吃。

毛豆是毛毛的，绿绿的。毛豆可以炒着吃，蒸了吃。爸爸喝酒喜欢吃，我也喜欢吃。妈妈每天都给我们烧，毛豆真好吃。

妈妈每次买回家都让我一起帮忙剥毛豆，剥好妈妈烧给我吃。

我爱吃毛豆。

这位同学的习作，毛病很明显，语言杂乱，说来说去就是说毛豆好吃，反反复复，根本没有什么内容。经过他的思考和实践，整合了我给他的意见，他这样改：

纤维之王——毛豆

身子毛毛的，外面有个绿账子，里面躺了绿娃娃，这是什么呢？对了，是毛豆！（谜语开头）

早上，妈妈叫我一起到阳台上剥毛豆，我开始仔仔细细的观察这小东西。

毛豆外面的壳硬硬的，壳上有许许多多的毛，摸上去麻麻的，不管毛豆有几节，它中间都是凹进去的，我开玩笑说："原来它的腰还很纤细。"

剥开来一看，里面躺着数量不一的绿娃娃们。他们硬邦邦的，清脆可爱！（毛豆的样子）

毛豆的吃法很多，可以带壳煮着吃，也可以去壳蒸着吃，炒着吃，老了变成黄豆，炖肉吃，那个味道是绝佳！（毛豆的吃法）

毛豆的营养价值特别高，它所含的纤维是所有蔬菜中最高的！（毛豆的营养价值）

嘿，剥完毛豆中午就有炒毛豆吃了！（结尾）

（三）关注需求，多元评价

在学生习作后，我们应该关注学生，以"促进学生的发展"来开展习作的科学评价。传统的作文评价都是教师一个人"主宰"的，实际上，学生在参与评价的过程中，用耳倾听，用心交流，也是学习的一种手段。

学生的优秀习作或是有待改进的习作，都需要及时在课堂上展示，让大家一起探讨并且修改，在这个过程中，学生从自己需要的角度去习得方法和技巧，明确方向。还可以定期在班级进行习作的展示，让同学和家长都能随时参观，更有甚者，还可以推荐各级各类报刊或者杂志刊登，以增强自信。

在"让学"这条路上，努力挖掘一些学生写作的一些"让学"元素，用理念为实践服务，用实践升华理念，我们不断实践着、反思着！

（此文发表于《教师》杂志 2016 年 8 月）

面向太阳，不问春暖花开

魏汝芳

龙应台说，慢慢走，欣赏吧。

蜗牛牵着我去散步，我才闻到了路边的花香，才感受到了夜风的温柔和鸟叫虫鸣声。

放慢脚步，会有不一样的天空。

一、他失踪了

他失踪了。

里里外外，前前后后，全校老师出动，依旧是不见他的人影，他的班主任甚至都找出校园外面了，还是毫无头绪。正在大家急得焦头烂额的时候，有老师翻出了监控，终于在地下车库里发现了他，大家这才长长地舒了口气。他的班主任不得已，自此在班里给他配了专门的"贴身保镖"。

一年级时任课老师口中的他：

"他一般上课的时候都是处于打太极、练武功的状态，不仅动作如此，嘴里还会念念有词。"

"别的同学单脚跳都能追得上小路跑步。"

"他只要声音不大，我的课正常进行还是没问题的。"

二年级分班，他的名字静静地出现在我们班的名单上。

不出所料，刚开学不久，就有老师来抱怨说，你们班的小路怎么连画直线都不会，好像连尺子都不会用啊？紧接着又有老师来说，你们班小路好像上课从来不听的，只管自己打拳。你们班的小路一年级的口算都不会的，你们班的小路……每次，我都安静跟他们讲一年级的事情，告诉他们，他相对于一般孩子是弱的。渐渐地，老师们不再来向我抱怨了，大家好像也都接受了这样的一种现状，觉得这也变成了一种寻常。

作为他的语文老师，作为一个耐心温柔的女教师，说真的，我也实在是受不了他连自己的名字都写不灵清，我仔细看过，他是用涂鸦的方式写完自己的名字的；上课的时候他总是自顾自活在他的世界当中，时不时给你发出几声扰乱课堂的声音；偶尔几次回答问题时，表情总是愣愣的，就好像这个问题要花光他所有的脑细胞一样；每次的列队从来是不站在队伍里的，一则是他注意力不集中，二则是如果要求他像正常孩子一样走路，那我简直是太没有人性了。天呐！好想放弃小路！他总是让任课的老师，尤其是让我这个班主任心中打结，让我的神经肿胀，让我的嘴小心翼翼，让我的眼睛不停地游离在他的周边……他那双大眼睛每天扑朔地看着我，让我情何以堪！一年复一年，此情何时了？

二、他哭了

直到有一天，他泪眼婆娑的到我的办公室。

小路虽然各方面能力有点弱，但是他的性格还是很坚强的，整天笑嘻嘻的，衣食无忧，不食人间烟火，不知烦恼为何物。这次，他眼泪汪汪让我有点惊讶。

"怎么了呀？"我问。

他噙着泪水："我打了卢。"

我有点愣住了，柔弱的他怎么会去打人，别人一个用力就能把他摔在地上，况且他打了人哭什么呢，一定有猫腻。

"你以前不打人的，这次为什么打他？"我想一探究竟。

"他骂我，所以我打他。"他很委屈。

接下来不管我怎么问，他就只顾自己抽泣。

门口这时候总会有一群好事者，好在他们出现的也适时，我立马叫其中一个人去找卢。两个当事人都在，问题就会比较清晰。

"他骂我傻子。"朱指着卢的鼻子说。

"他要跟我玩，我妈叫我不要跟他玩，我妈说他是傻子。"

卢没有意识到他自己的问题所在，看上去这话也是很有道理的，妈妈都这样说了，还会有错吗？

"傻子"？从一个孩子口里说出来，让我不可思议。卢的妈妈显然有错，不该在孩子面前来评论班里的孩子，说长说短，况且又是不好的言论。对我而言，我清晰地认识到一个棘手的问题摆在了我眼前。

看着小路，依旧泪水盈眶，突然觉得心疼。

脑海浮现了他爸爸给我的留言：

魏老师，我们家孩子出生的时候就很小，是个早产儿，那时候他放在暖箱里，一个礼拜才只能见他两面，后来他出院了，我们对他是倍加呵护，从来舍不得打他、骂他，一直把他捧在手心里。但是现在，由于我们工作忙，每天都不能抽出时间来陪他，我们对他的要求不高，希望老师不要太看重成绩，别给他压力，让他在小学里快乐成长。

朴实，却句句肺腑而感人。其实，孩子的健康和快乐才是家长最关心的，也是我们要为之努力的。

这个早产的孩子，虽然是父母手心里的宝，但是父母陪伴他的时间实在是太少了，他们给了他丰裕的物质生活，却缺少了精神上的呵护和滋润。

那么，在学校里，我能给他什么呢？对他而言，我不一定得做知识的传道、授业、解惑者，但我一定得给他所需要的爱，至少让他在班里能与别的同学和谐共处，让他在班里能够快乐生活，至少能够快乐着他的快乐，不被扰乱。有时候，幸福也是一种隐私，这种幸福，无关荣华富贵、名誉地位，有关的，只是一种心灵感应和默契。愿他的这种幸福能够像花儿一样开放，悄无声息，但其间的馨香却在心间缠绵。

三、他笑了

我一进教室，教室立马安静下来了，应该已经有好事者来通报过了。小路因为情绪不稳定，我让办公室老师帮我先"照看"着他。

我走进教室，剩余的 39 位孩子全在教室里，我并没有像平时那样"大发雷霆"，而是轻柔地给他们讲了一个孩子的故事：

有这样一个孩子，他是一个早产儿，刚出生时才不到 5 斤，他的爸爸妈妈在他出生的第一个月里每个礼拜只能见他两次，因为他被放入了医院的暖箱里。你可以想象，在看不到他的日子里，爸爸妈妈是有多担心他，多想念他。后来，他顺利渡过了难关，回到了爸爸妈妈身边，爸妈对他是疼爱有加，有什么好吃的都买来给他吃，有什么好玩的也是从来都不会少了他，他一直生活在爱的海洋里。

但是在外人看来，他的爸爸妈妈的这个儿子倒不是很优秀，走路有点不那么稳当，平时注意力也不是那么的集中，一般性的体育活动也几乎是不怎么有能力玩的，还会经常会自顾自玩一些你们都觉得很无趣的事情，他好像比同龄的人看上去更加弱小，更加需要人帮助，但是这些都依旧阻止不了爸妈爱他的心，他永远是他们的心肝宝贝，是他们的心头之肉。

现在，这个孩子如果就生活在我们身边，你会怎么样来对他？

我给孩子们抛出了这样一个问题，我很想听听他们会说些什么。

"我觉得他的爸妈很爱他，我们也应该要爱他。"小宇先开了个好头。

"他比我们普通孩子要弱小，我们更要保护他了，我们刚刚学过一篇课文《我不是最弱小的》，我们应该像萨沙学习。"不愧是班级里的佼佼者，小嘉的回答让我很满意。

"他一定会很孤单的，我们平时要多跟他在一起玩。"小晶也接着继续说。

孩子们纷纷点头，有几个平时特别皮的孩子也不再做不同的意见了。

我这个时候一直在观察卢，我想知道他会有什么反应，他此时一直低着头，手上不停地摆弄着一支铅笔，他应该有点跟其他人不太一样的想法。果真，他手也不举一下，只是在座位上说了句："魏老师，你说的是不是小路啊？"不说则已，点破之后，班级里七嘴八舌的声音一下子闹腾起来了。紧接着，他们发现了小路此时不在教室。在这样一个关键的接口，我开口了：

"同学们，继续刚才的故事，没错，这个孩子就是我们班的小路。"

停顿良久，没有声音。

"我们要保护比我们更弱小的，尤其是一个班级里的同学，更要像兄弟姐妹一样来对待。"小清说道。

"是的，不要老是看到别人的不足，还要去发现别人的好，每个人都会有值得你学习的地方。"小铭说。

"那么，现在，在小路来到教室前，你想一下要对他说什么，我等会发给你便签纸，你写下来交给他并读给他听。"

接下来的时间我完全交给了这帮孩子们，卢紧紧咬着下嘴唇，嘴里似乎在念叨着什么。

此时等小路来到教室后，大家就把事先写好的便签纸交给他，并轻轻地读给他听，有些说他的优点，有些是希望他今后要做好的地方，话语是真挚和诚恳的。卢同学过去的时候，小路露出了两颗大门牙。

四、故事还在继续

傍晚，暖阳，在办公桌上。

他的每日一句静静地躺在我的桌面，我会心地笑了。

翻着他的本子，脑海里浮现出一些那天便签纸的内容：

"每当我看见你，就会想起太阳。"

"今天我们去玩游戏，看谁大获全胜。"

"谢谢你之前借给我的牛奶盒。"

···········

有一首诗大致是这样的：

如果我能再次养大我的小孩子，

我会先建立自尊，再决定盖房子。

我会多用手指来画图，少用手指来指。

我会少教训多沟通。

我会少用眼睛看表，多用眼睛看世界。

我会注意少知道一点，但知道多关心一些。

我不再扮演严肃的角色，且认真地玩。

我会跑到更多的原野看更多的星星。

多拥抱，少拉扯。

我会经常看长着橡实的橡树。

我不会那么固执，会更加坚定。

我不再追求对权力的爱，

我会效法爱的力量。

即使秋天得不到收获，也不遗憾千百次的播种，即使花开结不成果实，也不遗憾千百次的凋零。如若可以，努力让孩子面向太阳吧，而不去苛求春暖花开，这是阳光下最美丽的事情！

（此文获开发区第四届教学叙事评比一等奖）

让孩子飞，插上一对想象的翅膀

徐家文

爱因斯坦说："想象力比知识更重要，因为知识是无限的，而想象力概括着世界的一切，并且是知识的源泉。"在小学生的世界里，想象力具有不可或缺的重要地位，她是智慧的结晶。《语文新课程标准》第一学段目标明确提出：要对感兴趣的人物和事件有自己的感受和想法，并乐于与人交流；诵读儿歌童谣古诗时要能展开想象，感受语言的优美；写话时写想象中的事物，写出自己对周围事物的认识和感想。可见，一年级学生想象能力的培养是多么重要。那么我们在平日的课堂教学中，如何培养学生的想象能力呢？在实际的教学中我有如下几点体会。

一、前测"聪明题"，鼓励想象

这个学期开始，我们在网上，跟着论坛里的一些经验丰富的老师，探究着预习前测题，想通过这份预习前测题，培养二年级学生的预习能力，掌握一些识字的方法，其中这道聪明题正是鼓励学生通过想象，大胆地去编一编字谜、熟记一些容易读错较难掌握的字，效果不错。

如课前在交流第20课《纸船和风筝》的生字时，我问：昨晚你们预习时和爸爸妈妈都编了什么谜语啊？

举手的小朋友很多，说的欲望甚是强烈。

生1：少说几句吧！

其他小朋友立即举手，我指了一个平时不怎么举手的小朋友回答：吵架的"吵"。掌声立即响起来了。

生2：少了一张嘴！

生3：口子旁边有点少。

立马又有小朋友举手，小嘴巴还喊着：我可以帮他改一改这个谜语：口字总说少。

师：你们觉得哪个好？

生：方昊天说得好，说得太多就会吵，听到吵，老师总是劝我们少说几句，慢步轻声。

话音未落，掌声就响起来了。多么聪明的回答，我立即表扬她，能够联系意思来编字谜了，又是一个大进步，真棒！

小朋友的想象能力不能小觑，非常高兴，这段时间以来，学生通过练习"预习前测题"，编字谜的能力日渐提高，而且兴趣盎然。我们鼓励学生大胆地想象。在接下来的预习挑战题中我们还会渗透多种识字方法，让学生的想象能力得到锻炼。

二、抓关键词句，激发想象

在教学中，教师要抓住课文中的关键词句，引导学生通过想象走进作品所描绘的活生生的具体形象的世界，去感受语言文字所暗示和启发的意蕴与情感。

例如，我在教学《赠刘景文》时，在学生读通的基础上，我鼓励学生抓住关键词句读出画面。

师：小朋友，刚才你们都能读正确了，尤其是像草"赠""擎"这样的后鼻音很到位，真棒！那么大家再认真看着大屏幕读一读，看看你读着读着眼前能不能浮现出一幅幅美丽的图画呢？试试看。

指明学生先读，然后说说画面。

生：我好像看到荷花像一把伞，在水面上。

师：我好像也看到了，可惜是秋天了，荷叶已经枯萎了，除了枯萎的荷叶，这个季节诗中还有什么？

生2：菊花。

师：你怎么看见的？

生3：菊残犹有傲霜枝，所以也有菊花……

师：你真聪明。所以秋季最有代表的花就是？

生齐说：菊花！

师：是啊，秋天来了，万物都开始失去绿色，慢慢枯萎……

生：我好像看到枫叶慢慢落下来。

师：那大家一起来读一读，感受一下秋风扫落叶出来，菊花正傲霜的秋季吧。

齐读第一句。出示课件，再次让学生感受画面。

通过这样抓住关键词句，读出画面，激发学生的想象。后面的诗句学生陆续说出了"好朋友送礼物"的画面，"一边喝酒，一边送诗，礼尚往来"的画面。这样，整首诗也就理解了。

三、利用课件动画，帮助想象

低年级小朋友的抽象思维能力尚不发达，他们经常很难理解一些词汇，很难表达清楚一些抽象词语句子的内涵，那我们能做的应该是在孩子需要帮助的时候利用多种方法帮助他们，从而让孩子们的想象能力得到培养。

例如，在小学考核课教学《回声》时理解"回声"，我先让小朋友说说，小青蛙在桥洞里遇到"看不见的青蛙"，到底是怎么回事呀？

生1：我才有一只真的，有一只"看不见的青蛙"，很顽皮，在与小青蛙开玩笑。

生2：青蛙声音太大，然后听到了自己的声音。

生3：一定是青蛙的声音被什么给挡回来了。

…………

学生想象能力真的太丰富了，我肯定了他们，接着我又出示了课文插图，画面中有只有青蛙妈妈和小青蛙，还有一圈圈波纹的水岸，让小朋友说说你从哪些地方感受到了青蛙妈妈的智慧。

生：你看，青蛙妈妈没有直接告诉小青蛙答案。

生2：你看，小青蛙的眼睛睁得大大的，他一定是想睁大眼睛，好像自己真的明白了道理。

生3：是啊，青蛙妈妈的眼睛也是大大的，而且还有微笑，她一定是想说：孩子，现在你明白了吧！

…………

接着我播放由孙丹莹等制作的动画，一切都真相大白，大家齐声发出"哦"，表示自己恍然大悟，带着阅读期待，再去品读青蛙妈妈扔石子的自然段，或许多讲也没有什么意思了。

低段学生，他们的直观形象思维比抽象思维发达，在适当时候插入一些图片，动画，可以帮助小朋友充分发挥想象，理解课文意蕴和内涵。

四、指导情境朗读，鼓励想象

低年级课文教学要多读少讲，指导朗读，不仅要从朗读技巧上指导，更要引导学生入情入境，要用朗读表达出思想感情来。我在教学《蓝色的树叶》时，林园园和李丽的对话我就采用情景朗读，鼓励孩子们想象她在说话时的神情和动作。

师：同桌一个当林园园一个当李丽，试试能不能加上一些表情和动作。

分角色朗读。（有点皱眉）

师：林园园，你刚才读的时候为什么声音放得那么轻？眉头都有点皱起来了？

生：因为我不是很想借给李丽，所以声音要稍微轻一点，但又不好意思直说，所以有些为难。

师：哦，原来是这样。

再请一桌分角色朗读（李丽转向林园园，林园园读得比较吞吞吐吐）。

师：你从林园园吞吞吐吐的语气中读懂了什么？

师：你觉得林园园是自己很多画没有画完呢，还是不好意思不借？

利用情景朗读，小朋友们想象着自己就是林园园和李丽，还想象出了表情和动作，更加懂得了林园园对李丽的种种借口，林园园对李丽的种种借口，从而也明白了伙伴之间团结友爱，纷纷表示要积极帮助同学。

五、创设和谐氛围，大胆想象

学生在紧张严肃的课堂气氛中效果远远比不上在和谐愉悦的课堂气氛中的学习效果，前者是被动学习，后者是主动学习，教室是课堂的总导演，可以营造一个和谐的课堂氛围，从而提高学生的课堂学习兴趣。例如我在教学《我们成功了》后让小朋友也说说：假如你们当时就在北京，你们还有什么心愿。

师：申办奥运会的心愿实现了，你看北京人民，甚至是全国人民多开心啊！看图片。如今北京 2008 年奥运会已经远去，小朋友，你们心中还有没有其他心愿？

生 1：我的心愿是希望我爸爸妈妈和我三个人长生不老。哦，还希望徐老师也长生不老，这样，我们就可以等下一次奥运会了。

大家都笑了，举手的小朋友更多了。

生 2：我的心愿是在奥运会上有一座糖果屋，我就坐在糖果屋里的一张糖果床上，嘴里还吃着一根美味的棒棒糖，全世界小朋友都羡慕我们中国的小朋友！

大家笑得更欢了……

生 3：我的心愿是长出一对翅膀，飞呀飞呀飞到天上，飞在鸟巢看奥运会，多爽啊……

多么奇妙的想法，多么纯真的情感，此时，大家已经完全沉浸在一个轻松的氛围中了，能够把自己的内心想法说出来真的是一件非常享受的事情。大家在笑的同时，我肯定了这几位小朋友的想法，说不定可以实现哦，很久以前就有一对兄弟总是想飞到天上去，后来就实现了，发明了飞机。

生4：我的心愿是到中国好声音放声歌唱。

生5：我的心愿是拥有一千个陀螺，可以在赛场上展示，我最喜欢陀螺了。

生6：我的心愿是想让妈妈回到中国来陪我，因为妈妈进医院后就不见了……

大家突然都不笑了，用眼睛看着我，我灵机一动，说：你们知道为什么朱依乐小朋友有这个心愿啊？

生：我们都有爸爸妈妈陪，朱依乐只有爷爷奶奶陪。

师：那我们该怎么办呢？我一边说着一边抱抱朱依乐。

生：我们下课的时候应该多陪她玩玩，不要让她觉得孤单。

生：我们应该多陪她说说话。

全班小朋友都鼓掌了，下课的铃声已经响了，还有很多双小手举在那里，意犹未尽。我想让孩子们说说心愿这个环节课堂氛围是和谐的，他们是轻松愉悦的，下课了，有的小朋友在写着心愿，有的小朋友立即过来陪胡丽楠了……我想不管心愿能不能实现，鼓励学生大胆地想象并表达出自己的心愿这是我的目的，也只有给予轻松愉悦的氛围，学生才敢大胆地想象，想象能力才会得到发展。

"想象力有多广，舞台就有多大。"这句话深刻地诠释了想象力的发展对于人的重要性。培养想象力的方式、渠道还有很多，故事接龙，小岛屿，演课本剧，看图说话……我们只有让学生在广阔的空间里学语文，用语文，才能增强他们的学习兴趣，才能给他们插上想象的翅膀，才能切实提高他们的语文素养，实现我们的智慧课堂！

（此文发表于《教师博览》2016年9月）

小学思品与班队课的整合试探

徐家文

一、课程实施的意义

（一）小学思品学科含义

小学"品德与社会"是小学德育课程中的重要组成部分，它的目标是态度、情感和行为的改变，也就是明理然后践行。著名教育家布鲁纳说过：知识的获得是一个主动的过程，学习者不应是信息的被动接受者，而应该是获取过程的主动参与者。如何判断思品课程走向素质教育呢？其重要标志就是从学生来，回到学生中去，引导课堂的主体学生积极参与教育过程，从而不断唤醒学生的主题意识，发挥学生的主题作用。在自主探究、自主发现、自行判断、共同评价中，明辨是非，感知善恶，加速道德认识的内化，促进良好品德和行为习惯的形成。但处在教学一线的教师往往有这样的困惑：明明知道思想品德课很重要，可是如何整合到教学课程中去呢？这就需要我们教师发挥聪明才智，有效地将思品课程与班队课进行整合。

（二）班队活动课教学现状分析

总所周知，班队课是班上的所有同学的活动课，内容大多是根据一个主题，老师引导，学生参与，至始至终为学生身心发展服务的，所有班队课的主题应该来源于实际，而归于实际，即从学生发展的实际问题中得来，再回到学生发展实践中，其途径则是通过一个个主题活动，提高学生的综合能力，发展他们多方面的素质。但在我们的日常工作中，我们的班队课往往会为了思考一个主题而费劲脑汁，费时费力还没有达到预期效果，活动开展的时候热热闹闹，一到结束则冷冷清清。我们倒过来审视这个现象，或许会有些深陷其中的班主任老师会埋怨：我们既要教语文，又要教思品，等到三年级以上还要教综合实践活动课，再加上一个班队课，哪有那么多脑筋来思考？而且在小升初和日常一些老师的传统思想中，大家会把语文教学的比重看得异常重，根深蒂固地认为考好成绩是第一的，至于品德、小公民等课程反正不考试，能"糊弄"过去就行，而班队课无非就是演演小品，排排故事，孩子们在班级中不出"事故"就好了。综上，身兼数"科"的"主人们"自然就不会过多地去研究班队课，班队课有时甚至是变相的语文课。一旦学校有某些活动或需要提供一些班级建设方面的材料，老师就会急救般一一补做，工作量也就大大增加了。如何才能让班队活动课真正有实效呢？在当下大课程的背景下，我们自然要进行整合。当一个老师同时几门学科的教学时，就要聪明地学会整合，将各门学科相互渗透，从而融会贯通，才能真正省时省力，又有效果。班主任既然要上思品、综合、班队，那我们就可以聪明地将这些组在一起上。事实也证明，学生的学习是不能分割得清清楚楚的。因此，我们可以说三者的整合既有可能性又有必要性，尤其在思品和班队两门学科上，更有相通性。一般我们会发现，思品重在明理践行的引导，引导学生认识到某一个道德品质；班队课重在提升，将思品课所学的道德品质融进自己的活动中。当我们认识到思品和班队相整合的重要性时，我们在实际操作中，会将其演变成以下三种状态。

二、双掌合十，持平教学——相互独立式的整合状态

这是一种相加的整合思路。主要表现为将思品和班队的展开都围绕同一个主题，积聚各种力量来完成某一个教育问题。以一个班队课为例，这个班队课的主题是"学校里的规则"。这堂课的目标是通过学生观察自己校园生活的图片寻找与自己密切相关的校园规则，在认识校园的规则基础上，引入课间不文明玩耍的视频，观看视频后，让学生当小法官议一议视频中行为，从而提出有效措施。措施可以是多种多样的，但最受欢迎又最让学生接受的莫过于自己提出的方案。经过前期调查，学生在课间是喜欢玩耍的，喜欢游戏的，只是不知道该如何文明游戏。

二年级的思品课教材中安排了《炎黄子孙》这一课，而班上的任课教师在教学过程中，发现二年级的孩子经过了一年多的学校生活后，对待思品课程新鲜劲一过，学习的兴趣也在逐步减弱。教师通过问卷调查发现，大部分孩子的学习状态不够积极，很多孩子的学习困难还没有得到解决。对待名人有距离又陌生，因此，老师为了让孩子们进一步感受进步、成长的快乐，再次激起他们学习的兴趣，进一步激发他们爱听、乐于探索的情感，综合思品课的主题和班级内需要解决的问题，老师安排了一节《我是慢慢长大的小学生》一课。课上，老师先是带领孩子们计算进入小学之后的时间，然后交流小学一年级生活和二年级生活的区别，紧接着让孩子们来展示自己在小学这

一年里学到了什么新本领，最后请大家说说烦恼，谈谈自己对小学生活的看法，在探究华人名人学历成就的例子，接地气并自然衔接，并在全课的交流过程中，随机评选了学习进步的明星。纵观整节课的设计，可以看到老师从思品课和班级现状中，都找到了提高学生学习兴趣这一个主题，两门课的教育主题是一致的，因此，老师也就相应地将思品的内容放到了班队课中，这种形式，应该说是思品课只是给班队课提供了一个主题的来源而已，在整个活动过程中，基本已经看不到思品课的影子了，唯一留下的还有一个题目，这样的整合是没有层次提升的。所以有待我们进一步深入挖掘。

三、十指岔开，对应教学——相互融合式的整合状态

在这样的状态下，你看到的课可以说是思品课，也可以是主题活动课。他的外在表现还是思品和班队共用一个主题，但是在实际操作中，思品和班队交错开展，他们之间是能够形成一个螺旋式提升的过程的。以听到的两节课为例，来看看这样的状态。

第一节是我们学校一位新进教室的课，1.感悟友善：同学们，有个哲人说："友善是道德中最大的秘密。"那么你能结合你的理解，说说友善是什么吗？（请两三位同学回答）2.讲故事：通过点名，让学生讲出一个关于友善的小故事，请大家认真聆听！通过主持反问，友善到底是什么呢？引出第三部，小品，我想说，友善是天空，包容天地间的万物；友善是氧气，孕育新的生命；友善是阳光，是雨露，照耀、滋润着美德的生成。朋友，请奉献你的友善，那是人与人和谐相处的润滑剂。接下来，请欣赏几位同学为我们带来的小品。第二节则是上课老师先是这样分析她的班级的，从一年级跨入二年级，孩子们有了明显的变化：校园环境他们已经熟悉了；对于小学生活，他们也不像一年级时那般茫然无措，已能适应节奏进行有规律的学习；对于小学生该遵守的规则，也已基本掌握，并能遵从老师的教导，努力用良好的表现来为自己的班级和学校争光；整个班级的学生进入二年级以后，根据座位就近组成了一个个小队，营造自己小队的显性文化，同时也在通过活动，逐渐提高小队的内隐文化，提高小队的合作能力。然后，上课老师这样分析了活动背景。

学校向广大少先队员征集关于"校园建设"方面的提案，学生听闻这个消息以后，积极性很高，体现了"校园主人翁"意识的萌芽。上课教师很好地抓住了这几方面的巧合，将方方面面的工作融为一体，让思品课的内容为小队活动提供了明晰路径，让学生在思品课学习的过程中经历一个完整的"发现问题、展开行动、解决问题"的活动历程，然后通过班队活动，将整个历程的成果加以展示。老师在设计整个系列活动

中，还融入了早读课这一教育资源，融合式的意义更明显了。

四、手指交互，相互教学——内在渗透式的整合状态

这是一种隐性较强的整合，内在渗透式主要表现为，在一门学科的教学中，不由自主地进行其他方面的渗透。基于这点，班级组织"课间文明，你我他"活动设计征集。

活动目的：校园是孩子们快乐的天地。在这里，孩子们一同学习，一起玩耍。安全、有趣的课间活动不仅能让孩子得到有效的休息，还能在活动中建立友谊、增强规则意识。活动主题："课间文明，你我他"。活动形式：以假日小队为单元，设计一个新颖、有趣而易于实施的课间活动，并践行到平时课间十分钟，评选课间活动"文明之星"。

活动一："最喜爱的课间活动"评选小朋友们，开动你们聪明的大脑，设计一个新颖、有趣、安全的课间活动吧！比一比谁的设计最受大家欢迎。时间：2015年11月20日—23日，活动方式：以假日小队为单元，设计一个新颖、有趣而易于实施的课间活动。活动要求：1.11月21、22日假日里，各小队在家长的带领下开展"文明游戏"设计活动，包括：游戏规则的制定、游戏道具的制作，以及给小队设计的课间活动命名等。2.选出一名或几名代表将本小队设计的游戏介绍给全班同学，要求能够自信、有条理的说清楚游戏规则，并将游戏的方式展示给全班同学。3.26日这天的品德课上将进行"最喜爱的课间活动"评选。

活动二：课间活动"文明之星"。评选小朋友们，课间的文明有序需要大家共同的努力，让我们一起参与到此次"文明之星"的评比中吧！比一比谁能坚持得最持久哦！时间：2015年11月24日——学期结束，活动方式：以自我管理和小干部管理的方式开展。活动要求：1.开展文明的课间活动，下课后能做到文明活动的孩子能获得一枚钥匙。每天傍晚整理课时进行点评。2.每周评选一次课间活动"文明之星"。3.一月内有三周活动"文明之星"的同学，评选为"文明示范之星"，并可以满足一个小小的心愿，其之后性的观察和整合的效果需要我们做一个专题乃至是长期的考量表。

通过以上几点的讨论，我们可以看到，无论是何种状态的整合，它都是一种尝试，有的效果一般，有的效果可能更好，但更好的效果总在不断地探究和整理之后，只有在不断尝试中，我们才能学会整体思考的思想，在思品教学和班队课中找到主题的契

合点，然后寻求教学节奏的吻合，在时间上加以相互配合，实现思品课程独具魅力的德育效果，让思品课程可以专业性更具无可比拟性。

（此文获 2016 学年开发区品德教学论文三等奖）

鱼慢慢地游进了心里

——我的优质课打磨之行

徐家文

人常说：水润万物而无声。语文教学中，情感就像水一般，于默默中滋润着学生的内心，学生通过语文课堂获得多种情感体验，丰富其内心世界。然而，如何在课文课堂，由读浸润，不问自显，让孩子们于朗朗书声中与课文同在，在执教《鱼游到了纸上》一课时，就切实感觉到了这个问题，成课之旅，探索之程，历历在目，它宛如一阵细细无声的春雨，滋润了课堂，滋润了孩子们，更滋润了正在萌芽的我。

3月底，一头雾水的我和往常一样，尾随着组里的语文同事们，在教师会议室进行着语文学科开会，组长宣布完一切事宜后，最后保持一贯微笑地说道："我们区两年一届的语文优质课评比，今年由家文代表咱们学校去参赛，希望可以和往年一样赛出好成绩，也希望能好好享受这打磨成长的过程。"望着组长姐姐的笑容，我回想起两年前喻校长代表学校，以《红领巾，真好！》而技压群芳，更以第一名的成绩赞叹进了杭州市的优质课舞台，并且《回声》嘹亮地圆满落幕……这一幕幕还清晰地在脑海，看着组长祝福的笑容，环视大家期许的目光，我的心里顿时有了太多不安与憧憬：我能上好这堂课吗？我要上一堂怎么样的优质课？

一、夜打八方，惨淡收场

选课文成了首要任务，打开语文课本，一次次地翻阅着基本语文课本，似乎所有的课文从以往的普通文字、不难的内容，霎那间变得异常的深沉、不易解读了，思量再三，我选择了四年级下册的课文《鱼游到了纸上》，确定了方向就行动吧，下课后的无人教室里，一遍遍大声朗读着整篇课文，尝试着与课文越来越贴近，与作者情感越来越贴近；朗读之余，查阅语文课程标准，熟悉四年级的学情和学段要求；查阅知网，了解一些名家的相关解读；来来回回看了五遍王崧舟老师关于《鱼游到了纸上》一课的教学视频和文字实录，陶醉于王老师的诗意语文，层层递进的排比，温火恰分的课堂氛围，再根据自己的"仔细研读"，我终于设计出了自己教学设计的第一稿：以景色为引子，以故事为桥梁，以西湖为故事的背景为导入语：

优美的景色吸引着人，动人故事更感染着人，在咱们景色宜人的杭州西湖畔，发生过许多生动的故事，今天呐，我们就来品读这样一个令人回味的故事，一起来学习这样一篇课文！

而后在"游"字上进行研读，读出不同的语气，质疑课题，带着疑问自读课文，思考着鱼在哪些地方游过，从而想整体把握课文的脉络；再从以生为本的角度出发，问问孩子们最感兴趣的鱼在哪个地方游过，一一仔细研读；最后慢慢丰满课文的主人公——聋哑青年专注、细致、认真的形象。我设计好每一个环节后，来来回回进行了几次预设的详案，暗自高兴起来，看来这课并不难设计嘛！

带着那份窃窃自喜，我进行了第一次的试教之行，当我自以为深情并茂的倒入课题时，孩子们并没有很期待地进入课堂状态；而在质疑课题环节，孩子们更是有着自己的理解，并没有那么多不解与疑问，也就没有预设的那般"环环相扣，步步为营"，尤其是在课堂的最后 10 分钟的时候，本来设计的是由于青年观察细致，笃定坚持，鱼的样子早已深深印在他的脑海，游进了心里，可谓是——胸有成"鱼"，所以，青年再画鱼时，已经不需要观鱼了，而是鱼从心里游到了纸上，跃然纸上，惟妙惟肖。所以，当我问起："这样认真细致的青年再拿起画笔画鱼时，还需要这样一丝不苟的观鱼吗？"可就在这自认为情感升华的环节，孩子们似乎很不能"领悟"我的"良苦用心"，竟然变成了一场小小的辩论：

"老师，我认为要的，因为青年要画出更形象的鱼，就要不断地观察，边看边画，这样才能画出很像的鱼。"一个学生说道。我有些失望。

"是的，我也赞成她的观点，因为课文题目就叫《鱼游到了纸上》，如果不仔细看，万一画错了，那么这鱼就失败了。"另一个学生确定地说。我感觉被孩子牵着走了，有些心虚。

"不对，不对，青年画鱼很认真，只要认真，就可以画出栩栩如生的鱼，不需要看了。"

"是呀，已经不需要了，鱼的样子已经深深地印在青年的脑海中与心中，赞成老师观点的请举手！"

我被反驳的声音带动了情绪，立刻抓住话机进行舆论导向，大部分孩子情绪不高地举起了手，我也在这不尽人意的投票决策过后，匆匆结课。

课后，大伙儿进行了评课活动，大家都有些沉默，不知道说些什么，我悄悄地瞟了校长一眼，只记得严校长把听课笔记本一合，沉默半天，铁青着脸对我说："你这堂课到底想教孩子什么，孩子们有好好地读书吗，我们提倡的'30+10'的语文课堂你有考虑吗，是谁告诉你青年画鱼不需要再看鱼了？……"

一系列的质问让我不敢抬头看大家，此刻脑海中回过头来想想我的课堂，很多看似华丽的环节，都是我一厢情愿地解读，牵着孩子们走，丝毫没有重视生成，更准确地来说我是在硬生生地走教案，没有任何教学情感；而模仿经典课例的地方，只能说是照搬，环节突兀，根本不能带着孩子们走进课文，走进青年，东一榔头西一棒子，什么都想抓，可是什么都没有凸显出来。

原来想在学会知识的同时把握课文的内涵，提高学生的人文素养，学生通过小组交流，找出聋哑青年的"特别"之处，"呆呆地""静静地""工笔细描""一丝不苟"，他好像和游鱼已经融为一体，"似乎忘记了时间，也忘记了自己"，"一看就是一整天，常常忘了吃饭，忘了回家"，明白了鱼为什么能游到纸上和鱼先游到心里的关系，通过抓住重点词句的朗读，在读中感悟，加深对课文的理解……这一刻发现，一切预设荡然无存。最后，校长放下一句话："这样的课堂，放在平常，我一定是给不合格，更别说是优质课参赛！"

二、行云流水，门外敲鼓

同学科的老师对我进行了第二次的指导：扎扎实实教课文，认认真真读课文。于是，再次研读文本和作者，更深入的发现，课文是《杭州日报》文学编辑项冰如先生闲暇游历西湖花港，邂逅一位"特殊"青年，而产生的这么一个耐人寻味的故事。鱼在哪些地方游过，如此提问不仅不科学，甚至是破坏了文章的美感，而对于青年画鱼有个脉络性的梳理，即"鱼在泉中游，鱼在纸上游，鱼在心中游"这么三个环节，并且将这节课指向于小练笔。

于是我进行了第二次的磨课，上课伊始，以赏画形式，让孩子们说观画后脑海中想到的词语，一一板书，为后文的小练笔做积累，而后在读题之余，删除了那些不必要的质疑，因为四年级的孩子已经能读懂课题了，并且已经预习了课文，就不要去做那些"假动作"了，清清爽爽，读完课题，孩子们也简单而正确说出了自己对课题的理解；初读课文之后，进行了集体识字，而后让孩子们用现学的词语来概括课文主要讲了一件什么事情，孩子们也能说完，但是总是缺少了那么一点说不出来的味道，而后也一一研读了鱼的"三游"，在纸上游环节，我在孩子们朗读的基础上，量身定做了一个微课，解读了"工笔细描""挥笔速写"，后文以练笔青年是如何画鱼的做铺垫，顺势进行提问：那么会画出鱼儿哪些优美的姿态来呢？请同学们展开想象把它写下来。再根据孩子们的写作，嵌入朗读当中，读着读着，你仿佛看到了金鱼的哪些动态？

生 1：吐泡泡。

生 2：摆尾巴。

生 3：转身。

生 4：吃食。

生 5：游戏。

我在一一肯定了孩子们的答案后，又是一阵窃喜：如此的课堂还是很顺畅的，孩子们的三个方面都进行研读了，又保证了 10 分钟的课堂练习时间，还加上了直观有趣的微课，将课堂的多元素都融入了，孩子们的注意力似乎一刻也没涣散过。但是，在孩子们练习的环节，就似乎感觉不妥，直到小练笔回收上来，进行展示和反馈时，这种不妥也加深了：

"画得真细致呀，线条轻快，让人看得应接不暇。青年一会儿画鱼儿吐泡泡，一会画鱼摇头摆尾。"

这似乎是二年级上册学生的练笔水准，但是我知道，我面对的是一个经常在征文方面获奖的孩子。

"青年画的鱼真是活灵活现，栩栩如生，惟妙惟肖，跃然纸上。"

而这个孩子直接把课前谈话赏画所板书的词语全部堆砌成了一句话。这样的写法当然是由于指导没有准确的指向性，从而导致孩子们心中无言，笔下无语，诚然，这堂课的鱼孩子没有游进孩子们的心里，练笔的内容和形式也很欠妥，看着孩子们下课的时候没有"吃饱"的样子，我又是一阵自责，原来不好的课，给孩子们的不良反应立竿见影，握着这几张单子，校长再一次和我交流起来，这一次语重心长："首先，课感出来了，但是教学的时候，你没有浸入文本和课堂当中；其次，练笔的指导和设计欠妥，这个微课其实不必要的，那两个四字词其实二年级的孩子都理解得八九不离十了，这堂课看起来行云流水，面面俱到，其实都是划过，再琢磨琢磨，你看，让我们老师来写这练笔其实都是笔下无物的，再加把劲，课的核心你看到了，可是还没有抓住，更没有抓紧……"综观学文过程，学生多数还是在老师的牵引下品读、学习、感悟。这样的课显然不够开放，感觉多了些预设，少了些生成。如"大家赞叹着"在文中是个空白点，完全可以利用其展开想象，设计说话训练内容："大家会怎样赞叹？"随文练笔，如此训练既是学生情感的宣泄口，又是学生的积累运用场，而且能使学生

听，涛的故事

进一步感受到青年的画技高招，这样的黄金浸润点竟然被硬生生地错过了。

三、润物无声，下笔畅言

所谓"打铁得趁热"，靠着这团队的协助，打磨和理解，在一次次修改和深思中，我笃定了几个读过却没有践行的教学标准——三讲三不讲（讲重、难点，讲方法，讲运用；不讲学生能看懂的，不讲学生会的，不讲老师讲了学生还是不会的），所以，这"鱼"要如何轻松自在地游进孩子们的心里，还得下一番功夫，有人说：教学因精心预设而精彩，教学因生成而出彩。理性而不失弹性的设计、动态而有灵性的生成，预设使课堂走向有序，生成使得教学充满灵气。一切环节修缮后，我走上了赛前最后一试的旅程，旅程过后便成了真正的征程；此次的思路简洁而清晰，研读青年观鱼和画鱼即可，在逐段读好课文后，识记了相关的四字词语，不提问，以品读的方式体会了"赏心悦目"，感悟了花港观鱼的惬意和悠然。在研读青年画鱼的环节，往常的教学总是刻意的和抓神态和动作等关键词，似乎将这整体的画鱼的画面给破坏了。于是我在初读画鱼的基础上，采取了师生合作读的方式。

"是的，他有时工笔细描——"我扬手掌迎了位孩子。

"把金鱼的每个部位一丝不苟地画下来，像姑娘绣花那样细致；"孩子感情似乎比我更深。

"有时又挥笔速写。"我继续扬手掌迎了另外一位孩子。

"很快地画出金鱼的动态，仿佛金鱼在纸上游动。"这孩子边读，情不自禁地脑袋点了两点，其他的孩子咱们也跟着点了两下。

"他有时工笔细描，把金鱼的每个部位一丝不苟地画下来。"我接着把情感往前走了一步。

孩子举手，我微笑着点头，她情感特饱满地读着：

"像姑娘绣花那样细致"。

我身体为之一振，这感情的细腻度和朗读表现出来的赞叹之情，远远在我意料之外，这时候全班都为她鼓掌。

"有时又挥笔速写，很快地画出金鱼的动态。"

"仿佛金鱼在纸上游动。"

掌声再次响起。

我顺势问孩子们，为什么鼓掌？因为鼓掌是在我的预设之外的，孩子们有的说，在老师和那同学朗读下，好像真的感觉到了青年画鱼技法高超、娴熟、认真，也真的能感觉到青年那鱼画得逼真……而后面的"青年观鱼为何让我们印象深刻？"这个问题也被随机地生成，被巧妙地替代，这种不问问题，渗入式朗读，将重难点浸润、萌芽，并让孩子们认识并掌握。最后以小女孩的赞叹为引子，关注语气、神态、动作，进行片段式的夸赞练笔，孩子们饶有兴趣，有模有样，实现了一定的增量，鱼从那一刻开始，也慢慢地游进了孩子们的心田。

四、游鱼无声，涓流余音

我和组里的老师们也有了笑容，擦擦额头的汗水，我想，这汗水是不是可以和青年笔下花港的金鱼游动的玉泉般，灵动润物无声呢？不觉，磨课之旅已经接近尾声，可心头深深感到：磨课之程还在继续！

静水溪流，润物无声，是古人所称颂，今人所效仿的；教学的无痕，语文的素养也在这涓涓细流中所浸润，并汩汩呈现，好好地读书，好好地读课文，看似平淡，实则朴实而含义丰富；朗朗书声伴着那无声的情感共鸣，看来是润物无声兼有声，这有声，这无声，得用心去浸润和悱发。

（此文获开发区第六届教学叙事评比二等奖）

巧用导图，让阅读思维过程可视化

占桔林

过分强调小学语文姓"小"，忽视思维能力培养，是小学语文阅读教学普遍存在的一个突出问题。课堂上，老师揪住课文内容不断地向学生发问，其实问的都是些碎片化的、一望便知、一读便懂的内容，既缺乏思维的广度和深度，更谈不上思维的辩证性和创造性。毋庸置疑，阅读教学应以培养阅读能力为根本，而阅读能力的核心则是阅读思维。所谓阅读思维，指的是读者在阅读过程中进行的感知与理解、分析与推论、概括与归纳、联想与想象、评价与鉴赏等实践活动。缺少思维含量的阅读教学是肤浅的教学，也是低质低效的教学。那么，如何把阅读思维培养落到实处呢？笔者认为，巧用导图，让阅读思维过程可视化，不失为一条行之有效的途径。以下介绍的是笔者在日常教改实践中的一些经验做法。

一、巧用"环绕圈"，让整体感知课文可视化

教学五年级课文《祖父的园子》，在学生初读课文的阶段，多数教师通常都会提出"祖父的园子是一个怎样的园子"这一中心问题，引导学生整体感知课文。而接下来的学生交流发言通常是你一言我一语，你说"美丽的"，我说"快乐的"，他说"有趣的"，尽管综合全班同学的发言可以形成一个比较全面的解读，可就学生个体的感知理解而言，显然是碎片化的。笔者在教学中借助"环绕圈"（如图1）的思维导图来驱动学生初读课文，让学生根据自己的阅读感受和体会，尝试完成"环绕圈"的填写，有效地培养了学生整体感知和把握的阅读思维能力。

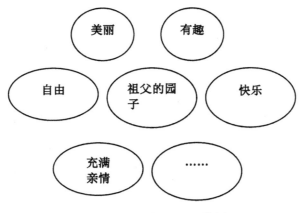

图 1 《祖父的园子》"环绕圈"

二、巧用"情节梯"，让梳理故事情节可视化

《一件运动衫》是五年级下册的一篇选学课文。这篇课文以"一件运动衫"为线索展开故事情节，可谓一波三折，具有小小说文体的典型特征。为了让学生体会课文这样的表达特点，掌握阅读小小说的基本策略，笔者在阅读教学过程中，巧妙地借助"情节梯"，分步骤地引导学生梳理课文的故事情节。具体实施的步骤如下：

第一步，让学生画出课文中四处具体描写"一件运动衫"的语句，并想一想，课文分别是在什么情况下描写了这件运动衫的？引导学生概括梳理如下：

看见运动衫——想买运动衫——退掉运动衫——得到运动衫

第二步，引导学生进一步思考，课文四次描写这件运动衫，分别表达了"我"怎样的心情？引导学生画出图 2 反映"我"的心情起伏变化的"情节梯"：

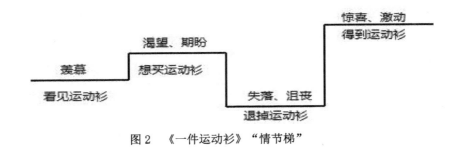

图 2 《一件运动衫》"情节梯"

三、巧用"结构图"，让人物形象体会可视化

《草船借箭》是根据古典名著《三国演义》中的故事改编的一篇传统经典课文。如何抓住诸葛亮的"神机妙算"，感悟诸葛亮这一人物形象，自然是教学这篇课文的重点所在。如果仅仅采用读问交流的教学方式，学生自然也能体会到诸葛亮神机妙算的人物形象，但这种体会交流并不能真正教给学生阅读的策略，因而也无法有效培养学生的阅读能力。因此，笔者在教学时以"结构图"的形式设计一份阅读导图，见图3，让学生在研读课文的过程中填写，就能够引导学生全方位、多角度地提取信息，从而比较全面地感受诸葛亮的"神机妙算"。

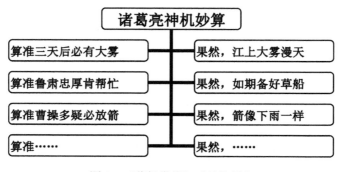

图3　《草船借箭》"结构图"

四、巧用"扩散圈"，让概述课文内容可视化

《梦想的力量》是人教版五下的一篇略读课文。读懂这篇课文的内容对于五年级的学生来讲并没有难度，从"语用"价值的角度来看，这篇课文适合引导进行概述课文内容的训练，培养学生简要概述的阅读能力。但教学实践证明，如果没有策略方法上的指导，只是常规性地要求学生概括这篇课文的主要内容，难度是比较大的。笔者在教学中针对这篇课文的特点，以"扩散圈"的形式设计了阅读导图，见图4，既能帮助学生掌握梳理课文主要内容的方法，又让学生非常直观形象地看到梦想的力量一次比次壮大的过程。

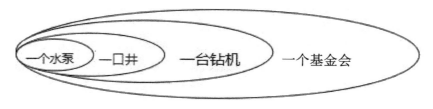

图4　《梦想的力量》"扩散圈"

五、巧用"天平秤"，让双向思辨过程可视化

《中彩那天》与《钓鱼的启示》，都是说理性的叙事散文。教学这类课文，我们通常都会提问学生这样的问题：父亲应不应该把中奖得来的汽车给库伯？（《中彩那天》）"我"应不应该把钓到的大鲈鱼放回湖中？（《钓鱼的启示》）从道德说教的层面上来说，答案当然是肯定的。但仅仅为了给学生灌输一个道德结论，从阅读教学的角度来说是没有什么意义的，如何引导学生围绕这个问题展开思辨的过程，才是更为重要的。笔者在教学中设计了一个"天平秤"式的阅读导图，引导学生深入研读课文，找出足够的"砝码"摆放于天平的两端，看看天平似乎会倾向于哪一端？（图5）实际上从课文所讲的故事来看，天平又是倾向于那一端的？这样的思辨过程，不再是道德的说教，而是阅读能力的生长。

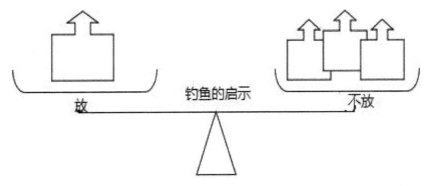

图5 《钓鱼的启示》"天平秤"

六、巧用"鱼骨图"，让内在因果关系可视化

《惊弓之鸟》是人教版三年级下册的一篇课文，也是一个经典的成语故事。更羸为什么不用箭就能把大雁"射"下来呢？这是本课教学无法回避的一个重要问题，也是训练学生阅读思维的一个核心问题。问题的答案在课文中已有明确的阐述，非常清楚明了。如果在教学中只是采用传统的师问生答式教学策略，显然无法实现有效的思维训练。笔者在教学这篇课文时，以鱼骨图的形式设计了一张思维导图（图6），引导学生在个人研读课文的基础上独立填写，然后集体交流反馈，并借助导图进行因果句式的说话训练，从而使阅读思维的过程增加了广度和深度。

听，涛的故事

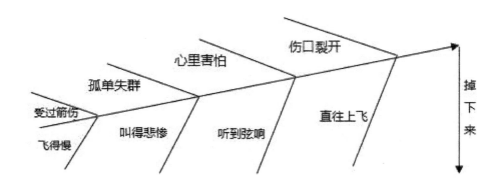

图6　《惊弓之鸟》"鱼骨图"

（此文获杭州市"我的教改论文"评比二等奖）

倾听，蚂蚁的声音

占桔林

二月的校园，春的气息顶着料峭的春寒四下弥漫开来！孩子们雀跃起来，闲暇时光，三五成群地散落在校园的花丛中、草坪上、小道边……继续探寻着蚂蚁王国的奥秘。"快来看，我发现蚂蚁的巢穴了。"一个孩子惊叫起来，透出一股发现的喜悦。"这几只蚂蚁要去哪儿？我要看看清楚。"几个孩子蹲在小路边，一边出神地看着，一边窃窃私语。"蚂蚁怎么还是这么少啊？要是天气再暖和一点就好了。"心急的汇乔翘着嘴巴嘟囔着。看着孩子们一脸的专注，我的思绪随着这悠悠清风，飘向过往的秋。

蚂蚁去哪儿了

11月的下沙，冷风肆无忌惮地从钱塘江的那边一路穿堂过巷，刮进校园，寒气袭人。操场上，小草渐渐泛黄、枯萎，裸露出一小块一小块无遮挡的肌肤。操场边密匝匝的银杏树，叶子金灿灿的，在寒风中不住地飞舞着，簌簌地落到花丛中、草坪上、跑道上……秋雨，隔不几日，便也跑来凑热闹，斜斜的，密密的，织出一片迷蒙的雾气。寒气更重了几分！

星期五下午，我所带领的《昆虫的故事》拓展课程开始了。当我通过绘本带着孩子们走进蚂蚁王国时，孩子们仿佛走进了一个全新的世界，一下课，便闹嚷嚷地恳求我带他们出去看蚂蚁。趁热打铁，正合我意。

"孩子们，现在已近深秋了，蚂蚁不太容易找到呢。说是出去观察蚂蚁，肯定有很多人瞎转悠。"我故作为难。

"老师，带我们去看看吧。我要看看你讲的是不是对的？我看过很多蚂蚁，从来没想过蚂蚁王国这样神奇。"胆子大的汇乔扯着嗓子叫。

"那好吧，接下来我们分小组活动，小组成员集体行动，一起发现，交流分享。"

"耶……"孩子们争先恐后地走出教室，三五成群地在校园里穿梭。

"老师，我们找了很久，没有发现一只蚂蚁。蚂蚁到底去哪儿了？"

"是啊，老师，我们这组也没有发现。"

"我们这组也没有看到蚂蚁啊，蚂蚁都藏起来了吧。"不一会儿，孩子们纷纷围了过来，疑惑地看着我，满脸失落。

"小朋友们，现在是什么季节啊？蚂蚁们会在哪儿呢？"我问道。

"老师，我知道，天气越来越冷了，蚂蚁要准备过冬了，都藏在洞里不出来了。"子沐抢着回答。

我笑着说："是啊，蚂蚁要过冬了，当然不会像夏天那样一群一群出来搬食物了。"

"可是，秋天到冬天，再到春天，有好长时间呢，蚂蚁总要吃东西吧，它们到底躲在哪里了呢？食物够吃吗？什么时候才会出来呢？去哪找吃的呢？"孩子们带着满脑子的疑问，下课了。

不能伤害小蚂蚁

又一个星期五下午，和煦的阳光懒洋洋地照耀着大地，跟孩子们一起读完《和蚂蚁一起去地下》和《蚂蚁王国》两本图画书，孩子们又嚷嚷开了："老师，今天天气暖和了，再带我们去看蚂蚁行吗？"我爽快答应了。

教学楼边的金桂一片灿烂，细细的花朵傲娇地欢笑着，散发出一阵阵沁人心脾的香气。孩子们三五成群，四下寻找着。馨滢带着几个女孩在桂树下的草丛里仔细地翻找，不时掀起一片片桂叶，一步一步向前挪动；昱昊那一群趴在操场的草地上，方寸之地都不放过；周轩那一拨呢，蹲在跑道边的花坛边，眼睛都舍不得眨一下……

"老师，我在升旗台上找到一只蚂蚁了。"

"老师，这儿有好几只蚂蚁呢。"

"快来看，这只蚂蚁在搬食物。"……不绝于耳的惊叫声，溢满了骄傲与快乐。

我笑了。二年级的孩子，对蚂蚁如此感兴趣，观察得如此细致，有耐心，这个有关蚂蚁的拓展课程的目的也达到一半了吧。

"老师，余子熹把蚂蚁捏死了。"陈博川气喘吁吁地跑过来，大声说。

"老师，你快来，这几只蚂蚁也被捏死了。"第四小组的几个同学红着脸叫道。

我快步走过去一看，余子熹满脸通红，把小手放到我跟前，小声说："我不是故意捏死蚂蚁的，我想把它们抓起来看看，没想到，怎么也抓不起来。用力一捏，它们就死了。"说完，他难过地低下了头。他的手心里，横七竖八地躺着几只或大或小的蚂蚁，有的缺了胳膊断了腿，有的触角还在神经似地微微抖动着，还有的被捏成了两截……

七八个孩子围在我身边，满脸的焦急。蚂蚁，在孩子们的心目中，已经不仅仅是小动物，还是大家的伙伴、朋友。平常，总在教育孩子们要珍爱生命，要与大自然和谐相处。那现在，不就是一个绝好的教育契机吗？我暗自心想。拉起子熹的小手，我轻轻拍拍他的肩："别难过了，大家都知道你不是故意的，我们来想想办法，解决抓蚂蚁的难题吧。"子熹看着我，带着一脸的愧疚使劲地点头。

"大家快过来。"我大声召集着孩子们。大家纷纷围了过来。"哪些小组发现蚂蚁的踪迹了？"小手林立。

"嗯，观察得很用心很仔细。那，哪些小组抓蚂蚁时发现蚂蚁被捏死了？"我又问。

孩子们的脸上的喜悦渐渐褪去了，陆续有孩子低下了头。"蚂蚁很小，我们用力一捏，它就会死。"有人轻声说着。

"你们能想到什么方法，既能近距离观察蚂蚁，又不伤害它们呢？"躲闪的目光又从四面八方回来了。

"老师，我们可以趴在地上看。"

"老师，可以用手拦住小蚂蚁的去路，让它自己爬到我们手上。"

"老师，我们可以把一片树叶放在蚂蚁前面，让蚂蚁自己爬上去。"

…………

"蚂蚁是我们的朋友，看来大家都想到好办法了，再去观察吧。"我微笑着。

子熹小心翼翼地端着手心里的蚂蚁花坛里，轻轻地把它们放进草丛深处。而后，和一群男生拿着几片树叶，继续找蚂蚁去了。

不一会儿，校园里，孩子们继续探索着，用小手的、用树叶的、用纸片的、趴在地上的……不打扰，不伤害，其乐融融。

一个个想法，一个个举动，就是一个个善念，一颗颗善心啊！

蚂蚁到底喜欢吃什么

漫长的寒冬来临了！可孩子们对蚂蚁的热情不减，一到星期五，总会围过来问东问西。这不，吃点心时间，我在教室批改作业，孩子们都在喝着酸奶，吃着面包。吕屹帆边吃边自言自语："我喜欢喝酸奶吃酸菜鱼，也不知道蚂蚁究竟喜欢吃什么？"一石激起千层浪。

"蚂蚁喜欢吃糖啊，我在书上看到过。"

"蚂蚁也喜欢吃面包。"孩子们又雀跃起来，七嘴八舌地讨论起来。

孩子们好奇的目光让我有了一丝触动。"小朋友们，下午两节课，我们就去做个实验，看看蚂蚁究竟喜欢吃什么？"

上课了。孩子们将课间的点心拿出来：松软的面包、浓稠的牛奶、脆香的苹果。

"老师，桂花也是香香的，不知道蚂蚁喜欢吗？"

"接下来，我们的实验就要开始了。观察时间为25分钟，剩余时间汇报交流。告诉我你们观察的结果，在这么多的食品中，蚂蚁到底喜欢吃什么？"

操场边的银杏叶洋洋洒洒，那稀疏的叶儿间，阳光成了一缕缕金线，织着柔和的图案，一幅幅挂在我眼前。孩子们组内分工明确，有人用笔记录，有人动手，有人动口描述。他们用心聆听着蚂蚁，似乎都要在阳光的怀抱里，拼命表现自己，不辜负这深秋里的暖阳。25分钟很快过去了，我们回到教室。教室里叽叽喳喳的，热闹极了。

"老师，我们用面包屑、牛奶、苹果、薯片和桂花五种食物，引来了19只蚂蚁。其中，面包屑上的蚂蚁有7只，苹果上的蚂蚁有5只，桂花上只有1只，牛奶边有2只，薯片上有4只。我们小组得出结论，蚂蚁喜欢吃甜甜的东西。"吕屹帆小组长首先发言。

"老师，我们小组得出的结论也是蚂蚁喜欢吃甜的食物，最喜欢吃面包。但是现在蚂蚁太少了，结论可能不准确。"任汇乔补充道。看着这群有模有样的孩子们，在这深秋的暖阳里，我笑了。

我和蚂蚁的故事

又是星期五，孩子们依然兴趣盎然地等着我了。"今天，我们一起读《小蚂蚁和蒲公英》。"我微笑着说。这本图画书把孩子们带进了一个互帮互助的快乐世界。孩子们读故事、讲故事，乐此不疲。

"孩子们，蚂蚁的故事可真多啊！如果让你来说，你想说一个关于蚂蚁的什么故事呢？先想一个主人公，再想想他们之间会发现什么样的故事？"我启发道。

顿时，自己说的、同桌合作的、小组讨论的，教室里议论纷纷。

我看大家说得差不多了，"小朋友们，我们还听听别人如何讲述蚂蚁的故事吧，说不定能给你一些启发呢。"

"故事大王"李子沐率先发言。"我讲的是蚂蚁和蜗牛比赛跑步的故事。……最后，蜗牛赢得了这次比赛。"

"怎么样？这个故事精彩吧。哪位同学来点评一下？"我期待地看着孩子们。

汇乔迫不及待地站起来，"老师，我觉得这个故事结局如果写蚂蚁赢得了比赛会更好。因为蚂蚁很勤劳，做事非常认真，它不应该输给蜗牛的。"

"是啊，我也赞同任汇乔的观点。蚂蚁不仅很勤劳，而且它做事会坚持到底，蜗牛跑步那么慢，还背着一座大房子，跑步比赛应该蚂蚁赢才对。"传俊补充道。

"我喜欢小蚂蚁，蚂蚁是我们的朋友，我希望蚂蚁赢得比赛。"思如抢着说。大家笑了起来。

"孩子们，你们说得都有自己的道理。我们来听听子沐怎么想的吧。"我接过话茬。

"我的想法是，小蚂蚁看到我们大家这么喜欢它，它就骄傲了，看不起小蜗牛，所以在比赛的时候不专心，最后输掉了比赛。我觉得输掉比赛后，它认识到自己的错误，变成了一只谦虚的小蚂蚁。"子沐说得头头是道。

"这是子沐的想法，谁来继续讲述和蚂蚁的故事？"我说。

"我讲的是蚂蚁和面包的故事，最后，蚂蚁把面包搬回洞里了。"

故事算不上十分精彩，但孩子们敢说会说。我耐心地聆听着，再一次笑了。

阳春三月，暖意融融，树梢枝头泛着绿意。草地绵延开去，像毯子似的蓬松。各种花儿次第开放，粉的、红的、黄的、白的……一层、一层层、一树树，灿烂地招摇着。引来五彩的蝶，在花丛中翻飞；唤来成群的蜂，在繁花间逗留。鸟叫声此起彼伏，校园里时时能听到音乐盛宴。这真是"闹清明莺声婉啭，荡花枝蝶翅蹁跹"！在这个拓展课程中，我渐渐明了：每个孩子的童年里，都应该有一个自己的昆虫世界，他们都憧憬着一个个神秘的昆虫故事。游历过蚂蚁王国，接下来，我和我的这群孩子们，要漫步蜂巢、徜徉蝶海了。我的《昆虫的故事》，还将继续！

（此文获开发区第六届教学叙事评比三等奖）

从"错别字"到 "别错字"

——减少中低年级学生错别字的策略研究

朱美云

一、错别字层出不穷

汉字是中华民族灿烂文化的一部分，因为融音、形、义为一体，使得汉字的发音和书写都较为复杂。据统计，目前汉字总数已经超过 8 万，但组成这 8 万多汉字的笔画只有近 30 种，学习复杂的汉字对于身体、心智仍处于发育中的小学生来说，确是一大难题，导致汉字的错写、误用在小学生的作业本、作文本上屡见不鲜。笔者曾经对钱库小学 1～6 年级 8 个平行班中每个年级随机选取 1 个班级组成的 356 人的 356 本的语文课堂作业本中同音字和形近字混淆，多一横或少一点等现象也层出不穷，经从头至尾仔细查阅作统计调查，发现随年级的升高错别字呈倒 U 形曲线发展，随着年级的增高，识字量的增大，错别字逐渐增多，在三年级（人均 10.31 个）达到顶峰，五、六年级呈下降趋势。

学生错别字的频繁出现，严重影响了学生的书面表达，对落实语言文字的训练产生了一定的阻碍作用。综上分析错别字的现状，研究错别字的成因及降低错别字发生率的对策，帮助学生从错别字到别错字的转化，做到正确书写汉字是当前语文教师必须认真思考及研究的一个问题。

二、错别字层出不穷的原因

但任何事物有果必有因，拨开纷繁的现象，不难发现学生书写错别字屡禁不止的原因有主客观两大方面的原因造成：

（一）客观存在

1.汉字自身特点

汉字是中华文化博大精深的体现，它集音、形、意于一身，蕴含千年的历史、反映亿万的变化。汉字结构差别大，形近字多，运用时很容易混淆，导致汉字难学难用。

2.教材编写特点

小学第二学段学生"累计认识常用汉字 2500 个左右，其中 1800 个左右会写"，即第一、二学段需要掌握的常用字达到了整个小学阶段识字量的 80%左右。大量的识字任务是中低年级孩子语文学习的重点，也成了学生学习的难点。到了小学二年级，当学生有了一定的数量的字的积累后，写错别字的几率就开始成倍增加了。

3.环境良莠不齐

小学生具有很强的模仿能力，很容易受周边环境的影响，写错别字也是如此。社会的语言环境良莠不齐，让小学生接触不规范的广告语言，在脑海中烙下错误印象，根深蒂固，难以纠正。a.街头、商店乱用简化字，如"亍道办事处"（街道办事处）、"生日邑糕"（生日蛋糕）等。b.电视广告中滥改成语，如驱蚊器广告"默默无蚊"，洗衣店广告"衣衣不舍"等。c.网络流行非正式语言，如"祝你快乐"写成"猪你快乐"等。

（二）主观因素

1.教师——方法单一，求快求多

许多教师受汉字是"音、形、义"统一体的影响，在教学时都从字的音、形、义三个方而引导学生逐一分析、理解。如教学"焦"字先指导反复念这个"焦"字的读音，接着分析字形，不断地重复着加一加、减一减、换一换等识字方法，容易使识字教学陷入生搬硬套和死板单一的沼泽地，耗时低效，并且缺乏新意，不利于孩子学习兴趣的生成。也有些老师为了赶教学进度，当学生出现错别字时总是不舍得花时间而是简单粗暴地要求其错了抄，再错再抄，使学生识字积极性受到了极大的打击，错别字依然我行我素地出现在作业本上。

2.学生——心不在焉，随意出错

有些学生有些学生在写字时，态度不端正，也导致了学生错别字的产生。比如生字抄三遍。明明前后都是对的，可是仔细一看，却发现中间的那个是错误的，这显然是心不在焉，态度不端正造成的。

三、研究有效减少学生错别字的策略

面对上述错别字现象及成因，为实现从"错别字"到"别错字"美好愿望，下文阐述的是笔者针对前述错别字成因所采取的对策

（一）课前备"错"——庖丁解牛研教学

为避免学生第一次写的生字在很长一段时间内都会反复出现同样的错误，错误信息"先入为主"造成的错别字现象，教师首先应该钻研教材，精心备课，做到目标明确有的放矢，充分预设学生的错误，帮助学生降低书写错误率。

1.理清易错字

语文教材中已经将生字整理在书本最后的生字表（一）和生字表（二）中，这样方便了教师在开学前做统观归纳。开学前，教师可以结合教材中的两张生字表和词语表（或"词语盘点"）整理出本册教材中学生容易写错的字。

2.归纳易混字

学生的别字出现率最高的是音近且形近易混淆的字。通过教师课前有计划地整理把握一册教材的识字写字内容，就能够在每课的教学设计中更好地组织教材、优化教学方法，制定出切实可行的教学方案，有效地控制学生的错别字现象。

（二）课中避"错"——授之以渔降错率

学生是学习的主体，教师的"教"应该为学生的"学"服务。教学手段单一，势必制约着学生识字写字的效果。因此，在教学中，教师应该竭力创造条件，针对学生身心特点，优化教学手段，采用多种方法，授学生以渔，让学生掌握正确识字写字的方法，减少错别字出现的频率。

1.突显细节避"看错"

中低年级学生的感知仍然比较粗略，对细节部分辨析不够准确，为了有效地帮助学生克服这一不足，避免因首次感知不准确而造成根深蒂固的错误，教师就要在教学中引入微课让汉字的书写、演变过程在短短的几秒钟时间让学生获得更多的信息，动画效果入脑入心；或用彩色凸显重点、放大字号明晰难点等方法最大限度地调动学生的积极性，促使学生通过多种感官相互联动，准确地记忆字形。

2.课堂落实避"记错"

学生写错别字的另一重要原因就是对字理和字义的理解比较欠缺。许多学生都是死记硬背字形，并不是理解性记忆，因此很容易出现错误。为了能够提高学生的理解

能力，实现有意记忆，使得生字的掌握更加牢固，我们在课堂识字教学中可以从以下六方面作努力：

（1）探究构字根源

汉字是音、形、义的结合体，其中蕴含着许多构字规律，如果让学生懂得字理，从根源上明白每个部件的意思，使学生"知其然"更"知其所以然"，就会记得形象、深刻，有效减少写错别字的可能性。同时，还有助于培养学生对中华汉字的学习兴趣。如《"红领巾"真好》一课中"巢"字的教学：

师：你看，古文里的"巢"是这样写的：🜍。你有什么想说的吗？

师："巢"里面伸出三个小小的脑袋瓜，它们可能在做什么呢？

师：你看，"巢"字仿佛让我们看到了在高高的树上有个小鸟的家，巢里面露出来三个小脑瓜。小鸟是那么弱小，那么可爱，我们可要保护它们。

（2）赋予汉字情感

作为世界上仅存的表意文字，每一个汉字都蕴含着丰富的内涵和情感。教师应引领学生去挖掘、去感悟，让汉字变得"多情"。

如在学"忠"字时，我就问学生："看看字形，你认为它是什么意思?"学生说："把心放在中间。应该是说把心放正吧。"

我说："对，忠就是说对祖国要表现出自己的赤子之心。对亲友要表里如一、讲诚信。"讲到"愧"字时，学生说："愧就是心中有鬼。"我说："对，我们做人应该坦坦荡荡，以期无愧于心。所谓仰不愧天，俯不愧人，内不愧心是也。"

（3）赋予汉字历史

汉字源远流长，它是世界上最古老的文字之一，想要彻底弄清汉字，唯追本溯源，方晓它的前世今生，教师在教学中应该让学生感受汉字的历史。我在教学一下课文《两只鸟蛋》中"捧"字的教学，我引导学生研读课文从"捧"字入手，根据形声字造字特点，创设了一个故事情景，让孩子们感受："用双手捧在手心拿去奉献的都是宝，都是极为珍贵的东西，此时此刻孩子们马上运用推理的方式得出结论，小男孩捧在手心的鸟蛋就是极为珍贵的东西，理解了两只鸟蛋就是两只小鸟，是两个生命体。"捧字右边的横很多但学生已经印象深刻牢牢记住。教师通过智慧，让学生感受到了汉字的源远流长，让学生自然而然地认识到：汉字里边有故事，有历史。这样的教学，怎么会不受学生的喜欢呢？

（4）讲述典故记忆

成语是我国古代文化遗留下来的宝贵财富，是历史的积淀，每一个成语的背后都有一个含义深远的故事。但是，在教学中却不时发现一些学生由于不了解成语典故的出处，而记错成语，写错别字。记忆该类词时把隐含在其中的典故和意义挖掘出来，使学习的过程充满意趣，从而可以大大减少学生书写错别字的机会。因此，我们采用讲述典故的方式帮助学生减少这类错误，如"同病相怜"可以通过讲述生动的成语典故让学生牢记其中的"同病相怜"的"怜"不能写成"连"。

（5）编成歌诀记忆

汉字中有许多容易混淆的形近字，如果学生掌握得不好，在运用中就会出现张冠李戴的现象，闹出很多笑话。如"衷、衰、哀"可编成：一竖"衷"，一横"衰"，口内空空是个"哀"；"栽、裁、载"可牢记：有木"栽"，有衣"裁"，有车才能把物"载"。

（6）利用猜想趣味识字

猜想是培养学生主动识字能力的一种有效方法，利用猜想进行识字可以结合汉字中大量形声字形旁表意的功能，进行逆向思维导向，除去了识字教学简单枯燥的特点，让识字教学充满了趣味，更容易被学生所接受。比如根据形声字形旁表意的特点让学生大胆猜想要学习的生字，这种学习生字的方法可以极大地激发学生的好奇心和求知欲，培养学生的逻辑思维能力。由于有的学生已经有了一定的知识储备，这样尝试性地识字教学就很容易使学生产生一种成就感，进而增强学习的自信心。

（三）课后攻"错"——绝知此事要躬行

随着年级的升高，许多老师愈加侧重于阅读教学，识字教学所占时间比重很少，而写字教学的时间则更少。要减少学生的错别字，动手写字是根本，所以，教师正确对待学生书写中的"错误"，指导其改进的方法，帮助他们"攻克"一个个错误。

1. 端正态度攻"做错"

不少老师都有一个体会，一些学生的字总是潦草凌乱，错误百出。这就说明学生在写字的时候心是杂乱的，态度是不端正的。他们懒于动脑，贪图方便，凭着第一感觉胡乱写一个，久而久之，便形成了马马虎虎的写字态度，所以错别字出现率很高。态度决定一切，在日常教学中，我们首先要培养学生认真的写字态度和良好的写字习惯。

2. 巧动笔墨攻"写错"

要减少学生的错别字，掌握正确的识字方法固然重要，然而对汉字进行强化巩固训练同样重要。只有对易错的字巧写巧练，对错过的字定期重温，才能切实有效地预防和减少错别字，做好"成热打铁当堂练习""温故知新滚动再现""单元整合查漏补缺"三大环节。

3.表扬鼓励攻"评错"

要减少学生的错别字,除了需要老师的指导外,还要充分发挥学生自身的积极性,才能事半功倍。这就需要教师及时地表扬学生。我通过:展出作业,树立榜样;评选达人,提优带弱;奖免做卡,激发兴趣三种方式来调动学生写字的积极性。通过教学实践,这三种让写字正确率高且端正美观的同学受到奖励,这样是对这些同学的一种激励,也为其他同学树立了榜样,能激发他们想写好字的愿望。

(四)集体参与行"纠错"

"不积小流,无以成江海"。要真正减少学生的错别字,提高识字、写字能力,教师必须培养学生在日常的生活和学习中养成良好的学习习惯,主动发现和纠正错误,日积月累才能有效地减少错别字,提高自己语文水平。

在日常生活中,我充分利用班级前面的信息栏划分一块内容作为"啄木鸟在行动"板块,利用积分的方式,引导学生收集自己组里每个星期出错的字,在信息栏中出示,然后进行纠错记忆测一测,最后利用积分的多少和每周测一测的方式评出周"纠错小能手"和月"纠错小达人",这样学生会通过各种方式揪出很多错别字,例如:作业本、草稿本、广告牌、路标书刊、报纸、电视字幕等出现的生字词等凡是学生能遇到的错别字都是纠错小队的目标。在这样的基础上教师引导学生通过一个小本子收集整理,可以采用摘抄法、剪贴法等。教师可以周期性地让大家交流各自收集的生字词,同时找到他们的搭建谐音的源成语,并自主向同学们进行讲解,如何得到这个字,如何认识这个字,进行交流,通过识字卡片,识字小报作品进行展示,既提高了学生的兴趣又增加了学生的识字量。

四、且行且探索

从"错别字"到"别错字",对提高学生的基本素养发挥着重要作用,需要教师们在教育教学的路上且行且探索,寻找更多的促进学生身心健康发展和提高学生运用语言文字能力的途径,采用丰富多样的教学方法调动学生的积极性和主动性,让他们能正确认知汉字和书写汉字,成为汉字的小达人。

(此文获 2016 年开发区教学专题论文评比二等奖)

就这样走进人物的内心世界

——《两只鸟蛋》磨课记

朱美云

都说好课须经百回磨，和 A 老师一起打磨《两只鸟蛋》一课，从试教、反思、调整到定稿，也从春意萌生的 3 月到芳菲的 4 月，体会着、困惑彷徨着、货郎开朗着，磨着磨着，就这样走进了人物的内心世界。

《两只鸟蛋》一首讲述孩子在母亲的启发下，萌生出对生命充满珍惜和关爱的故事。面对的是一年级极具好奇、爱探索的可爱孩子。我想通过教师来唤起他们想象力，激发他们学习的兴趣，定能收到事半功倍的效果。于是我们进行了一次次的研讨活动。

初次研讨——内容流于形式，定位力求准确实效

教学片段一：

师：出示画面，看这是？

生（齐）：小鸟，是鸟妈妈孵出来的鸟宝宝。

师：是啊，真聪明，这小鸟啊，和我们人类可不一样，它们是从蛋里钻出来的。好，这节课我们就一起来学习《两只鸟蛋》，谁来读读这个有趣的课题。板书：鸟蛋。

师：蛋是我们这课的生字，你可以想什么办法记住它？

在课的开始，A 老师出示春天里各种鸟的图片并清脆悦耳的鸟鸣，引出课题"两只鸟蛋"进行生字"蛋"的教学，课堂已经过去了十分钟。由此可见课堂流于形式，我们应寻找精炼有效的导入方式，提升导入环节的实效性。

于是我们进行调整的对策是导入环节重新定位，力求更加直接地引题，进行生字蛋的教学。识字教学可以结合汉字的造字特点，结合字义。这样缩短了导课时间，学习兴趣浓厚，显然更加时效。

在初次试教中我还发现教学目标的定位不够准确，比如A老师把重点要指导的生字定位在"听、唱"两个生字，"听唱"属于同一类字，右结构口字旁，学生已经有一定的基础无需多讲，教师只需提醒学生口字作偏旁要写得小一些偏左上即可。生字教学重点应房子"连"和"远"，半包围结构的笔顺和走之儿都是难点，教学生不会、疑惑困难之处。走之儿旁书共三笔，捺是平捺要写漂亮难度大。于是对教学生字的内容侧重点做调整，对"连、远"通过"观察发现——指导偏旁书写——强调笔顺——范写书空——练写讲评"五步指导法进行落实。

二次研讨——新手上路，课堂缺少精简

两天后，A老师又进行试教，或许是新手上路，课堂的应变和驾驭能力功夫尚浅。具体表现在：指导朗读目的性不明，一回一回反反复复却还是老调子；评价学生用语显长且绕，不够及时、直接、简洁；"鸟蛋凉凉的，凉凉的鸟蛋"的教学环节，教师用了各种形式的读，花费了大量的时间，但在关键的"小小的鸟蛋"和鸟蛋小小的语言文字训练点却匆匆走过，缺乏一些发散思维多维度的拓展引导。让学生失去了一次积累丰富的语言的机会。

3月17日，伴着暖暖的春风我们走进102班再一次进行试教，这一次我把磨课的重点放在教师的评价语上。纵观当今课堂，教师的鼓励性评价已深入人心，博得了学生的好感。从一个默许的点头、大拇指到一个微笑再到言语的赞扬，学生活跃起来了，课堂就这样变得生动起来，每一位学生都有着获取成功的愉悦感，但也发现A老师的引导语、过渡语和评价语还是不直接、不及时、偏长、一个调子。例如

妈妈看见了，说：

两只鸟蛋就是两只小鸟，

鸟妈妈这会儿一定焦急不安！

这一小节的教学，A老师请了六七个孩子，多次朗读句子，教师没有及时指导，也没有适时的评价，更没有无痕的提升，所以孩子们还是读得断断续续，读得平平淡淡。课后，我和A老师一起打开语文书进行研读：1.抓住关键性词语"一定""焦急不安"，通过汉字演变过程让孩子直观形象地明白"焦"是鸟妈妈正在火上烤，这种在火上烤的滋味是何等地着急、痛苦。2.角色换位，如果你是鸟妈妈，你的心情怎样，通过采访的方式"假如你是鸟妈妈，你的小宝丢了，你是怎样的心情？"，让孩子展开想象说出心情，带着焦急不安的心情来读一读。3.评价跟进：多么焦急的鸟妈妈啊！4.关注

标点：以感叹号收尾。

经过一番研讨，课堂上新的对话产生了。

教学片段二：

理解"焦急不安"。

1.鸟蛋被取走了，两个可爱的宝贝不见了，鸟妈妈发现之后，会有什么反应？师进行采访：鸟妈妈，你的两只宝贝不见了，你有什么感受？你会怎么做？

（生1：我会急哭的！生2：我会到处寻找！生3：会很担心！）

2.出示课件，鸟妈妈边飞边鸣，来回寻找的课文插图让孩子观看，让孩子从画面和声音上感受鸟妈妈的焦急不安。此刻鸟妈妈的心情用课文中的一个词来形容就是"焦急不安"。

3.出示词语卡片"焦急不安"，让孩子跟读，做到读正确。

4.随文识字"焦"。

利用象形字，"隹"在古文字中形状像鸟，鸟妈妈正在在火上煎烤，这就是"焦"，这时的心情是多么——焦急，多么——不安。

5.指导朗读，指名学生读，体会焦急不安。（我听出了焦急！我从你的表情中看出了不安！你的心里也像火烧一样！）

6.想一想你什么时候有过焦急不安？

采访：你的妈妈什么时候焦急不安？小朋友们理解的真棒！请你们想一想，放学后，如果很久妈妈都没接到你，一直等啊等啊等不到，妈妈会怎么样？

学生读得充分，读得投入，脸上紧皱的眉头和那涨红的笑脸，师生的对话中涌动生命的灵性。

7.师生合作读，读出焦急不安。

在一次次的试教听课过程中，我也一直在思考，教案还可以怎么修改更生动，期间我想到一个随文识"捧"字的好办法。根据"捧"字的组合，左边提手旁，表示用手捧，右边是奉献的"奉"字，从奉献展开联想挖掘、组织教学内容，从而达到抓住一个关键字"捧"，教好"捧"字，让学生真切体会到捧在手心的是极为珍贵的东西、宝贝，再联系到小男孩手中两只鸟蛋，两个生命，从而达到牵一发而动全身，其他重点词"小心地""连忙走""轻轻送"不用老师教也跟着理解领会了，学生的情感达到共鸣，然后再用各种形式的配动作表演读。于是我们对文中第三小节的教学进行了修改，做出这样的教学策略：

教学片段三：

1.孩子们，听了妈妈的话，你会怎么做呢？出示第3小节指名学生读，随机正音。

2.老师也写了一段话，自由读一读，找找哪里不一样？你喜欢哪小节，为什么？

出示两个类似的段落：

我小心地捧着鸟蛋， 连忙走到树边， 轻轻地把鸟蛋送还。	我小心地拿着鸟蛋， 走到树边， 轻轻地把鸟蛋送还。

生 1：前面小节里有个"连忙"，后面小节里没有。

生 2：前面小节里是"捧"，后面小节里是"拿"。

3.随机正音并教学生字"捧"，你有什么办法记住"捧"，左右结构，左边提手旁，右边一个奉献的奉字。

4.是的，提手旁表示用双手来捧，右边是奉献，出示图片，师深情地讲故事，古时候，君王是极为受人尊重的，大臣和老百姓们总会将稀世珍宝，奉献给君王，看这里就有一位大臣在给尊贵的君王献宝呢？你看，他是怎么奉献宝贝的呀？指名学生说一说，教师追问，他们还会捧什么来奉献呢？指名学生说，然后教师总结，捧在手心的都是？学生接着说："宝贝、很值钱的，极为珍贵的东西！"

5.此时此刻小男孩手中捧着的是——鸟蛋，捧在手中的鸟蛋就是——极为珍贵的东西。

6.小男孩怎么做的？请大家自己来读第 3 小节，边读边配上动作演一演。

7.配上动作表演，进行角色体验。指学生配上动作读，指导学生进行评价，说说哪里演得好，哪里需要改进。教师配动作示范读，男女生轮流配动作表演读，全班学生起立配动作表演读。

你看小诗中"我"对鸟蛋不同的态度。"我"开始对鸟蛋是怎么做的?从树杈上"取"下两只鸟蛋，"拿"在手上，觉得真好玩!多么随意，多么游戏!此时的两只蛋，对"我"来说只是一件好玩意儿，跟一块花石子、一片彩树叶没什么两样。当听妈妈说"两只鸟蛋就是两小鸟"，小顽皮瞬间变得严肃，手上的鸟蛋沉甸甸的，霎时有了生命。你看他的小心翼翼：小心地"捧""连忙走""轻轻"送。这份对生命的恭敬和呵护让人心动!可是这样的文本理解，对 7 周岁的小朋友来说，还是缺少理解和感悟的。于是课堂中张老师从"捧"字入手，根据形声字造字特点，创设了一个故事情景，让孩子们感受"用双手捧在手心拿去奉献的都是宝，都是极为珍贵的东西，此时此刻孩子们马上运用推理的方式得出结论，小男孩捧在手心的鸟蛋就是极为珍贵的东西，理解了两只鸟蛋就是两只小鸟，是两个生命体。"有了这样的理解、领悟和对生命的恭敬，然后引导孩子们加上动作进行各种形式的读（同桌合作读、指名读、男女轮流读、师生合作读），让孩子表演送还鸟蛋的过程，体验文中小男孩的心境，三次追问：为什么小心地捧?为什么连忙走?为什么轻轻送?学生的回答都有一个字：怕!怕弄坏了鸟蛋，怕急坏了鸟妈妈，怕摔碎了鸟蛋。"怕"是什么?是敬畏!对生命的敬畏!这个字比善还要打动人心，这是美!

都说"一千个读者就有一千个哈姆雷特"，不同的读者读同一个文本内心感受各有千秋。这句话的言下之意：文本和小读者的理解能力存有一定的差距，课堂教学就需要这样的巧设妙引、善于评价，激发了孩子的情感，拉近了文本与读者的距离，就这样孩子们走进人物的内心世界，读出文本一个新的境界——不光有善，还有美!

（此文获开发区第五届教学叙事评比三等奖）

写话因体验而精彩

朱美云

三月，我和马老师——盛情相遇

阳春三月，正是聆听花开的最佳时节，也是沐浴着春光捧书阅读的好时机，孩子们在暖洋洋的春日里徜徉在马三枣老师趣味横生的童话《牙齿都是智慧果》或《魔鬼与我的同桌》里，一个个疑问从孩子们的小脑袋瓜里跳出来："真有吃云彩拉星星的猪吗？""这些有趣的故事都是真实的吗？"……

3月17日同学们满怀期待地等候在体育馆里，听时间滴答作响。终于，在一片热烈的掌声和此起彼伏的欢呼声中，马三枣带着亲切的面容和我们见面了。他热情洋溢地给我们做讲座，带我们畅快地遨游在天马行空的文学王国，他语重心长地说他的童话作品是他童年经历的缩影，他是通过用心观察、实践体验和丰富的想象力的秘诀，让自己走上了奇妙的创作之路。

在返回教室的路上，孩子们眉宇间闪着亮光兴奋极了，三三两两彼此间相互交谈着："马老师说写作文不算是一件难事，可是我觉得好难，最怕写作文了。""要是我能和马老师一样有丰富的想象力，我肯定不怕作文。""马老师说用心观察、细心感受，静心思考，写作文就有内容了！""星期一那天有好几个作文获奖的同学站上了领奖台，要是我也能，那该多好啊！""老师说，五月文学之星征文比赛要开始了，我也想参加，可是写什么内容好呢？""对啊，写什么好呢？"刚刚还在七嘴八舌的孩子们陷入了困境……

我和茉莉——相约在春天

春天是万物生长的季节，为了让校园添上一抹浓浓的绿意，学校综合组举办了第二届绿色创意活动，向全校征集创意绿植作品来了。当我把这个消息向孩子们宣布时，一个孩子激动起来了，说："老师，我喜欢绿植。"另一个孩子说："去年，我的创意花瓶绿植获得一等奖，这次我还要参加。""去年，好多同学获奖了，可惜我没参加没机会。这次我也要参加！"孩子们你一言我一语都在热情洋溢地发言论表决心。突然，一个炸雷似的声音发出来："老师，那些多肉植物好贵，去年我拼一份绿植作品，花掉了我50元呢！"教室里顿时安静下来，大家齐刷刷地圆睁着眼看着小余儿。我心头一愣，在这物质充裕的时代小家伙竟然说不划算，那怎样划算呢？思索中一个念头上来了。于是我对孩子们说："买绿植贵，咱们自己种，虽然时间有点慢，但可以赶上下一回！"孩子们异口同声地说："好！好！这太有意思了！"我们来培植什么绿植呢？又是一番的讨论，最后我们把茉莉花作为培植对象，它不仅颜色丰富，还芬芳迷人。说干就干，我们通过淘来一些种子，每人分到一包共5颗。

满心期待——你破土而出

看透明袋里一颗颗圆滚滚的黑色茉莉花种子，孩子们好奇极了："老师，天气还挺冷的，这种子能发芽吗？""老师，这种子发芽得多长时间呀？""老师，培植种子需要多少泥土？"……好奇心驱使孩子们的小脑袋瓜里冒出各种各样的问题。说实话，我没有经历过，实在答不出孩子们这么多问题。于是我对孩子们说，老师也没有培植过茉莉花种子，但这次我会和大家一起来动手培植种子哦，咱们来比一比看谁的种子发芽率最高，谁的种子成长得最快最好吧！孩子们听我这么一说，愈加兴奋了，拿着心爱的种子仔仔细细地端详着，满怀期待地回家播种去了。

我把茉莉花种子播种在一个置闲的花盆，放在阳台的一角，静等种子发芽。日子一天天过去，我期待种子发芽出土，更期待有孩子跑来告诉我种子发芽的消息。第一个星期过去了，谁也没有提及，似乎已经把这件事情变成过去式了。第二个星期也快到头了还是没有人提起。

终于到了星期五的语文课，小王子开口了，他兴奋的小脸涨得通红："老师，我的种子发芽了，嫩绿嫩绿的小芽，两小瓣可爱极了，5棵……5棵都发芽出土了。"他越说越兴奋，越兴奋音量越大。"真的吗？"孩子们睁大眼睛好奇地问。我也好奇极了："哇，全发芽啦，要不下个星期带来给大家看看！""嗯嗯，我下周一定记得带来给大家看。"满满的幸福感溢于言表。

共同话语——奇妙的你

星期一早上，阳光格外灿烂，小王子捧着他鲜嫩的茉莉小芽来了，其他几个小朋友也捧着茉莉小芽来了。有孩子眉飞色舞地说："老师，我的茉莉花出土了！""老师，我的种子，还长叶子了呢！"有孩子不甘示弱地说。"老师，我的，我的也是！"有孩子兴奋地说。但也有孩子沮丧着脸说："我家的种子没有一点点动静，妈妈说现在天气还太冷，种子不愿意出来呢！"……

在大家的谈论中，我们也发现一个问题：同一批种子，不同的人培育，结果大不相同，这是怎么回事呢？我把这个疑惑抛给孩子们。孩子们先是一阵沉思，接着小手如林，他们的回答虽没有直击原因，但也多多少少说出了一些想法和自己的做法。有人说："我先用湿纸巾把种子包着发芽，再移栽到土里去的。"有人说："我给种子盖上一层薄薄的湿泥土，把他放在阳光下晒。""我觉得种子需要泥土的营养，我给他盖上厚厚的泥土，可能是埋得太深了。""我的可能是水浇得太多了"……

突然，小李子站起来说："老师，那些发芽的种子好像很着急把头伸出来看这美好的世界呢！"太棒了！多形象的语言啊！我伸出大拇指给他一个大大的赞说："你太会想象了！这样的表达我真喜欢！"其他孩子心领神会地鼓起掌来。受他言语的启发，我灵机一动："那些没发芽的种子，又像什么呢？你想到了什么？"大家开始沉思起来。不一会儿，有个孩子说："它在呼呼大睡呢，小伙伴大声地喊它：'喂，快醒醒，你看外面的世界多美丽啊，别睡了！'可它理都不理。"哇，真是太精彩了！但也有孩子愁眉苦脸得一言不发呢。我上前摸了摸其中一个孩子的脑袋瓜说："别灰心，每天花点时间去看看它，跟它说说话，或是向别人请教经验，把自己看到的想到的和努力去做的如实地写下来，也同样会精彩哦！"

让孩子交流自己观察到的现象或内心想法，可以让写话变得简单又快乐。

共同说写——美丽的你

培植茉莉转眼有四个星期了，是到了指导孩子进行完整写话的时间了。早上，当我端着一盆小茉莉走进教室的时候，四十二个孩子情不自禁地叫起来："哇！"有孩子兴奋地走上来把我团团围住，有的还伸手来摸小嫩叶。更多的是圆睁着好奇的眼睛在嚷嚷："老师，老师，这是你培植的茉莉吗？也长这么大了啊？"个头小的，着急地在人堆里喊："让我看看，让我看看！别挤啊，让我看看嘛。"好几分钟才让这些情绪激动的小顽皮们安静下来。

开始上写话指导课。我先引导学生用上表示先后顺序的词语说说种植种子的过程，孩子们亲身经历很有话说，都高高地举着小手。接着我高举花盆环着教室慢慢走着，好让每个孩子能清楚地观察到茎的样子，孩子们说："茎很细，嫩嫩的。""淡淡的绿色中透出微红。""老师，我发现茎上泛着亮光晶莹剔透的，真美！"学生的观察真仔细啊！再看叶子。

"老师，那两片嫩绿的叶子多像一对熊耳朵啊！"好有创意的发现！"不对不对，我觉得叶子从种子里吐出来，再加上弯弯的茎，远远看去，像一只向天高歌的大白鹅！"太有想象力了！孩子们观察着，想象着，思维的闸门一旦开启，真是像潮涌一般啊。在他们的眼里，那两棵并排站立的小茉莉，像团结的小伙伴……

观察结束后，我又让孩子们说说这次培植种子的体会。有的说："看到种子发芽出土，真是一件快乐的事情。"有的说："生命的力量真是奇妙极了，一颗黑黑的小小的也不起眼的种子，竟然可以培育出这么美丽的茉莉。""培养种子要用心，不能太随便了，要不然他都不愿意出来了。"还有的说："刚开始我的种子一点儿也没变化，心里既着急又失望，向同学取经后，我把它放在阳台能照到阳光的地方，很快也长出来了，心里可开心啦！"……

孩子们在挥笔写话。我从他们轻松的表情和偶尔把作文本递给同学炫耀的动作，我感受到他们写话时前所未有的快乐，不禁在心里感叹：孩子们不就像这些种子吗？只要他们本身是健康的，给予他们合适的养分，也给予他们耐心的抚育，又怎么不会生根发芽长叶开花呢？而我们的教育，有时候缺少点什么呢？真应该思考一下了。这次活动，我觉得最成功之处在于教师自始至终参与了整个观察的过程，教师和学生一起观察，一起发现，一起欣喜，一起想象，一起记录，一起体验，一起交流，教师不再只是教师，更是学生学习的伙伴，更便于与学生沟通思想，发现观察与记录过程中的一些问题。不会光站在讲台上指手划脚，用心和学生一起经历观察写话的过程，我们才能真正知道对学生来说，写话中可能有什么困难，应该怎样引导更有效果。

五月征文——我不愁

文章本是溪水，生活会如泉源，泉源丰盈不枯竭，溪水自然流不停。小小的童心里藏着一个和马三枣老师一样想要创作的大大梦想。从小小的茉莉花种子开始，仔细观察，用心体会，努力坚持。动手培植，在和茉莉相处的日子里，一篇篇佳作《我会种植茉莉啦》《美丽的茉莉花》《种子种子，你快醒醒》在孩子们的笔下生成，五月的文学之星征文活动，还会担心没内容可写吗？

用心和孩子们一起走进生活、观察生活、了解生活、体验生活、记录生活，渐渐地诗情画意的生活和写话融为一体，一切都会变得美美的！

（此文获开发区第六届教学叙事评比一等奖）

幸福就像一只蝴蝶

胡小华

纳撒尼尔·霍索恩曾说过："幸福就像一只蝴蝶，当你追逐它时，它是难以到手的。但是，当你安静地坐下时，它却可能降落到你身上。"

时间过得真快，转眼间我已从教二十多年了，可我总觉得时间仿佛就在昨天，细细想来，是酸甜苦辣，五味杂陈。在这二十多年的教学生涯中，有些事早已随时光流逝，在记忆中褪去了原有的色泽。然而有很多不期而遇的情景总是挥之不去，偶尔浮现在脑海中。每每回想起发生在课堂上意外的事，事情虽小，仍会带给人几分喜悦及无尽的回味。

来杭州和孩子们在一起生活了一个多月，课堂上的一个个让老师哭笑不得的场景也是让我们始料未及的。蓦然回首，发现我也收获了许多……

玩具巧变"教具"

无拘无束的小孩子在入学不久就给我带来一个意外，记得那天，我正在津津有味的准备上课《5以内数的认识》。我照例精心设计了教学情境，正想出示主题图，转身发现班上的康同学正拿着一个一元的硬币在玩，悄悄地在抽屉里转个不停，旁边的几个同学也在偷偷地看着呢。我不想影响正常的上课，于是迅速提示学生安静坐好组织教学的一问一答式口令："三二一。""坐坐好。"

我以为我的提示会管用，可是，康还沉静在自己的游戏之中，似乎没听见。这时周围许多同学也发现了，快嘴快舌地向我告状，前面的同学也纷纷站起来看热闹，课堂有些乱了，我心里有点火，正想把硬币拿下，同时批评几句整顿一下纪律，突然发现那硬币上也有数字。这不就是一幅活生生的主题图吗？新课标的基本理念不就是密切数学与生活的联系吗？而且，现在孩子们的注意力不正高度集中，等待老师的"判决"？这是一个多么好的机会呀！于是，我轻轻地对康同学说："把硬币借给老师，可以吗？"

他勉强地点点头，我把硬币高高举起，面对学生说："同学们，瞧，康同学手中拿的是什么？你能从中找出我们已经认识的数字宝宝吗？"

孩子们开始一愣，然后你一言我一语地说开了："老师，我发现了硬币上有数字宝宝1。"

"老师，我发现1像铅笔。"

"老师，我还认识5元的人民币上面也有数字宝宝5。"

这时，课堂又掀起波澜，一位学生高高举起了小手，我马上让他回答。"老师，我还用5元去买早餐花了4元5角，找回5角呢。"

他的回答让我一愣。我脑子里快速地思考着：人民币的认识一年级下册才学，我是否定他还是肯定他呢？课堂教学不就是要为学生思考、探索、创新提供最大的空间吗？我为何不好好捕捉这一火花呢？我当即决定让孩子们继续说。

"你是怎么知道的呀？"我微笑地问着。

"是我自己学会的。"

我正想表扬他时，一只只小手举得像小树林一样，争先恐后地回答。

"老师我知道2个5角硬币可以换成1元的。"

"老师，我知道两张50元的可以换成一张100元的。"

一位平时不大喜欢发言的孩子也轻声嘀咕着："我也知道1元钱可以买两支铅笔。"

…………

学生兴致高昂地交流着、补充着，结果《人民币的认识》这个新知识在同学们的你一言我一语中学会了。

下课铃声响后，我示意走到他身旁，他低着头小声地说："胡老师，我错了，我以后再也不会把它拿出来在课堂上玩了，对不起。"看到孩子已经意识到了自己的错误，当老师的幸福感油然而生，并随时给他说了一句话："这个硬币还你，你对人民币爱不释手，说明你是一个不乱花零用钱的好孩子，没事可以拿出来玩玩，但是要选对时间，你最好把它放到家里的储蓄罐。"他很诚恳地点了点头，把自己的硬币收了起来并擦了擦眼睛。

事情就这样过去了，印在了我的脑海里，也是一次不期而遇难忘的回忆。在以后的数学课上我发现这个孩子听课更加认真起来了，发言也比以前积极了很多。我拯救了一个孩子不良的习惯。课堂上不管孩子怎样，既然选择了做教师，就要时刻谨记"责任"二字，把爱和教育尽自己最大的努力传递给每一位学生。

"招蜂引蝶"学对称

曾经记得有一次上数学公开课《正方形和长方形的认识》，距离下课还有十来分钟时，突然一只色彩鲜艳的蝴蝶飞进教室，在教室里翩翩起舞。部分孩子的注意力被这不速之客立刻吸引了，一个较为调皮的学生甚至悄悄脱下外衣，想趁老师不注意时去扑它。这可怎么办？听课的老师为之着急。此情此景，如果我不顾及学生的情绪，仍然按照预先设计的教学思路来完成教学任务，那么，学生可能会出现心不在焉的情况，教学效果可想而知。于是我机智地顺水推舟，抛开自己的教学预设，来缓解一下学生的视觉疲劳，让课堂呈现别样的精彩，把偶发事件的价值发挥最大化。

但出乎我的意料，孩子们的意外生成是如此精彩。

"同学们，请大家认真观察蝴蝶飞舞的情景，比比谁的想象力丰富、合理……话还没说完，一双双小手高高地举了起来，嘴里喊着："我来，我来！"教室里顿时热闹起来。

首当其冲的当然是悄悄脱下外衣的赵同学，因为他的小手快举到你脸上来了，自告奋勇地说："蝴蝶非常漂亮，飞舞时它把翅膀合起来，又展开。"

"我们今天要从数学的角度去研究蝴蝶。看谁火眼金睛，你发现了什么？"

"认真观察蝴蝶在教室里飞舞的情景。此时，大家的情绪稍稍有点失落。"

"谁来说说你的发现？"

这时，我们班的调皮大王压低嗓音说：我发现蝴蝶色彩很美，一对翅膀是完全一样的。"他滑稽的声音逗得全班哄堂大笑。但我惊讶了，多么了不起的发现呀！于是，马上表示非常赞同这个发现，他的脸上立刻露出了得意的微笑。

数学课代表周同学也不甘示弱，急切地想说出自己的想法。他拔高了嗓音肯定地说："蝴蝶的翅膀是对称的。"

我乘胜追击："什么是对称？你能说得更具体些吗？"

只见他抓抓后脑勺……

一向内向的陈这回也举起了手，虽然手举得并不高，但我发现了，连忙请她回答。"比如说长方形、正方形也是对称的。"她胆怯地说。孩子们听得可入神了。

一石激起千层浪，学生各抒己见，这不正符合孩子们强烈的表现欲望吗？太意外了！孩子们动起手来折一折，画一画……课堂的气氛达到高潮，你一言我一语，但很有序，"对称图形"的新知识就在探究质疑中学会了，同时加深了对长方形和正方形的认识。

我赶紧不失时机地说："同学们，你们太可爱了，你们太聪明了，你们的表现超乎寻常的智慧！这节课，你们上得非常成功，非常完美，你们不但认识了长方形和正方形，还学会了对称图形，把学到的知识恰到好处的连贯起来。你们这节课的表现让老师感到震惊，感到自豪，感到骄傲！老师相信你们在未来遇到难题时有更大的潜力去寻找答案，你们对自己有信心吗？"

"有！"同学们洪亮的声音回荡在走廊里。

（此文获开发区第五届教学叙事评比三等奖）

从欢喜到喜欢

孙雨晴

欢喜是什么？一种激动的心绪。那喜欢呢？一种乐趣的动力源泉。我总是做喜欢的事让内心充盈着欢喜，却没有想过会有倒置的一天，因欢喜的心情而喜欢上一件事，那件名为"教学"的事。

欢喜：我第一！

周四，结束下午的说课比赛回到家后，拖着疲累的身体就呼呼大睡了。不知过了多久，迷糊中感受到手机接连震动了好几下，又反复下去似乎停不下来了。烦恼中带着朦胧的睡意心想着还是去看看吧，或许是学校的群里有什么重要的事情宣布了。打开一看，映入眼帘的全是一个个同时的掌声，鲜花，拇指点赞的符号表情，并配上"祝贺雨晴"的文字。"这是什么啊？大家都怎么了？"迫不及待的我连忙往上翻阅，瞪大双眼，直看到邹老师发的这条信息"刚刚接到刘老师的通知，这次说课比赛雨晴获得了一等奖！"，反复定睛再看看，是我吗？真的是我，真的是我呀！宁静的夜晚就这样被一阵阵萦绕在心头的欢喜情绪打破了，有种努力多日，终见阳光灿烂来的欣喜之感。

第二天早上，看到邹老师迎面走来，微笑之后若有所思的说到："雨晴，刘老师昨天说了第一名的需要和名师进行同课异构，可能需要准备一下。""啊！我？"心里想着：淡定淡定，这不是说了嘛有可能，再说了我是中段组的第一名，还有低段、高段的第一名在呢，三分之一的概率，我又是新老师，我才教过一年级，二年级也才进行一半，《平均数》是四年级的内容，肯定不会是我的啦……我快速运转的大脑为把自己排除找了多种可能性。

然而，故事总是这样，在结合了多种不可能后却能确定唯一的结果：是我！

困惑：我上课？

"滴滴滴"刚吃完午饭的我，看到手机屏幕显示着邹老师的来电，便慌乱拿起手机，只记得清晰的一句："雨晴，刚刚刘老师来信息了，就确定是你上了。"其他就什么都不知道了。

大脑一篇空白，唯一可以脑补的画面便是在偌大的一个舞台上，我点击课件的样子，然后可以直接晕倒在舞台上。

带着这些困惑，昨天构思了一个晚上的周末计划要暂时搁浅了，只剩下两周的时间我便要呈现一节区级展示课，还是构思这节课吧！

激动：我发现。

仅仅一天，我便收起了所有的欢喜心情和困惑之感，进入了环环相扣的教学设计中。设计好，交给邹老师，只见她看到第一句便皱了下眉头道："你设计的这个踢毽子，出示15个毽子是什么意思？"我内心一急：不妙，第一个环节不会就出问题了吧！邹老师不紧不慢地说："我知道你要表达的意思，为了避免到时候孩子会有这样的情况出现，我们是不是应该用一个视频来说明一下，踢一下用一个毽子来记录。"来不及等我拍手惊叹，她立刻补充道："我们还可以问，视频里的人刚刚踢了多少下激发孩子的思考，以学生的回答更自然地出示例题的学习。再比如这个地方……"

我一边听着，一边忙着用笔快速的记录着，恍然大悟：原来课堂的设计可以如此精细，而精细之后的自然之感又是如此让人舒适！对课程设计奥妙一知半解的我相较于平时的"粗枝大叶"多了一层充实感。

周二一早，便带着修改了一晚的教案来到教研室请教刘老师。虽然有邹老师提前把过关，但是和刘老师这样一对一的磨课还是紧张慌乱的，害怕说错又担心理论积累不足，让自己表达得不够明白。只微微用余光感觉到他边听着我一句一句阐述设计意图，边在一旁细致地做着笔录。放下笔，他平静说道："前面的两个例题的设计以毽子为背景说明甲乙两队比赛的情况,这样很好！"

天呐，获得刘老师的肯定犹如一股镇定兴奋剂让我从紧张直接跳跃到兴奋。接着他继续道："我在想后面的习题设计能不能承接前面的情境进行展开……""恍然大悟的我，为刘老师的建议而兴奋，却又词穷不能表达自己的内心想法。刘老师会心一笑："这样可以保证整节课的体系，自然而流畅，对例题可以反复的应用。"他继续补充道："还有这个地方……"我一边快速地记录下他的每一句话，生怕错失了一句，会让课堂的设计环节有所错漏，一边又难掩敬佩和喜悦的心情。

总说新老师要多向前辈们学习，平时点点滴滴的经验技巧的传递已经让我受益匪浅，而这次我却有种新发现：除了经验之谈，他们自成体系对课程的深入理解让我折服。

似乎这一路走来，喜悦的心情总是一直高调的存在着，而实践却能将它压到低处，一个你看不见也找不到的地方。

沮丧：我失败……

周三，我便开始自己的试教之旅了。

第一次试教，我自信满满，为什么？因为有邹老师精细的细节设计，有刘老师体系的建构，我还有什么可担心的呢！开门见山地问道："同学们平时喜欢什么体育项目？"看着一个个小手举起来，听着一个个回答，和预设的一样一样的。暗自窃喜：四年级的学生也很可爱的嘛。接着顺势抛出第二个问题："有喜欢踢毽子的吗？"话音刚落，好像是北风呼啸而过般，先是出奇的冷静，然后又是细碎地说着："没有！"什么？没有，我的内心一阵慌乱。强烈压制着激烈的内心活动，想着继续我的课堂，在一阵迟疑中收起我那尴尬的表情，无力说了句："孙老师就喜欢踢毽子，今天就和一起来探究毽子中的数学奥秘吧！"说完，点击下一张幻灯片的同时，看到孩子面无表情的看着我，我好像犯错的孩子，用余光偷偷瞄向后面听课的邹老师，只看到她一脸严肃地低头记录着什么。

匆忙中40分钟结束了。邹老师略显尴尬地看看我又看看旁边的胡老师、廖老师、傅老师，说了句"大家都提提自己的意见吧，看看有什么问题，这样试教下周四上课来得及吗？你明天再试试。"是的，失败了，在大家一言一语的建议中，我拿着红笔在教案上删删减减，邹老师看到我一副慌乱而又无力的样子，说道："雨晴你是不是太紧张了，没关系的，多试几次就好，你先熟悉教案。"

所有安慰的话在这个时候好像都没有多少力气来支撑我。在深深的自我怀疑中，我还是拿着修改好的教案，一句一句演示着一遍又一遍，这是我的课。

第二次试教开始了。

吸取第一次失败的教训，我学会了小心翼翼，不再提问让学生产生矛盾的问题，当学生回答完以后，我便赶紧总结，紧紧拽住这抽象的课堂，像抓住一棵实际的小草般，不让它有任何的机会跑偏。结束之后，看着邹老师和其他老师面面相觑后，说道："她这节课好像都是自己在说，一直重复学生的回答。"紧接着"对呀，就一直在背教案""学生说完她立刻就说""学生没有想到，她自己就先说了"……大家七嘴八舌地议论起来，是的，再一次失败了，"生本课堂"硬生生被演绎成"我的课堂"！

在接下来的试教中这样的问题或多或少地暴露着，并没有幸运到因为经验教训的积累而有多少改变。

展示：我可以。

终于到了公开课那天！铃声一响，我开始上课了。

当提问到"这个0要不要计算的时候"，孩子们一愣，用疑惑的眼神看了看我，我也愣住了。一片寂静中发出微弱的声音："0肯定要算的啊！"立刻追问道："这里为什么是除以5而不是除以4呢，明明只有4个学生有成绩的啊？"话音刚落，孩子们似乎明白了我要的是怎样的解释，纷纷迫不及待地举起手，一个乖巧的女生，落落自信地回答：

"当然要算啦，踢0个毽子的学生也是人啊，您不能因为他踢了0个毽子就不算上他了。"

"这个踢0个毽子的学生是人吗？"

"肯定是啊！"

"那要不要算上他？"

"当然咯！"

台上孩子们异口同声，台下听课老师们也在这一言一语的师生对话中乐了，纷纷拍手，响起一片掌声。

结束后，看看邹老师和数学组的老师们，在大家的一片称赞声中只想说：原来，我可以的，这是我和学生的舞台。

这节公开课照亮了我的教学之旅，未曾想余热未尽，薪火又燃。

提升：我深思⋯⋯

一个学期后，又接到邹老师的通知：再次执教这节课，推送市一师一优课。

想想这节课我教案成熟，况且前后我都上了5遍了，也应该不会紧张了吧。下课结束，刘老师便和数学组的老师们讨论起来，如何提升这节课，在最后说道："雨晴，这节课是不是缺少活力，感觉没有多少激情？"激情，那是什么问题？我内心一紧，这是我从来没有遇到过的问题。

接下来的几次试教还是暴露出同样的问题，听课老师们的反馈也是这样。

深深思考，为什么我会没有激情呢？看到其他老师们很自信的站在讲台上，我是缺少激情没错，可是在哪里寻找激情呢？所有的回答我都自认为"了然于胸"了，哪里还有什么兴趣。

喜欢：我快乐！

是的，我没有那么期待孩子们的回答，一言一语的师生对话已经足够促进课堂的生成了。可是这样的课堂又似乎少了些活力。我开始尝试用期待的眼神等待孩子们的回答，用会心的微笑鼓励他们继续说下去。带着这样的心绪，回到课堂，竟然发现上课变成了一种享受，那是一种涌上心头的喜悦，我喜欢上了这样的感觉。

一路走来，如同过山车般，我的情绪跌宕起伏，在问题面前惊慌过，在课堂中厌烦过，在失败中退缩过……所有的这些让我喜欢上课，带着对回答的期许满心欢喜着。借由获奖的契机执教公开课的小幸运，让自己欢喜着一种结果，喜欢上一个过程，一个叫做"教学"的过程。

（此文获开发区第六届教学叙事评比三等奖）

带着小鱼去散步

曾春桃

小眼睛，亮晶晶，看花看草看星星；大眼睛，闪闪闪，健康快乐好成长……来自某小学的 42 个小精灵齐聚一堂，伴以书包柜上的 42 条小金鱼，以及两位年轻的老师组成了一个温暖和谐的大家庭。这是怎样的一个组合？又是怎样的一个班级？

我们和小鱼的故事，要从一个"英雄救鱼"的小事说起。

缘起

一天早上，班级捣蛋大王带来了一条小鱼，用塑料袋兜着水装着，早到教室的孩子围在小鱼旁边炸开了锅，与往常书声琅琅的教室形成了鲜明的对比。我踏进教室后，"这一团伙"马上散开回到自己的位置，而小鱼的主人也赶紧把袋子收起来，捧着袋子的手小心地往抽屉里放，装作若无其事地背起书来。我顺口问了句怎么回事，班上某告状达人几乎是喊出来的："×××带了条小鱼来学校！"我顺着他指的方向看去，捣蛋大王支支吾吾，见藏不住了便把袋子递到我面前，我打开看，小鱼已经奄奄一息了。

经询问后得知，小鱼是捣蛋大王的奶奶在送其上学路上买菜，他从卖青菜的老爷爷处得到的，小鱼粘在湿湿的青菜叶上还在动，他便跟爷爷要来一个袋子，装着水把鱼给"救"回来了。听完我并没有很生气，而是大力表扬他，肯定他爱护小动物的好品质，还建议其找个小盒子装水把鱼"安顿"好。

第二天，有 2 个孩子竟然把自己家里的小金鱼装在鱼缸里带到学校来了！气愤无比的同时我故作冷静地问他们带小鱼来做什么。"老师，我带小鱼来是想下课和小鱼玩""下课还可以和小鱼聊天……"一时间，我找不到生气的理由了，被他们这天真可爱的想法感动到了。突然间，我也想和他们一样，也养条小鱼，陪伴在身边。

于是，我决定满足大家这个共同的愿望，让鱼儿走进我们的学习和生活。但要把小鱼带到教室里，肯定要有正当的理由，而且是利于学习有"教育意义"的。冥思苦想后，最终以"人·自然·社会"中《我们的好朋友》一课为主线、其他相关课程内容或资源为补充、课堂教学与课外实践活动相融合与统一，向学校申请，利用每周五的拓展性课程时间，开展一节历时整一个学期的生命科学教育拓展实践课，而又不仅仅限定于生命科学学科，满足孩子们的同时，又起到某一些不可物化的教育作用，颇有收益。

小鱼朋友来了

摇摇头，摆摆尾，

一串水泡吐出嘴。

水泡水泡水上游，

那是金鱼的小皮球。

这首关于小鱼的歌谣，孩子们几乎已经可以唱起来了。前期通过观看鱼类的简短视频，游动过程录像，让孩子们走近小鱼的生活。并引导他们思考：小鱼一般吃什么？鱼儿是怎么呼吸的？鱼类与人类的生活有什么联系？学生在了解之余还会爆出一些看似可笑却极有价值的问题：鱼儿不停地喝水，会涨破肚子吗？怎么给小鱼换水，多久换一次？……在新朋友到来前，小朋友们仿佛已经可以想象出和小鱼在一起的日子会有多快乐。

家委们买来了42条小鱼，每人一条，以小队为单位每7条放在一个塑料鱼缸里。小鱼的到来让孩子们很兴奋，一下课便围着小鱼聊天，并且互相分好哪条是谁的。初期以为他们会因为抢着要某一条金鱼而发生争吵，但后来发现这个担心是多余的，都是一个小队的鱼，生活在同一个鱼缸里，对孩子们而言，它们就是一小家子。我们在同一个教室里生活、学习，就是一大家子。我想，从小鱼身上映射出来的道理，比任何形式的说教都要有效吧。

拿到鱼后，小组内仔细观察刚到来的新朋友；还给小鱼取世界上最好听的名字，画一画美丽的小鱼；给小鱼讲故事，背古诗；悄悄话只说给小鱼听等，孩子们和小鱼的故事，刚刚起步……

今天我当鱼妈妈

小鱼来到教室后，放在书包柜上和小朋友生活一段时间，因此喂食、换水都是必不可少的，并可以此为奖励有进步的孩子。于是便有"今天我当鱼妈妈""金鱼宝宝养成记"的小组活动。小朋友们尝试做鱼妈妈，拿出工具，把小鱼带到水龙头边，教师先示范，讲清楚注意事项，并强调换水过程不得喧哗，争抢，做到轻声细语。

给小鱼喂食也有一定的注意事项要事先强调，没过几次，这些"鱼妈妈"就可以自己照顾小鱼了，看着他们就这样学会呵护小生命，学会怎么去爱，会心的笑容不自觉上扬。

一段时间后，引导学生把照顾小鱼的过程用自己的话语记录下来，形成班级的《金鱼宝宝养成记》，这一笔无形的财富谁都称赞。

带着小鱼去散步

"悄悄话说给小鱼听""小鱼听我来背诗"都是带着小鱼去散步系列下的子活动，看着小鱼和孩子们在一起，我的心也暖暖的。

"鱼儿鱼儿，今天你开心吗？你想知道我今天过得怎么样吗？今天大课间不下雨，我们出去玩了好久，班级集体还跳大绳了呢，不过我跳了两次就被绊到了，真希望明天还能继续跳大绳……"

"昨天的古诗没有背出来，有点难过，小鱼你现在在想什么？是不是想要安慰我，你不用安慰我，反正已经被老师骂了。"

"你怎么一天到晚都呆在水里啊，不会被淹死吗？"

"小鱼，我爸爸今天要回来了，他出差都快一个月了，我好久没见到他了，你说他会不会变老了……"

"六一是我们的节日，小鱼你们有没有节日的，过六一儿童节是最开心的一件事情了，不过下一个六一儿童节还要等好久……"

突击蹲点了多少次才听来孩子们心中的这些小秘密，听着听着我也乐了，好想替小鱼回答他们，告诉他们有人理解你的感受，有人一直陪在你身边，有人一直在默默爱着你。

"小鱼听我来背诗"是每星期一次的课程活动，孩子们把这个星期学习的新课文，小古诗都背给小鱼听，当然，边上会有对应的监督员，并及时在相应的记录单下做反馈，只是多了小鱼这个"旁观者"，激起了学生更大的兴趣。

带着小鱼去散步，也就是带着鱼缸到室外，让小鱼也能看到美丽的校园景色，偶尔晒晒阳光，无形之中学生会为了保护小鱼慢慢走，轻轻端，养成良好的行为习惯。小鱼与我们，好像已经不只是陪伴的作用了。

小鱼去哪了？

某周一早上，办公室门还没来得及打开，便有孩子气喘吁吁地跑过来，心想肯定又是哪个坏蛋搞事情了。

"老师，老师，老师，开心果小队有一条鱼死了！"

"千里马小队里一条红色的小鱼也快死了，肚子翻在上面，但是嘴巴还在动。"

"老师，快乐鱼小队的鱼缸臭死了。"

……………

边听他们说我边往教室赶，只见开心果小队的几个孩子围在鱼缸旁。"水换过了吗？是不是你们喂太多了？""星期六和星期天都没有换水，今天早上才换的。""那估计是两天没换水才死的。""可是上个星期也没有换水，它们都没事。"……一时之间，我也找不到原因了，没到一个月的时间，就死了第一条小鱼，看着孩子们失望难过的表情，我开始犹豫我是不是做错了什么……

小鱼去哪了？为什么会死？虽然我一开始就预想到会有这样的事情发生，但是没想过怎么和孩子们解释，一时之间，我也像他们一样手足无措，不知如何是好。我只能引导学生寻找原因，可以向老一辈的人请教，可以是网上寻找资料，还可以咨询卖小金鱼的商贩，总之能用的方法都可以用上。搞清楚问题的根源，才能有效地处理问题。

后来，特地花了一节拓展课时间对小鱼的死亡进行反馈总结。大部分孩子都认为小鱼的死是因为气温愈来愈高。虽然金鱼的适应性比较强，对水质要求不高，但其生活的适宜水温为20~28℃，最高不超过35℃，而杭州炎夏季节的温度基本在36℃以上，在后来的实践过程也发现书包柜上因为高温金鱼容易死得快，在孩子还不知道怎么面对死亡时发生了这样的事情，对于生命的珍贵教育会不会适得其反？温室效应导致地表温度越来越高又何尝不是人类污染环境的后果？这后面各种复杂的因素是否需要我们去探索，一时之间，我也陷入了迷茫，孩子们和小鱼结下的故事越来越深了……

最好的礼物送给鱼儿

后来，在家委们的建议下，有家长借来了两个水族箱给班级饲养小鱼。这下，小鱼儿的生存环境得到了保障。与此同时，不得不让人联想到大自然中的鱼类，它们不需要水族箱却可以自由自在地安心活着，是为什么？有孩子说是因为小溪流里的温度不会太高；有孩子说因为江河里的水是不停流动着的，水里氧气足了鱼儿就不会死了；

还有的孩子说因为有海洋妈妈保护着，小鱼儿会健康长大。于是，有孩子建议把小鱼放归大自然，最好的礼物就是还给鱼儿自由，学期即将结束，有的小队也如实付出了实际行动。

但是孩子们，你们想过吗？海洋妈妈也会被伤害，被我们的同类所伤害。当今，环境污染造成的水质污染已经严重危害到鱼类的生存，我顺势借此次活动让学生明白是人类的肆意掠取毁了鱼类以及其他动物的家园。播放人类捕杀大量鱼类，鱼妈妈哭泣的镜头；严重水污染破坏了鱼类生存的环境，看到鱼儿的生命在消逝，一个个揪心的画面，再看着小脸蛋上蹙紧的眉头，我想，孩子们或许懂得了什么……

后记

我们和小鱼之间的故事，不仅帮助孩子更好地认识大自然，养成关爱生命，培育为他人、为万物着想的善良，更让学生在感受爱、懂得爱、学会爱的过程中养成良好的行为常规习惯，还有其他我们说不上来，不可物化的教育作用。

而我们和小鱼的交流，绝不止于一个学期。与小鱼的相处，会让孩子变得安静温暖，变得恭敬有序，变得乐学善思，而我们却不一定能带给孩子这样的礼物！

上帝让我带着小鱼去散步，我相信这是我听过最棒的任务！

（此文获开发区第六届教学叙事评比二等奖）

喜欢还是被喜欢

傅林仙

此次公开课来袭，少了一分淡定，多了一分忐忑。虽然自己想上公开课，想被认可，但是此次是跨年级上课，所以害怕自己出洋相。回想自己上一次任教二年级数学已经是五年前，近期接触的都是中高年级的孩子，对萌萌的二年级孩子已经比较陌生。

从服从到投入

得知课题《乘加、乘减》后，我赶紧向身边有经验的同事请教。胡老师说："我在上课的时候就用书本的主题图、游乐园旋转木马图来教学的。"廖老师说："我记得人教版旧教材的主题图是丰收的玉米地，你也可以上网查查其他教材，看看有没有更合适的素材。"还没有等我缓过来，王老师就紧接着说："我去年在上这课时，也搜索过很多资料，但是都是大同小异的，我最后用的是苏教版教材金鱼图。""那我要不也用苏教版的教材吧。"我顿时感到欣喜。"可是我觉得那样设计也一般啊，实际教学下来孩子们的兴趣也不是很高。而且选择这一内容上公开课的人本来就少，我之前搜索了多次，可供借鉴的材料不多。"王老师泼了盆冷水。"那怎么办，看来有点棘手。""不要慌。"这时邹老师拍了我的肩膀说，"这样就说明更有研究的价值啊，要不我们就用书上的例题好了。没关系的，本来就是研究课，大家一起来探讨的。"

蒙蒙细雨，脉脉轻风，窗外泛起的片片涟漪，宛如我飘忽的乱绪，时而忧郁，时而激荡。在听雨的日子里，我开始了我的第一次试教。

课前我利用生动的多媒体课件创设"旋转木马图"场景，希望能够激发孩子们的兴趣。

这时下面传来一个声音："怎么又是游乐场？"声音虽轻，但很清晰。"完了，孩子们好像不太喜欢。"我的脑袋顿时感到被砸了。这完全超出了我的预设，我也不知道如何回应，只能假装没听见继续往下上课。课后，该班的数学老师孙老师找到了那个调皮的孩子，看她的样子是在批评他，而那孩子不理不睬的。孙老师跑过来向我解释："傅老师，你不要在意，小 A 同学平时就是这样随意的，是年级里公认的顽皮。"

"孙老师，你客气了，孩子有这样的想法是正常的，是我不了解孩子。看来，课后我要多向你取取经啊，我对二年级的孩子已经陌生了。"

"怎么又是游乐场……"这句话回荡在我的脑海中，伴随着我从 201 班教室一直到办公室。但静心一想，我很庆幸这个孩子能够真实表达自己的想法，促使我再一次深入研究如何处理教材，收集孩子们真正喜欢的素材，孩子们总想自己成为发现者、研究者、探寻者。如果孩子们缺乏认识的乐趣，求知的兴趣也会与之一道熄灭。

周三起，只要有空我就往二年级教室跑，希望能和二年级的孩子打成一片，尤其是和正式上课的 203 班的孩子。课间，我经常和他们一起跳绳、踢毽子等，两天下来我已经能叫出好多孩子的名字。周五中午，我像往常一样过去找孩子们玩，突然听到高分贝的尖叫声："夏逸飞又是第一名哦！"

"什么第一名啊？"我好奇地问。

"傅老师，是我们的争章比赛啊。你快来看啊。"没等我反应过来，小胖就把我拉进教室，指着门背后的争章图说，"傅老师，这是我们每周都在进行的争章啊，王老师会发奖励的噢。"

"哇，原来门背后有这宝藏啊！"见到图，我真是欣喜若狂啊，因为几日来苦思冥想的难题今天终于有思路了。这一刻，我真想亲小胖一口，不过，我还是忍住了，就用拥抱表示感谢。我赶紧拿出相机，认真对焦把争章图拍了下来，生怕错过任何一个细节，因为我已经找到了最好的教学素材了。

主题图改了，跟进练习的素材也跟着改了，那么原先设计的拓展练习的素材是不是也可以改一改？"三角形、圆形、正方形……还是用其他图形呢？"是不是也可以做个小调查，看看孩子们的选择。随机采访了几个，有孩子喜欢圆形，但是更多的孩子还是对"正六边形"感兴趣。虽然有些孩子不能说出"正六边形"，但是他却说像蜂窝一样。于是，尊重孩子们的意愿，我就选择了正六边形这个图形来设计拓展题。

从技能到思维

在充分收集到了几位孩子的争章情况之后，我开启了我的第二次试教之路。课堂中我出示妮妮的争章情况统计："那你能表达出妮妮的章数吗？请你试一试。"

学生甲回答："4＋4＋3=11。"

学生乙回答："4×2+3=11。"

我追问："你是怎么想的?"

"周一、周二两天都是 4 颗，周三是 3 颗。"

"老师，也就是比 2 个 4 多 3 颗"学生丙补充。

"我觉得也可以这样列：$3+2×4=11$。"学生丁急忙抢着回答。

"小朋友真能干，不仅列出了连加的算式，还列出了含有乘法和加法的算式。你们知道这样的算式应该先算什么？再算什么吗？"看到孩子们如此积极、投入，我深深被他们感染了。我想我应该以更饱满的状态投入进来，于是说："请大家想一想，除了可以列出这样的算式外，还可以怎样列式来解决？"

"$4×3-1$。"

"你是怎么想的？"

"假如周三也是 4 颗，那么就有 3 个 4，可是现在比 3 个 4 要少 1 颗，所以我就列 $4×3-1$。"

不像我第一次试教，孩子们个个踊跃发言，争先恐后要把自己的观点表达出来，并且还是和别人的观点不一样的。听课老师们个个露出笑脸，我心中一阵窃喜。

"统计章数大家都没有问题，那书本第 58 页《做一做》你能解决吗？"我指导学生完成第 58 页《做一做》第 1～2 题。孩子们安静地做作业，我看了看时间，发现快下课了，赶紧过渡到最后的拓展环节。

第二次试教结束了，但是我发现邹老师的眉头还是紧皱着。我小心地问："邹老师，你觉得哪里还有问题？""我始终觉得这样的新授课还是要多一些数形结合的题目，你的练习设计只有书本上的一些题目，而且大部分是纯计算，我想想学生也不太喜欢。""我的感觉也是，你说如果是单纯的计算，孩子们可能是会计算了，但是对乘加、乘减意义的理解还是不够的。"胡老师补充。"这节课假设思想是渗透了，但是我也觉得数形结合的思想渗透还不够。"廖老师凑过来说。伙伴们就这样，你一言我一语地讨论起来。"其实，本来我的教学设计中还有这样一个环节，就是见式相图，可是我看看时间来不及了，所以就临时删去了。"我打开课件给大伙解释，并征询大家的意见。

"这样的设计很好啊，你就不应该删去的，你看这题就是数形结合的，而且还能够培养学生的逆向思维。"邹老师肯定的语气宽慰了我的心。"这一联系有助于学生真正掌握乘加乘减意义、书写格式和计算顺序，模仿性的学习可以减少一些，这样才是真正提高学生的运算能力。"王老师眼睛像放了光一样。"以往教学中，学生解决问题都是从图到算式，而现在这样的改变肯定能激发学生的学习兴趣，而且我想也能培养学生的思维品质。"陈老师赞叹地说。"时间来得及的，你只要压缩你的开场白，环节和环节之间再紧凑些，这样肯定能够比今天节约 5 分钟。"廖老师最后补充。我赶紧把大家的建议记录下来，打心底里感谢我们这个数学团队。

从"生本"到"童本"

周四，公开课如期而至。

站在报告厅的舞台上，当主持人介绍完本次教研的主题和特邀专家时，心情很复杂。我偷偷地松了一口气，发现203班孩子们在对我微笑。那就开启我的微笑之旅吧，化尴尬为动力。

由于有了前几次的磨课，今天的公开课上起来得心应手多了。情境创设、自主探究、激发情感，孩子们学得不亦乐乎。就这样，顺利进入了最后一个拓展提升环节。

"同学们学得真不错，奖励大家玩个游戏吧！让我们一起快乐玩转图形。"

一共有几个 ⬡ ？首先出示第一组图形：

"4+4+2=10""4×2+2=10""4×3-2=10""2×5=10"，孩子们一下列出了这么多的算式。我不仅仅满足于此，我还利用多媒体课件及时让孩子们沟通"4×2+2与2×5"之间的关系。一次次移动操作，一次次变形，一次次沟通联系。

紧接着，出示变式练习：

"2+4+4+2=12""4+4+4=12""2+4×2+2=12""4×2+4=12""4×3=12"此题同样难不倒孩子们。为了提前预习乘法分配率，我引导孩子们观察"中间有2个4，再加两边组合的一个4，就是3个4。"我希望在渗透割补思想的同时，孩子们能懂得"4×2+4=4×3"，这样能够优化计算方法。

下课铃声响了，但是孩子们还高举着小手，还想表达自己的想法，为了保持孩子们的积极性，我对孩子们说："同学们，铃声已经响了，还有其他方法的同学可以课后找老师继续交流，当然你也可以找自己的同学再讨论、交流。"

不过，课后田老师的评价点醒了我，她说："我很欣赏你的课——变主导调控为主体优先，变线性结构为板块模式，变灌输植入为思维启迪。我相信这也是孩子们喜欢的理由。我对你教学的最后一个环节很感兴趣，尤其是你采用的正六边形，刚出来的时候我就有那种眼前一亮的感觉。玩转图形这一环节不但让学生灵活运用乘加、乘减知识，培养观察能力和迁移能力，还能有效渗透沟通相邻两句口诀之间的关系，帮助学生理解和记忆乘法口诀。但是，此环节旨在让学生能够灵活运用知识，而你却过分看重优化方法。我的建议是重视算法与思想是否对应，应给予学生充分表达自己的思路的时间和空间。"

专家不愧为专家，真是"听君一席话，胜读十年书"。还没等我反应过来，田老师笑着说："我这是鸡蛋里挑骨头，总体还是很不错的。"我感激地说："谢谢田老师，还是有很多不足的，还需要好好向你请教。"风趣的田老师补充道："哈哈，没有十全十美，也有十全九美了。"

全场一片笑声。

（此文获开发区第六届教学叙事评比二等奖）